W0087830

Dr. Joseph Murphy
Die Macht Ihres Unterbewusstseins

Gottes reichen Blessen

Josef Murphy

Joseph
Murphy

Die Macht
Ihres
Unterbewusstseins

Das Buch
der inneren und äußeren
Entfaltung

Überarbeitete Neuausgabe

Mit einem Geleitwort von
Jean L. Murphy

und einem Vorwort von
Vera. F. Birkenbihl

Aus dem Amerikanischen von
Wolfgang Maier

ARISTON

Die Originalausgabe erschien 1962 unter dem Titel
The Power of Your Subconscious Mind
bei Prentice Hall, Inc., Englewood Cliffs, N.J.
(A Simon & Schuster Company)

Die Deutsche Bibliothek – CIP-Einheitsaufnahme
Murphy, Joseph:
Die Macht Ihres Unterbewusstseins : das Buch der inneren
und äußeren Entfaltung / Joseph Murphy. Mit einem Geleitw.
von Jean L. Murphy und einem Vorw. von Vera F. Birkenbihl.
Aus dem Amerikan. von Wolfgang Maier. – Sonderausg. –
ISBN 3-7205-2366-7

© 1962 by Prentice Hall, Inc.
© der deutschsprachigen Ausgabe: Heinrich Hugendubel Verlag,
Kreuzlingen/München 1999
Alle Rechte vorbehalten

Umschlaggestaltung: Zembsch' Werkstatt
Satz: SatzTeam Berger, Ellwangen/Jagst
Druck: GGP Media, Pößneck
Printed in Germany

ISBN 3-7205-2366-7

INHALT

GELEITWORT
von Jean L. Murphy 9

VORWORT
von Vera F. Birkenbihl 11

EINFÜHRUNG
Wie dieses Buch in Ihrem Leben Wunder wirken kann . . 17

KAPITEL 1
Die Schatzkammer in Ihrem Inneren 25

KAPITEL 2
Die Funktionsweise Ihres Geistes 38

KAPITEL 3
Die wunderwirkende Macht Ihres Unterbewußtseins . . . 57

KAPITEL 4
Geistige Heilung in der Geschichte 70

KAPITEL 5
Geistige Heilungen in unserer Zeit 83

KAPITEL 6
Die praktische Anwendung der geistigen Therapie 95

KAPITEL 7
Das Unterbewußtsein dient dem Leben 113

KAPITEL 8
Wie man seine Ziele verwirklicht 122

KAPITEL 9
Das Unterbewußtsein als Schlüssel zum Reichtum 129

KAPITEL 10
Ihr Recht auf Reichtum 138

KAPITEL 11
Die Hilfe des Unterbewußtseins bringt Erfolg 149

KAPITEL 12
Führende Wissenschaftler setzen ihr
Unterbewußtsein ein 163

KAPITEL 13
Das Unterbewußtsein und die Wunder des Schlafs 175

KAPITEL 14
Das Unterbewußtsein und Eheprobleme 186

KAPITEL 15
Das Unterbewußtsein und Ihr Glück 199

KAPITEL 16
Das Unterbewußtsein und harmonische
Beziehungen zur Umwelt 209

KAPITEL 17
Wie man mit Hilfe des Unterbewußtseins
Vergebung erlangt 223

KAPITEL 18
Wie das Unterbewußtsein geistige
Hemmungen beseitigt 235

KAPITEL 19
Wie die Kräfte des Unterbewußtseins
die Furcht vertreiben 248

KAPITEL 20
Wie man für immer im Geiste jung bleibt 263

ANHANG
Über Dr. Joseph Murphy 281
Literaturhinweise 285
Register 286

Wer zu lesen versteht,
besitzt den Schlüssel zu großen Taten,
zu unerträumten Möglichkeiten,
zu einem berauschend schönen,
sinnerfüllten und glücklichen Leben.

ALDOUS HUXLEY

GELEITWORT

von Jean L. Murphy

Der lang anhaltende Erfolg dieses Buches ist sicherlich nicht nur der Tatsache zu verdanken, daß es außerordentlich anregend und ermutigend ist, sondern auch dem Umstand, daß es sich in jeder Hinicht besonders an unseren praktischen Bedürfnissen orientiert und daß man so gut mit ihm arbeiten kann. Lebenslange wissenschaftliche Studien setzten Dr. Murphy in den Stand, tiefes Wissen und umfassende Informationen mitzuteilen und weiterzugeben, die die Kraft in sich tragen, das Leben eines Menschen zu verändern und zu verbessern; und er tat dies auf seine klare und wirkungsvolle Art.

Dr. Murphy sagte mir einmal, sein wichtigstes Ziel sei es, die Menschen über die ihnen angeborenen und innewohnenden geistigen und spirituellen Kräfte in Kenntnis zu setzen – Menschen aller Klassen und Lebensbereiche, junge Studenten ebenso wie Studierende in fortgeschrittenen Jahren, aufgeschlossene, nach Erkenntnis suchende Menschen also.

Mit diesem Ziel vor Augen schrieb er klar und prägnant über die Gesetze unseres Geistes und die Wirkkraft des Gebets. In der Einführung zu diesem Band mit der Überschrift *Wie dieses Buch in Ihrem Leben Wunder wirken kann* skizzierte er seine Gründe, warum er dieses Werk geschrieben hatte, und er nannte als unverwechselbare Qualität des Buches seine sachliche, pragmatische Anwendbarkeit.

Die Gesetze des Geistes gelten für Menschen aller sozialen und Bildungsschichten, aller Hautfarben, Nationalitäten und Konfessionen gleichermaßen. Sie sind von ewiger, beständiger Gültigkeit und treffen auf jeden Menschen zu, wie sie auch in jedem von uns in gleicher Weise funktionieren. Nutzen und Vorteile, die man aus der Lektüre und Anwendung von Dr. Murphys großartigem Werk ziehen kann, übersteigen unsere kühnsten Träume, und doch liegen sie in der Reichweite unserer Fähigkeiten.

Wie ein roter Faden ziehen sich durch das ganze Buch Dr. Murphys klare und deutliche Erläuterungen: der Vorgänge und Wechselwirkungen der beiden Teilbereiche unseres Geistes, der Methoden des Heilens, des großen Wertes disziplinierter, zielorientierter Phantasien, des Rechts und der geistigen Voraussetzungen, reich und wohlhabend zu sein, harmonischer zwischenmenschlicher Beziehungen und der drei Schritte zu einem erfolgreicheren Leben.

Die Macht Ihres Unterbewußtseins zeigt insbesondere, wie man Wünsche in Wirklichkeit wandelt und diese Wirklichkeit im eigenen Leben und in den eigenen Lebensumständen zur Geltung bringt. Die meisten von uns kommen irgendwann einmal im Leben an einen Punkt, an dem sie sich fragen: »Wie intensiv wünsche ich mir eigentlich all das, von dem ich glaube, ich wünschte es mir? Ist mein Wunsch stark genug, eine neue, bessere Methode zu lernen, wie ich mit meinen geistigen und emotionalen Fähigkeiten umgehen kann?« Wenn ein Mensch an diesem Punkt angelangt ist und ehrlich mit einem »Ja!« antworten kann, dann steht er am Beginn einer aufregenden Reise zu neuen Erfahrungen. Aus eigenem Wissen vermag ich zu sagen, daß es für diesen Aufbruch keinen besseren Reiseführer gibt als *Die Macht Ihres Unterbewußtseins.*

Laguna Hills, Kalifornien   *Jean L. Murphy*
September 1997   (Mrs. Joseph Murphy)

VORWORT

von Vera F. Birkenbihl

Es gibt nur wenige Texte, die den »Zahn der Zeit« gut vertragen; das vorliegende Buch gehört zu den ganz wenigen, die der Folgegeneration sogar noch mehr zu sagen haben als den Lesern zur Zeit des ersten Erscheinens, was die ständig steigenden Auflagenzahlen seit drei Jahrzehnten beweisen.

Das hat zwei Gründe:

1. Dr. Joseph Murphy war einer der ersten Autoren, welche die unglaubliche Macht des Unterbewußtseins erkannten und diese Erkenntnisse in einer »populären« Sprache – angereichert mit einer Fülle überzeugender Fallbeispiele – vermitteln konnten. Inzwischen wurden viele seiner Aussagen, die manche Fachleute früher als »wishful thinking«, als Wunschdenken, abtun wollten, von der Forschung eindeutig bestätigt, und zwar sowohl von der konkreten, physischen, Neurophysiologie als auch von den psychologischen Forschungszweigen. So wurde der Effekt der sogenannten »self-fulfilling prophecy«, der sich selbst erfüllenden Prophezeiung, auch von Instituten beispielsweise der Harvard University eindeutig nachgewiesen. Das heißt, daß Murphys »wishful thinking« den Test glänzend bestanden hat.

2. Als das Buch *Die Macht Ihres Unterbewußtseins* zuerst erschien, waren die meisten Menschen noch einigermaßen stark im »Glauben ihrer Väter« verankert; das heißt auch, daß viele die unermeßliche Kraft des Gebetes noch aus persönlichen Erfahrungen kannten. Dann folgte die industrielle, materialistische Ära, in der es »modern« war, den religiösen Glauben zu verneinen. Inzwischen aber hat das postindustrielle »Zeitalter« begonnen, in dem die Menschen begriffen haben, daß wir »nicht vom Brot allein« leben – und seelisch intakt überleben – können.

Was sich jedoch geändert hat, ist das Gottesbild. Heute ist uns klar, daß die göttliche Macht nicht an das einfache Kinderbild von Gott gebunden sein muß – daß es aber »irgendeine Macht« zu geben scheint, die größer ist als wir.

Psychologische Studien haben beispielsweise nachgewiesen, daß Menschen, Tiere, Pflanzen – ja sogar Zellkulturen – sich bei weitem besser entwickeln, wenn sie »besprochen« oder gar »be-betet« werden, das heißt, wenn Menschen für sie beten. Dabei kennen einige dieser Betenden nur eine Art »kosmischer Kraft« als Adressaten ihrer Gebete. Es geht also nicht um einen spezifischen, personalisierten Gott. Das betont Dr. Joseph Murphy – was zur damaligen Zeit enorm mutig war –, während er andererseits immer wieder aufzeigt, wie uns Gebete helfen können, die Macht unseres Unterbewußtseins zur Entfaltung zu bringen. Denn der Schlüssel liegt in der Geisteshaltung, die ein Gebet erzeugt: Es handelt sich um einen psychischen Zustand, der einerseits gewissen meditativen Haltungen mit ihren heilenden Wirkungen ähnelt, andererseits die ideale Ausgangsbasis für jene eindeutige Kraft ist, die wir als »self-fulfilling prophecy« bezeichnet haben.

Nun hat sich in der letzten Zeit die Meinung breitgemacht, positives Denken sei gefährlich – einem Buchtitel zufolge mache es sogar krank! Dies ist ein Angriff, den wir ernst nehmen müssen. Bitte denken Sie mit:

1. Die Psychologen haben schon immer gegen Ansätze gewettert, die dem einzelnen die Macht geben, sein Leben selbst zu gestalten; nur sind in letzter Zeit diese Angriffe besonders laut und bösartig geworden.

2. Wer in seinem tiefsten Inneren immer noch vom materialistischen Weltbild ausgeht, kann die Idee, daß »unter« oder »hinter« den materiellen Manifestationen noch Energie (oder Geist) liegen könne, nicht akzeptieren.

3. Leider begnügen sich diese Leute aber nicht damit, eine andere Meinung zu »haben«, sondern sie fühlen sich berufen, andere (zum Beispiel Dr. Joseph Murphy, Napoleon Hill und Dale Carnegie) so massiv anzugreifen, daß die Leserinnen

und Leser dadurch verunsichert werden und glauben müssen, nur die offizielle »Lehrmeinung« sei akzeptabel. Dabei wird übersehen: Laut »offizieller« Lehrmeinung war die Erde einst flach, dann war sie der *einzige* Mittelpunkt des gesamten Universums, dann war unsere Sonne der *absolute* Mittelpunkt des (einzigen!) Sonnensystems, dann war unser Sonnensystem eins von vielen im einen Universum – und so weiter. Derzeit »wissen« wir, daß Galaxien in großen Haufen auftauchen und daß unsere Galaxie mit Abertausenden von Sonnensystemen nur eine von unzähligen ist.

4. Nun enthalten die Verfassungen demokratischer Staaten ja alle den Hinweis, daß jeder und jede das Recht auf freie Meinung hat, ja oft wird sogar ausdrücklich bestätigt, daß jeder Mensch auch das Recht habe, diese freie Meinung zu äußern. Wenn man jedoch die Kritiker des positiven Denkens liest, dann drängt sich das Gefühl auf, positive Denker gehörten eingesperrt, weil ihre innere Haltung von der dieser Kritiker abweicht.

5. Ich finde die Tendenz der letzten Jahrzehnte, alles auf jemand anderen abzuwälzen (das heißt, immer weniger Verantwortung für unser Leben zu übernehmen), außerordentlich gefährlich: Wir glauben heute, der Arzt solle uns schnell die richtige Pille verschreiben, die Gewerkschaft solle »faire« Arbeitsbedingungen für uns erkämpfen, der Psychologe solle unsere Probleme lösen, und im Zweifelsfall soll »Vater Staat« für alles andere verantwortlich sein (vom Schul- übers Gesundheitswesen bis hin zum sicheren Arbeitsplatz für alle). Wir leben, wie Thorwald Dethlefsen einmal sagte, in einer Kinderkultur. In einem solchen Umfeld muß es ketzerisch klingen, wenn jemand sagt: Vielleicht ist man ja für seine Probleme selbst verantwortlich, und vielleicht sollte man doch versuchen, sein Leben zu meistern, etwa indem man damit beginnt, Verantwortung für die eigenen Gedanken zu übernehmen.

6. Wenn Sie »nur« daran leiden, daß Sie sich zu oft in negativen Gedanken wiederfinden, welche, wie die Wissenschaft in-

zwischen eindeutig belegt hat, zu gewissen Streßhormon-
ausschüttungen führen, die den Teufelskreis dann erst so
richtig zum Laufen bringen, und wenn Sie dagegen etwas
unternehmen wollen, dann liegt das sehr wohl in Ihrer
Macht. Da brauchen Sie keinen Psychotherapeuten, der
Ihnen hilft, Ihr Leben in den Griff zu bekommen, auch wenn
die Kritiker dies vorschlagen (weil sie zufälligerweise The-
rapeuten sind)!

Mein Vorschlag: Lesen Sie diese Autoren – und bilden Sie sich
selbst ein Urteil! In meinen Seminaren gebe ich den Teilneh-
mern gerne folgenden Denkanstoß:

- Sie kennen natürlich das große Wort vom **Glauben, der
  Berge versetzen kann.** Wir finden diesen Gedanken übri-
  gens in allen großen heiligen Schriften der Welt, in den Upa-
  nishaden Indiens ebenso wie in den jüdisch-christlichen, is-
  lamischen und fernöstlichen buddhistischen Traditionen.
  Und nun überlegen Sie bitte:
- Wenn Sie **glauben,** Ihr eigener Glaube könnte niemals einen
  Berg versetzen – weil er nur für das Verschieben kleiner
  Sandhäufchen reicht –, dann werden Sie diesen Ihren Glauben wahrmachen, bis zur letzten Minute Ihres Lebens. Aber
  Sie haben recht gehabt!
- Wie Ron Smothermon betont, will unser Verstand vor allem
  eines: er will recht haben. Lieber »beweisen« wir uns wieder
  einmal, daß wir unfähig sind (»Ich kann halt keine Sprachen
  lernen«, »Ich kann nicht zeichnen« – und so weiter), als daß
  wir unseren Glauben in Frage zu stellen wagen. Damit aber
  wirkt **die sich selbst erfüllende Prophezeiung** für alle, die
  sie leugnen, genauso (im negativen Sinn), wie Sie sie als positive Kraft einsetzen könnten, die Ihre Lebensqualität entscheidend verbessert.

All das hat Dr. Joseph Murphy Anfang der sechziger Jahre be-
schrieben. Er hat es gewagt, gegen die damalige »etablierte
Wissenschaft« seine Lebenserfahrungen zu stellen und einem
breiten Publikum mitzuteilen.

Ich las dieses Buch zum ersten Mal im Alter von 19 Jahren, und ich profitiere heute noch davon!

Nun gibt es zwei Möglichkeiten:

Entweder glauben Sie sowieso schon, daß Sie weit fähiger sind, Ihr Leben selbst zu meistern, und suchen konkrete Bestätigungen, um Ihren Mut wieder einmal aufzufrischen. Ihre Zweifel sind nur »tageweise« präsent.

Oder aber Sie fühlen starke Zweifel. In diesem Fall möchte ich Sie fragen, ob Sie es wagen wollen, sich der **Herausforderung** zu stellen.

Bitte bedenken Sie: Der Begriff *»Heraus*-Forderung« besagt, daß wir alte Denk- und Verhaltensrillen verlassen müssen. Aufbruch ins Unerkundete! Der Mensch hat den gesamten Globus so weit erforscht, daß es kaum noch »weiße Flecken« auf den Land- und Meereskarten gibt. Wird es nicht Zeit, daß wir es wagen, uns den inneren Bereichen zuzuwenden?

Sie haben nichts zu verlieren – außer Ihren Zweifeln! Können Sie diese wichtige Herausforderung annehmen?

Ich wünsche Ihnen für Ihren Weg viel positive Energie!

Vera F. Birkenbihl

Wie dieses Buch in Ihrem Leben Wunder wirken kann

Ich sah mit eigenen Augen, wie an Menschen jedes Geschlechts und Alters, aller Gesellschaftsschichten und Nationen wahre Wunder geschahen. Auch Ihr Leben wird sich wunderbar verwandeln – sobald Sie die Macht Ihres Unterbewußtseins einzusetzen beginnen. Dieses Buch wird Ihnen darlegen, wie Ihre Denkgewohnheiten und die Bilder Ihrer Vorstellungskraft Ihr Schicksal gestalten und bestimmen; denn Art und Wesen des Menschen sind identisch mit dem Inhalt seines Unterbewußtseins.

Wissen Sie, warum?

Warum ist das Leben des einen Menschen von Trauer überschattet, während das eines anderen vor Glück erstrahlt? Warum genießt ein Mensch Reichtum und Ansehen, während sein Nachbar Armut und Not leidet? Warum ist der eine von Unsicherheit und Angst geplagt, während der andere voll Selbstvertrauen und Zuversicht in die Zukunft blickt? Warum besitzt der eine ein luxuriöses Haus, während der andere sein Leben in einem Elendsviertel fristet? Warum reiht ein Mensch Erfolg an Erfolg, während ein anderer vom Regen in die Traufe gerät? Warum reißt ein Redner seine Zuhörer mit, während ein anderer ohne jedes Echo bleibt? Warum vollbringt einer geniale Leistungen, während ein anderer lustlos einer unbefriedigenden Tätigkeit nachgeht? Warum übersteht einer eine angeblich unheilbare Krankheit, die einem anderen den Tod bringt? Warum erfahren so viele gute und selbstlose Menschen unsagbares Leid an Körper und Seele, während sich mancher

gewissenlose Zeitgenosse bester Gesundheit und strahlender
Erfolge erfreut? Warum führt die eine Frau eine glückliche
Ehe, während ihre Schwester an der Seite ihres Mannes nur
Leid und Enttäuschung erlebt? Warum?

Die Antwort auf diese und viele ähnliche Fragen liegt im Wesen und in der Funktion von Bewußtsein und Unterbewußtsein.

Warum ich dieses Buch schrieb

Bei der Niederschrift dieses Werkes wurde ich vom Wunsch geleitet, nicht nur Antworten auf diese und viele andere Fragen
zu geben, sondern auch die Zusammenhänge sichtbar zu machen. Ich bemühte mich, den Urgrund und die tiefsten Geheimnisse Ihres geistigen Lebens in einfachen Worten zu erklären, denn ich war schon immer der festen Überzeugung,
daß selbst diese verborgensten Zusammenhänge des menschlichen Geistes leichtverständlich dargestellt werden können.
Deshalb werden Sie in diesem Werk die einfache Sprache an-
treffen, die Ihnen aus Ihrem Berufsalltag und Privatleben vertraut ist. Ich möchte Ihnen das Studium dieser Seiten und die
Anwendung der hier beschriebenen Methoden aufs nach-
drücklichste ans Herz legen, denn ich weiß mit absoluter Sicherheit, daß sich Ihnen hier eine wunderwirkende Kraft erschließt, die Sie aus aller Orientierungslosigkeit und Mühsal
emporreißt, von aller Niedergeschlagenheit befreien und vor
jedem Mißerfolg bewahren wird. Dieses Buch verleiht Ihnen
die Macht, die Ihnen gebührende Stellung zu erringen, es gibt
Ihnen die Kraft, alle Schwierigkeiten zu lösen, es befreit Sie aus
den Ketten seelischer und körperlicher Leiden und weist Ihnen
den geraden Weg zu Freiheit, Glück und Seelenfrieden. Die
wunderwirkende Macht Ihres Unterbewußtseins wird Ihnen
Heilung bringen und neue Jugendkraft in Ihnen erwecken. Die
Herrschaft über Ihre eigenen seelischen Kräfte wird Sie von
den tausend Ängsten und Befürchtungen befreien, die Sie jetzt
gefangenhalten, und das Tor zu jenem Leben voll seliger Freiheit eröffnen, das schon der Apostel Paulus den Kindern Gottes
in Aussicht gestellt hat.

Der Schlüssel zur wunderwirkenden Macht

Eine selbsterlebte Heilung ist wohl der überzeugendste Beweis der wundersamen Kräfte unseres Unterbewußtseins. Mehr als 42 Jahre, bevor ich dieses Buch schrieb, wurde ich auf diese Weise von einer bösartigen Geschwulst geheilt, die die Medizin als »Sarkom« bezeichnet, und genau dieselbe Macht, die mich erschuf, lenkt – das weiß ich jetzt – auch heute noch die Lebensströme meines Organismus. Die detaillierte Schilderung der von mir damals angewandten Technik wird zweifellos alle Leser veranlassen, sich vertrauensvoll jener *unbeschränkten heilenden Macht* anzuvertrauen, die im tiefsten Seelengrund jedes Menschen wohnt. Den gütigen Eingebungen meines Freundes und ärztlichen Beraters habe ich die plötzliche Erkenntnis zu verdanken, daß dieselbe *schöpferische Weisheit*, die meinen Körper formte, alle meine Organe schuf und mein Herz zum Schlagen brachte, auch ihr eigenes Geschöpf selbstverständlich am besten zu heilen vermag. Sagt doch schon ein altes Sprichwort: »Der Arzt verbindet die Wunde, und Gott heilt sie.«

Wunder sind Antworten auf »wirksame Gebete«

Unter einem »wissenschaftlichen Gebet« verstehen wir das harmonische Zusammenwirken der bewußten und unterbewußten Geisteskräfte, die mittels wissenschaftlich gesicherter Methoden zur Verwirklichung eines bestimmten Ziels eingesetzt werden. Dieses Buch unterweist Sie in der Technik, die Ihnen Zugang zu Ihren unerschöpflichen Reserven seelischer Kräfte schafft, deren Einsatz alle Ihre Herzenswünsche erfüllt. Sie sehnen sich nach einem glücklicheren, erfüllteren und reicheren Leben? Setzen Sie deshalb diese neue, wunderwirkende Macht ein und ebnen Sie Ihren Weg durchs Leben; lösen Sie Ihre privaten und geschäftlichen Probleme und schaffen Sie Harmonie im Kreis Ihrer Familie. Lesen Sie dieses Buch unbedingt mehrmals! Es erklärt Ihnen die Wirkungsweise dieser wundervollen Macht und zeigt, wie Sie selbst die Erleuchtung und Weisheit, die auf dem Grunde Ihrer Seele schlummern, für Ihre Zwecke nutzbar machen können. Lernen Sie, Ihr Unterbewußtsein zu beeinflussen – es ist ganz einfach! Wenden Sie die neue, wissenschaftlich fundierte Methode an, die Ihnen die unermeßlichen Kräfte Ihrer Seele erschließt. Lesen Sie dieses Werk sorgfältig und öffnen Sie Herz und Verstand für seine wunderwirkenden Ratschläge. Überzeugen Sie sich persönlich von den verblüffenden Ergebnissen dieser Methode. Ich habe die unerschütterliche Überzeugung, daß die Lektüre dieser Seiten einen Wendepunkt in Ihrem Leben darstellen kann und wird.

Jeder Mensch betet

Verstehen Sie es, »wirksam« zu beten? Wie lange ist es wohl her, daß das Gebet seinen festen Platz in Ihrem täglichen Leben hatte? Zu Zeiten der Not, der Gefahr, in Krankheit und Todesangst kommt Ihnen wie all Ihren Mitmenschen das Gebet stets wie von selbst auf die Lippen. Werfen Sie nur einmal einen Blick in Ihre Tageszeitung. Immer wieder können Sie darin lesen, daß ein ganzes Land sich im Gebet vereint für die Gesundung eines von einer scheinbar unheilbaren Krankheit befallenen Kindes, für die Errettung einer in den Tiefen der Erde verschütteten Gruppe von Bergleuten oder für die Erhaltung des Weltfriedens. Aus Todesnot befreit, berichten dann die Bergleute, wie sie die qualvollen Stunden bis zum Eintreffen der Rettungsmannschaften im Gebet verbrachten. Und der Pilot eines Verkehrsflugzeugs gesteht, daß auch er betete, während er mit seiner Maschine zur Notlandung ansetzte. Kein Zweifel – die Kraft des Gebets steht uns in Zeiten der Not immer zur Verfügung. Warum wollen Sie seine wirkungsvolle Hilfe nicht jeden Tag nutzen, indem Sie es zum festen und segensvollen Bestandteil Ihres täglichen Lebens machen? Zeitungsartikel berichten von dramatischen Gebetserhörungen, und eidesstattliche Erklärungen verbürgen die Wirksamkeit des Gebets. Doch was ist von all den vielen demütigen Gebeten zu halten, die Kinder sprechen, mit denen wir Gott für einen gedeckten Tisch danken und in denen sich der einzelne in gläubiger Hingabe an seinen Schöpfer wendet? Meine Arbeit im Dienste der Menschen brachte es mit sich, daß ich die verschiedenen Arten und Beweggründe des Gebets erforschen konnte. Ich habe die Macht des Gebets an mir selbst erfahren und mit vielen gesprochen und zusammengearbeitet, deren Gebete ebenfalls erhört wurden. Die eigentliche Schwierigkeit liegt darin, andere zu lehren, wie man »wirksam« betet. Im Augenblick der Not denkt und handelt der Mensch meist nicht mehr völlig rational und kontrolliert und deshalb bedarf es einer einfachen, unfehlbar wirkenden Formel.

Das vorliegende Werk ist einzig in seiner Art

Der Vorzug dieses Buches liegt in seiner praktischen Verwendbarkeit. Es macht Sie mit einer Reihe einfacher, leicht anzuwendender Techniken und Formeln vertraut, die Ihnen überall und zu jeder Zeit zur Verfügung stehen. Ich habe diese leichtverständlichen Regeln Männern und Frauen in der ganzen Welt gelehrt, und erst kürzlich legte ich einige der wichtigsten hier geschilderten Erkenntnisse einer Zuhörerschaft von mehr als tausend Menschen in Los Angeles dar. Viele von ihnen hatten nicht einmal die Mühe einer drei- bis vierhundert Kilometer weiten Anreise gescheut, um meine Vorträge zu besuchen. Das vorliegende Werk wird unter anderem auch deshalb von besonderem Interesse für Sie sein, weil es Ihnen erklärt, warum häufig das genaue Gegenteil von dem eintrat, worum Sie beteten. Eine Vielzahl von Menschen in aller Welt stellten mir immer wieder die gleiche Frage: »Warum nur habe ich gebetet und gebetet, ohne jemals erhört zu werden?« In diesem Buch erfahren Sie die Gründe, die derartige Zweifel entkräften. Die zahlreichen hier geschilderten Methoden, das Unterbewußtsein zu beeinflussen und auch dann, wenn Sie zweifeln, die richtige Antwort zu finden, verleihen diesem Buch den außerordentlichen Wert eines stets verfügbaren und in jeder Lebenslage unbedingt zuverlässigen Ratgebers.

Woran glauben Sie?

Nicht der Gegenstand oder Inhalt seines Glaubens ist es, der die Gebete eines Menschen wirksam gestaltet. Die Erfüllung tritt vielmehr dann ein, wenn das Unterbewußtsein des Betreffenden auf seine Gedanken oder Vorstellungen reagiert. Dieses Gesetz des Glaubens entfaltet seine Wirkung in allen Religionen der Welt und verleiht ihnen ihren psychologischen Wahrheitsgehalt. Christen, Juden, Buddhisten, Hindus oder Moslems werden in gleicher Weise erhört, und das nicht etwa, weil sie einer bestimmten Religion oder Konfession angehören und gewisse Zeremonien, Liturgien, Gebete und Opferhandlungen vornehmen und berücksichtigen, sondern einzig und allein deshalb, weil sie geistig und seelisch von der Überzeugung durchdrungen sind, ihre Gebete würden erhört werden. Das Gesetz des Lebens ist identisch mit dem Gesetz des Glaubens, und der Begriff »Glaube« läßt sich ebenso kurz wie zutreffend definieren als »Gedanke« oder »Geistesinhalt«. Ganz genau so, wie und was ein Mensch denkt, fühlt und glaubt, sind auch sein Geist, sein Körper und sein Lebensschicksal beschaffen. Eine systematische Technik, die auf einem grundlegenden Verständnis Ihrer Handlungsweise und deren Beweggründe beruht, wird Ihnen unter Einsatz Ihrer unterbewußten Kräfte Anteil an den Glücksgütern dieser Erde verschaffen. Im Grunde genommen ist ja die Erhörung eines Gebets nichts anders als die Verwirklichung bestimmter Herzenswünsche.

Wunsch und Gebet sind ein und dasselbe

Jeder sehnt sich nach Gesundheit, Glück, Sicherheit, Seelenfrieden und wahrer Selbstverwirklichung, doch nur wenigen ist ein klarer Erfolg beschieden. Vor kurzem sagte mir ein Universitätsprofessor: »Ich weiß, daß eine Veränderung meiner Denkgewohnheiten und eine Neuorientierung meines Gefühlslebens mich für alle Zeit von meinen Magengeschwüren befreien würde. Leider verfüge ich aber über keinerlei Technik, um diese Erkenntnis in die Tat umzusetzen. Meine Gedanken irren unruhig von Problem zu Problem, und ich fühle mich enttäuscht, niedergeschlagen und unglücklich.« Dieser Professor sehnte sich nach völliger Gesundheit; was er aber brauchte, war eine klare Einsicht in den Ablauf seiner geistigen Vorgänge, die ihm die Verwirklichung seines Herzenswunsches schenken konnte. Die Anwendung der in diesem Buch geschilderten Heilmethoden stellte seine Gesundheit in kurzer Zeit wieder völlig her.

»Jeder Mensch hat Anteil an dem die ganze Menschheit verbindenden Weltgeist.«

Die wunderwirkenden Kräfte Ihres Unterbewußtseins bestanden schon, ehe Sie und ich geboren waren; ihre Existenz geht der jeder Kirche und sogar der unserer Welt voraus. Die großen, ewigen Wahrheiten und Prinzipien des Lebens sind älter als alle Religionen. Aus der Tiefe dieser Überzeugung heraus lege ich Ihnen – hier unter dem in der Überschrift zitieren Leitsatz von Ralph Waldo Emerson – das Studium der folgenden Kapitel ans Herz, denn sie geben eine wunderbare, alles verwandelnde Kraft in Ihre Hände, die alle vom Leben geschlagenen Wunden des Geistes und des Körpers heilt, die die angstgequälte Seele trösten und Sie für immer vom Druck der Armut, des Mißerfolgs und der Enttäuschung befreien wird. Sie müssen sich nur mit dem Guten identifizieren, das Sie zu verwirklichen wünschen, und die schöpferischen Kräfte Ihres Unterbewußtseins werden entsprechend reagieren. Beginnen Sie noch heute, in diesem Augenblick, und das Wunder wird in Ihr Leben treten. Lassen Sie sich nicht entmutigen, schreiten Sie nimmermüde voran, bis das strahlende Licht des Tages alle Schatten verscheucht.

KAPITEL 1

Die Schatzkammer in Ihrem Inneren

Unermeßlicher Reichtum umgibt Sie, sobald Sie das Auge Ihres Geistes nach innen richten und dort die unerschöpfliche Schatzkammer entdecken. Ihre Seele birgt eine Goldader, deren Erschließung Ihnen alles bieten wird, was Sie von einem glücklichen Leben im Überfluß des Guten erwarten. Viele Menschen gleichen Schlafwandlern, weil ihnen die Existenz dieses inneren Schatzes an unendlicher Weisheit und unerschöpflicher Liebe verborgen bleibt. Und doch könnte jeder Mensch aus dieser Quelle all das schöpfen, was sein Herz begehrt. Ein magnetisiertes Stück Stahl hebt Lasten, die das eigene Gewicht um etwa das Zwölffache übersteigen – entmagnetisiert jedoch bewegt das gleiche Metallstück nicht einmal eine Feder von ihrem Platz. Dieser Vergleich trifft auch auf den Menschen zu. Der von magnetischer Kraft durchströmte Typ ist voll Zuversicht und Selbstvertrauen. Er weiß, daß er geboren wurde, um zu siegen und Erfolg an Erfolg zu reihen. Der »entmagnetisierte« Typ andererseits wird von Furcht und Zweifeln gequält. Bietet sich ihm eine günstige Gelegenheit, so sagt er sich: »Das geht ja doch schief. Das kostet mich höchstens mein Vermögen. Ich mache mich nur zur Zielscheibe des Spottes.« Menschen dieser Denkart werden es nie im Leben zu etwas bringen, weil sie nicht den Mut haben, voranzuschreiten, und deshalb hilflos auf der Strecke bleiben. Dieses Buch erschließt Ihnen aber das Geheimnis des Unterbewußtseins und gleich einem Magnet werden Sie Glück, Reichtum und Macht anziehen.

Das größte Geheimnis aller Zeiten

Was ist Ihrer Meinung nach das größte Geheimnis aller Zeiten? Das Geheimnis der Atomenergie? Die Freisetzung ungeheurer Kräfte durch Kernverschmelzung? Die Wirkungsweise der Erbanlagen und die Evolution in der Natur? Die Reise zu den Gestirnen? Nein? Worum handelt es sich also? Wo ist dieses größte aller Geheimnisse zu entdecken? Wie ist es zu entschlüsseln? Wie anzuwenden? Die Antwort auf alle diese Fragen ist ebenso unerhört einfach wie überraschend: Das Geheimnis, von dem wir hier sprechen, besteht in nichts anderem als in den wunderwirkenden Kräften Ihres Unterbewußtseins. Wer hätte wohl hier die Lösung der größten Lebensrätsel gesucht?

Die wunderbare Kraft Ihres Unterbewußtseins

Sobald Sie einmal gelernt haben, die wunderbare Kraft Ihres Unterbewußtseins zu erschließen, werden Macht, Reichtum, Gesundheit, Glück und Freude in ungeahntem Maß Ihr Leben erfüllen. Diese Kraft müssen Sie nicht erst erwerben – Sie besitzen sie bereits. Sie brauchen nur noch ihre Wesensart und Wirkungsweise zu erfassen, um sie erfolgreich in allen Bereichen und bei allen Problemen Ihres Lebens anwenden zu können.

Das hierzu nötige Wissen und Verständnis erwerben Sie ganz von selbst bei der Lektüre der hier beschriebenen einfachen Vorgänge und Techniken. Alles wird Ihnen in einem neuen Licht erscheinen, und Sie werden von innen her die Kraft erzeugen, mit deren Hilfe Sie die Vielzahl Ihrer Hoffnungen und Träume verwirklichen können. Fassen Sie also den festen Entschluß, daß Sie von nun an Ihr Leben reicher, glücklicher und besser gestalten wollen als bislang!

Die tiefsten Schichten Ihres Unterbewußtseins bergen unendliche Weisheit, unendliche Macht und einen unerschöpflichen Vorrat an Möglichkeiten, Anlagen und Talenten in sich, die nur darauf warten, voll entwickelt zu werden und Ausdruck zu finden. Gestehen Sie sich die wahre Existenz dieser seelischen Kräfte ein, und sie werden alsbald in Ihrem Leben Gestalt annehmen. Die Ihrem Unterbewußtsein innewohnende unendliche Weisheit wird Ihnen überall und jederzeit alles Wissenswerte enthüllen, sofern Sie dafür offen und aufnahmebereit sind. Das Unterbewußtsein ist eine Quelle neuer Gedanken und Ideen – vielleicht schlummert in Ihnen ein Entdecker oder ein Erfinder, vielleicht wartet in Ihnen ein Schriftsteller auf seine schöpferische Verwirklichung. Jedenfalls aber wird die unendliche Weisheit Ihres Unterbewußtseins Ihnen Auskunft über die eigentlichen Grundzüge Ihres Wesens geben, über Ihre wahren Talente und wie Sie diese aufs beste vervollkommnen und verwerten können, um den Platz im Leben zu erringen, der Ihnen zusteht und den Sie – und nur Sie allein – aufs vollkommenste ausfüllen können.

Die Kräfte Ihres Unterbewußtseins können Ihnen auch den idealen Lebens- oder Geschäftspartner zuführen. Indem Sie der Stimme Ihres Unterbewußtseins folgen, werden Sie interessierte Käufer finden und jene finanzielle Unabhängigkeit gewinnen, die es Ihnen erlaubt, dem Drang Ihres Herzens folgend das zu tun und zu werden, was Sie sich immer erträumten.

Sie haben ein Anrecht darauf, diese innere Welt Ihrer Gedanken und Gefühle, diese unerschöpflichen Schätze an Macht, Einsicht, Liebe und Schönheit zu entdecken. Zwar sind es unsichtbare Kräfte, doch besitzen sie eine ungeheure Macht. Ihr eigenes Unterbewußtsein bietet die Lösung für jedes Problem und birgt die Ursache jeder Wirkung. Da Sie nun aber diese verborgenen Kräfte zu erschließen lernen, wird Ihnen bald die nötige Einsicht und Macht zur Verfügung stehen, um über Ihr eigenes Schicksal zu bestimmen und in Sicherheit, Freude und Überfluß zu leben.

Ich selbst wurde Zeuge, wie die Macht des Unterbewußtseins Kranken und Behinderten wieder völlige Gesundheit und frische Kraft ihrer Glieder schenkte, so daß sie von neuem in die Welt hinausschreiten konnten und Glück und Erfolg ernteten. Ihr Unterbewußtsein besitzt eine wundersame Heilkraft, die Körper und Seele wieder genesen läßt. Es zerreißt die Fesseln, die die Schwingen Ihres Geistes lähmen, und befreit Sie aus dem Kerker materieller und physischer Beschränkungen.

Die Notwendigkeit einer sicheren Grundlage

Ohne sichere Grundlage und die Kenntnis allgemein anwendbarer Gesetze sind auf keinem Gebiet menschlicher Tätigkeit echte Fortschritte zu erzielen. Deshalb müssen Sie zunächst einmal lernen, Ihr Unterbewußtsein als »Instrument« richtig zu handhaben. Seine Kräfte werden mit eben derselben Sicherheit und in demselben Umfang wirksam werden, in dem Sie die hier geltenden Gesetze verstehen und für ganz bestimmte Ziele und Zwecke einzusetzen wissen.

Als früherem Chemiker drängt sich mir hier ein Vergleich aus den Naturwissenschaften auf: Wasserstoff und Sauerstoff verbinden sich im Verhältnis von 2:1 zu Wasser. Sicher ist Ihnen auch bekannt, daß ein Atom Sauerstoff zusammen mit einem Atom Kohlenstoff Kohlenmonoxyd ergibt, also ein sehr giftiges Gas. Fügen Sie jedoch ein weiteres Sauerstoffatom hinzu, so wird daraus das viel harmlosere Kohlendioxyd. Diesen beiden Beispielen könnte man noch viele andere aus der unüberschaubaren Zahl chemischer Verbindungen hinzufügen.

Es wäre unbegründet anzunehmen, die Grundgesetze der Chemie, Physik und Mathematik unterschieden sich in irgendeiner Weise von jenen des Unterbewußtseins. Man denke nur an den Lehrsatz: »Der Wasserspiegel sucht immer die horizontale Lage.« Dieses Naturgesetz gilt uneingeschränkt für alles Wasser, wo es sich auch befinden mag. Oder ein anderes Beispiel: »Erhitzte Stoffe dehnen sich aus.« Auch dieser Grundsatz gilt uneingeschränkt, überall und zu jeder Zeit. Erhitzt man ein Stück Stahl, so wird es sich ausdehnen, gleichgültig, ob der Versuch in China, England oder Indien vorgenommen wird. Bei der Wärmeausdehnung fester Stoffe handelt es sich eben um eine allgemeingültige Wahrheit.

Ein ebenso universelles Gesetz ist es aber auch, daß jeder auf Ihr Unterbewußtsein wirkende Eindruck in Zeit und Raum Ausdruck findet als Umweltbedingung, Erfahrung und Ereignis.

Ihr Gebet wird erhört, weil es sich bei Ihrem Unterbewußtsein um ein universelles Prinzip handelt, wobei »Prinzip« den

Grund und die Art einer bestimmten Funktion bedeutet. So ist es zum Beispiel das Prinzip der Elektrizität, daß sie vom höheren zum niedrigeren Kraftfeld strömt. Wenn Sie den elektrischen Strom Ihren Zwecken dienstbar machen, so bleibt dies ohne Einfluß auf das zugrunde liegende Prinzip – wohl aber zeitigten dieses Eingehen auf die Natur und das Zusammenarbeiten mit ihr wunderbare Entdeckungen und Erfindungen, die der ganzen Menschheit zugute kommen.

Auch bei Ihrem Unterbewußtsein handelt es sich um ein universelles Prinzip; es funktioniert nach dem Gesetz des Glaubens. Sie müssen wissen, was Glaube ist, wie er wirkt und was er bewirkt. Die Bibel drückt es in einfachen, klaren und schönen Worten aus: *»Wahrlich, ich sage euch: Wer zu diesem Berg sagt: ›Heb dich hinweg und stürze dich ins Meer!‹ und nicht zweifelt in seinem Herzen, sondern glaubt, daß alles geschieht, was er sagt, dem wird es geschehen.«* (Markus 11, 23)

Das Gesetz des menschlichen Geistes ist das Gesetz des Glaubens. Es heißt daher, an die Funktionsweise des Geistes zu glauben und auch an den Glauben selbst. Was Sie im Geiste glauben, ist nichts anderes, als was Sie im Geiste denken – darin liegt das Geheimnis.

Was immer Sie erleben und tun, alle Ereignisse und Umstände Ihrer Existenz sind Reaktionen des Unterbewußtseins auf Ihre Gedanken.

Nicht der Inhalt Ihres Glaubens also, sondern das bloße Vorhandensein dieses Glaubens in Ihrem Geist ist es, was diese Wirkungen zeitigt. Befreien Sie sich von irrigen Überzeugungen und Meinungen, von blindem Aberglauben und den grundlosen Ängsten, die die Menschheit quälen. Beginnen Sie statt dessen an die unwandelbaren, ewigen Wirklichkeiten und Wahrheiten des Lebens zu glauben. Dann nämlich wird Sie Ihr Weg voran, nach oben und zu Gott führen.

Wer auch immer dieses Buch liest und die hier enthüllten Gesetze des Unterbewußtseins anwendet, wird fortan für sich und andere wissenschaftlich fundierte und wirksame Gebete formulieren können. Auch Ihre eigenen Gebete werden nach dem Gesetz von Ursache und Wirkung, Aktion und Reaktion erhört. Der Gedanke ist der Samen der Tat. Das Ereignis aber ist

nichts anderes als die Reaktion Ihres Unterbewußtseins auf die
Art und das Wesen Ihres Gedankens. Geben Sie sich den Ge-
danken und Vorstellungen der Harmonie, der Gesundheit, des
Friedens und des guten Willens hin – und das Wunder tritt in
Ihr Leben.

Die Dualität des Geistes

Zwar stellt Ihr Geist eine Einheit dar, doch erfüllt er, wie heute
allen gut informierten Menschen durchaus vertraut ist, zwei
wesensmäßig verschiedene Funktionen und weist daher zwei
völlig unterschiedliche Bereiche mit durchaus eigenen, unver-
wechselbaren Eigenschaften und Kräften auf. Die Existenz dieser beiden getrennten Bereiche findet in einer Vielzahl gän-
giger und wissenschaftlicher Bezeichnungen Ausdruck. So
unterscheidet man zwischen dem Bewußtsein und dem Unterbewußtsein, dem objektiven und dem subjektiven Geist, ratio-
naler und gefühlsbetonter Funktionsebene, dem wachen und
dem schlafenden Geist, dem Oberflächen-Selbst und dem Tie-
fen-Selbst, dem willkürlichen und dem unwillkürlichen Geist,
dem männlichen und dem weiblichen Geist und vielem anderem mehr. In dem vorliegenden Werk haben wir uns für die
Verwendung der Begriffe »Bewußtsein« und »Unterbewußtsein« entschieden.

Das Bewußtsein und das Unterbewußtsein

Die unterschiedliche Funktion dieser beiden Bewußtseins-
sphären kommt am sinnfälligsten zum Ausdruck, wenn wir
den menschlichen Geist mit einem Garten vergleichen. Sie
selbst sind der Gärtner und säen die Saat Ihrer Gedanken in
den fruchtbaren Boden Ihres Unterbewußtseins. Die Art und
Qualität Ihres Samens hängt von Ihren Denkgewohnheiten ab;
denn was immer Sie Ihrem Unterbewußtsein einpflanzen, wird
wachsen und entweder in Ihrem Körper oder in Ihrer Lebens-
sphäre Gestalt annehmen.

Sie sollten deshalb unverzüglich beginnen, Ihrem Unterbewußtsein Gedanken des Friedens, des Glücks, des rechten Tuns, des guten Willens und des Wohlstands einzugeben. Durchdenken Sie dies alles in Ruhe, und stellen Sie sich alles in Ihrem bewußten Verstand als bereits verwirklicht vor. Senken Sie diese Gedanken gleichsam als Samen unablässig in den Nährboden Ihres Geistes (das Unterbewußtsein), und Sie werden wunderbare Ernte halten. Das Unterbewußtsein läßt sich mit einem fruchtbaren Humusboden vergleichen, in dem alle Samen, ob gute oder böse, üppig gedeihen. *Erntet Ihr Trauben vom Dornbusch oder Feigen von Disteln?* Jeder Gedanke ist deshalb eine Ursache, und jeder innere oder äußere Umstand eine Wirkung. Um eine wünschenswerte Entwicklung Ihrer Lebensbedingungen zu erreichen, müssen Sie deshalb uneingeschränkt über Ihre Gedanken gebieten können. Sobald Sie richtig denken und die Wahrheit begreifen gelernt haben, und wenn die in Ihrem Unterbewußtsein eingepflanzten Gedanken positiver, harmonischer und friedlicher Art sind, wird die magische Wirkungskraft Ihres Unterbewußtseins zur Geltung kommen und angenehme, harmonische Lebensbedingungen schaffen. Alles wird sich zum Besten wenden. Sobald Sie Ihre Gedankenvorgänge unter Kontrolle gebracht haben, können Sie die Kräfte Ihres Unterbewußtseins zur Lösung jedes Problems und aller Schwierigkeiten einsetzen. Sie werden sich also mit jener unvorstellbar großen Kraft und eben jenem allmächtigen Gesetz verbünden, das den Kosmos lenkt.

In welchem Teil der Welt Sie sich auch befinden mögen, blicken Sie um sich, und Sie werden feststellen, daß die weitaus überwiegende Mehrzahl aller Menschen ein auf Äußerlichkeiten beschränktes Leben führt. Nur eine kleine Gruppe aufgeklärter Menschen widmet sich den seelischen und geistigen Vorgängen in ihrem Inneren. Denken Sie aber stets daran, daß es die Welt Ihres Innenlebens ist – also Ihre Gedanken, Gefühle und Vorstellungen –, die die äußere Welt erschafft. Eben deshalb ist das Unterbewußtsein die einzige schöpferische Macht, und was immer in der Welt unserer Sinne Ausdruck findet, wurde – bewußt oder unbewußt – durch die Kraft des Geistes und insbesondere des Unterbewußtseins geschaffen.

Das Verständnis für die zwischen Bewußtsein und Unterbewußtsein bestehenden Wechselwirkungen wird Sie deshalb befähigen, Ihr ganzes Leben von Grund auf zu verwandeln. Um die äußerlichen Lebensumstände zu verändern, müssen Sie zunächst einmal auf ihre Ursachen Einfluß nehmen. Die meisten Menschen versuchen, einen Wandel der äußerlichen Umstände und Gegebenheiten mit äußerlichen Mitteln herbeizuführen. Um aber Zwist, Verwirrung, Entbehrungen und alles andere, was Ihr Lebensgefühl beeinträchtigt, aus der Welt zu schaffen, müssen Sie das Problem an der Wurzel packen, das heißt: Ihr bewußtes Denken völlig umstellen und in Ihrer Gedanken- und Vorstellungswelt eine völlig neue Ordnung begründen.

Ihr Unterbewußtsein reagiert mit der Empfindlichkeit eines Präzisionsinstrumentes auf jeden Ihrer Gedanken. Das bedeutet aber, daß die Ihr Unterbewußtsein durchströmende unendliche Weisheit, Lebenskraft und Energie durch Ihre bewußten Gedanken geprägt werden und feste Form erhalten. Sie sind von einem unergründlichen Ozean unschätzbarer Reichtümer umgeben. Die praktische Anwendung der in diesem Buch aufgezeichneten Gesetze des menschlichen Geistes wird Ihr ganzes Leben wunderbar verwandeln: in Überfluß statt Mangel, Einsicht und Weisheit statt Unwissenheit und Aberglauben, in Frieden statt schmerzvoller Unruhe. Sie werden an sich Freude statt Leid, Licht statt Finsternis, Einigkeit statt Zwist, Zuversicht und Selbstvertrauen statt Furcht und Zweifel, Erfolg statt Mißerfolg und die Befreiung von der Tyrannei des Durchschnittlichen erleben. Vom geistigen, seelischen und materiellen Blickwinkel aus gesehen gibt es keine größeren Segnungen. Die meisten großen Wissenschaftler, Künstler, Dichter, Sänger, Schauspieler, Schriftsteller und Erfinder haben tiefen Einblick in die Arbeits- und Wirkungsweise des menschlichen Bewußtseins und Unterbewußtseins gewonnen.

Der weltberühmte Tenor Enrico Caruso wurde einmal plötzlich vom Lampenfieber überfallen. Er klagte, daß ihm die Angst buchstäblich die Kehle zuschnüre. Sein Gesicht war schweißbedeckt. Er schämte sich zutiefst vor den Umstehenden, doch der Gedanke, in wenigen Minuten aus den Kulissen treten zu müssen, ließ ihn vor Furcht erzittern. »Ich mache mich zum Gespött«, sagte er, »ich kann nicht singen.« Plötzlich aber raffte er sich auf und rief mit lauter Stimme: »Mein *kleines Ich* will das *große Ich* in mir ersticken!« Darauf sprach er das, was er das »kleine Ich« nannte, unmittelbar an: »Hinweg mit dir, das *große Ich* will durch mich singen!« (Mit dem »großen Ich« meinte er die jedem Menschen innewohnende Macht und Weisheit des Unterbewußtseins.) »Das *große Ich* will singen!« – und sein Unterbewußtsein reagierte, indem es die inneren Schleusen öffnete. Als sein Stichwort fiel, betrat er die Bühne, und der strahlende Glanz seiner Stimme schlug seine Zuhörer wie gewohnt in Bann.

Diese bekannte Anekdote läßt keinen Zweifel darüber, daß Caruso von der Existenz zweier Geistesschichten wußte, nämlich der bewußten, verstandesmäßigen Sphäre einerseits und der Sphäre des Unterbewußtseins andererseits. Auch Ihr Unterbewußtsein reagiert auf Ihre Denkweise. Ist Ihr Bewußtsein (das »kleine Ich«) von Angst, Furcht und Sorge erfüllt, so löst dies in Ihrem Unterbewußtsein (dem »großen Ich«) eine negative Gefühlslage aus, die sich wiederum auf Ihr Bewußtsein – in Form von bösen Ahnungen, Verzweiflung und Panik – überträgt. Falls Sie sich also einmal in einer ähnlichen Lage befinden sollten, dann versuchen Sie doch, die in Ihrem Unterbewußtsein sich geltend machenden Negativtendenzen entschieden und im vollen Bewußtsein Ihrer Autorität etwa wie folgt anzusprechen: »Seid still, seid ruhig! Ich bin hier der Chef (die Chefin), und ihr habt euch meinem Befehl unterzuordnen. Ihr habt hier nichts zu suchen, hinweg mit euch!«

Es ist ungemein interessant und fesselnd zu beobachten, wie ein entschiedenes und überzeugtes Ansprechen des Unterbewußtseins das gestörte seelische Gleichgewicht nahezu schlagartig wiederherstellt. Eben weil das Unterbewußtsein den Geboten des Bewußtseins unterworfen ist, wird es als »*Unterbewußtsein*« oder »subjektives Bewußtsein« bezeichnet.

Die hauptsächlichen Unterschiede in
Funktion und Wirkungsweise

Der folgende Vergleich dürfte die Hauptunterschiede wohl am deutlichsten erhellen: Das Bewußtsein spielt etwa die gleiche Rolle wie der Steuermann oder Kapitän auf der Brücke seines Schiffes.

Er bestimmt den Kurs und erteilt den Männern im Maschinenraum die nötigen Befehle. Diese wiederum warten die Kessel und bedienen ihre Instrumente und Maschinen. Die Besatzung in den Tiefen des Schiffes fragt nicht, wohin die Reise geht – sie gehorcht ganz einfach den Befehlen. Wüßte der Mann auf der Brücke nicht mit dem Kompaß, dem Sextanten und den anderen Instrumenten der Navigation umzugehen und träfe er falsche Anordnungen, so würde die Mannschaft blind ins Verderben stürzen. Die Leute im Maschinenraum gehorchen aber dem Kapitän, weil er das Kommando hat und weil seinen Befehlen unbedingte Folge zu leisten ist. Hier gibt es kein langes Hin und Her – der Matrose hat die Befehle einfach auszuführen.

Der Kapitän ist Herr seines Schiffes, und alles geschieht nach seinem Willen. Im übertragenen Sinn spielt Ihr Bewußtsein die Rolle des Kapitäns, der befiehlt, während Ihr Körper und alle Belange, die Sie betreffen, mit dem oben erwähnten Schiff gleichzusetzen sind. Ihr Unterbewußtsein führt nämlich alle Befehle aus, die ihm Ihr Bewußtsein in Form von Urteilen und Überzeugungen zukommen läßt.

Falls Sie all Ihren Bekannten erzählen: »Das kann ich mir nicht leisten«, dann nimmt Sie Ihr Unterbewußtsein beim Wort und sorgt dafür, daß Sie sich das Ersehnte wirklich nicht kaufen können. Solange Sie anderen und sich selbst immer von neuem einprägen: »Ich kann mir den Wagen, die Amerikareise, das Haus, den schönen Mantel, die teure Uhr und dergleichen nicht leisten«, können Sie sicher sein, daß Ihr Unterbewußtsein dies als Befehl auffaßt und Sie Ihr ganzes Leben lang an der Erfüllung dieser Wünsche hindern wird.

Ein junges Mädchen, Studentin an der Universität von Südkalifornien, erzählte mir einmal: »Ich habe oft nicht genug

Geld, um mir etwas zu kaufen, das ich mir sehr wünsche. Jetzt aber weiß ich, wo ich mir die nötigen finanziellen Mittel und was ich sonst noch benötige beschaffen kann – nämlich aus der unerschöpflichen Schatzkammer meines Inneren.«

Die Wirkungsweise des Unterbewußtseins sei noch mit einem weiteren Beispiel erklärt. Wenn Sie sagen: »Ich mag keine Pilze«, und wenn Ihnen tatsächlich Soßen oder Salate angeboten werden, die Pilze enthalten, so wird ganz sicher eine Magenverstimmung eintreten, weil sich Ihr Unterbewußtsein sagt: »Der Chef (also Ihr Bewußtsein) mag keine Pilze.« Reaktionen dieser Art werfen ein interessantes Licht auf die unterschiedlichen Funktionen von Bewußtsein und Unterbewußtsein.

Sagt jemand: »Falls ich noch spät am Abend Kaffee trinke, wache ich todsicher um drei Uhr morgens auf«, so wird Kaffeegenuß zu vorgerückter Stunde zuverlässig diese Wirkung hervorrufen. Die Stimme des Unterbewußtseins wird nämlich dann dem Betreffenden zuflüstern: »Der Chef will, daß du heute um drei Uhr morgens aufwachst.«

Ihr Unterbewußtsein ist 24 Stunden am Tag rastlos um Ihr Wohlergehen bemüht und legt Ihnen die Früchte Ihrer Denkgewohnheiten in den Schoß.

Wie ihr Unterbewußtsein reagierte

Vor einigen Monaten schrieb mir eine Dame folgenden Brief: »Ich bin 75 Jahre alt, Witwe, und meine Kinder sind längst erwachsen und selbständig. Ich beziehe eine Pension und lebte völlig zurückgezogen. Eines Tages aber besuchte ich einen Ihrer Vorträge über die Macht des Unterbewußtseins, in dem Sie darlegten, daß sich dem Unterbewußtsein durch stete Wiederholung, Glauben und zuversichtliche Erwartung bestimmte Ideen einprägen lassen.

Und so begann ich, aus Herzensgrund mehrmals am Tage laut vor mich hinzusprechen: »Es gibt einen Menschen, der mich braucht. Ich bin glücklich verheiratet mit einem gütigen, liebevollen und geistig hochstehenden Mann. Mein Leben hat einen Sinn!«

Zwei Wochen lang sprach ich diesen Satz immer wieder vor mich hin, bis ich eines Tages in einer Apotheke einem Pharmazeuten begegnete, der sich bereits aus dem Geschäftsleben zurückgezogen hatte. Er machte auf mich den Eindruck eines gütigen, verständnisvollen und sehr gläubigen Menschen. Er entsprach in allem dem Mann, um den ich gebetet hatte. Kaum eine Woche später machte er mir einen Heiratsantrag. Und im Augenblick befinden wir uns auf unserer Hochzeitsreise nach Europa. Ich weiß, daß die Weisheit meines Unterbewußtseins uns beide mit Gottes Segen zusammenführte.«

Auch diese Dame hatte die Schatzkammer in ihrem Inneren entdeckt. Sie fühlte in ihrem Herzen, daß das Gebet eine Wirklichkeit schafft, und diese Überzeugung teilte sich ihrem Unterbewußtsein mit, das Sie ja bereits als das eigentliche schöpferische Medium kennengelernt haben. Sobald es ihr gelang, ihrem Unterbewußtsein das Wunschbild ihres zukünftigen Partners zu vermitteln, verwirklichte dieses den Inhalt ihres Gebetes. Die von Weisheit und Einsicht erfüllten tiefen Schichten ihres Unterbewußtseins führten die beiden Menschen zusammen nach Gottes Willen.

Es gibt keinen Zweifel: »*Im übrigen, Brüder, was wahr ist, was ehrbar, was gerecht, was rein, was liebenswert, was ansprechend ist, was es an Tugenden und löblichen Dingen gibt, darauf richtet euren Sinn!*« (Philipper 4,8)

ZUSAMMENFASSUNG

1. Ihr Inneres birgt eine unerschöpfliche Schatzkammer. Wenden Sie Ihren Blick nach innen, und Sie finden die Erfüllung Ihrer Herzenswünsche!

2. Das den bedeutenden Menschen aller Zeiten zugängliche und größte aller Geheimnisse besteht in ihrer Fähigkeit, sich mit ihrem Unterbewußtsein zu verständigen und seine Kräfte freizusetzen. Das gleiche können auch Sie!

3. Ihr Unterbewußtsein kennt die Lösung aller Probleme. Falls Sie ihm vor dem Schlafengehen suggerieren: »Ich will um

sechs Uhr morgens aufstehen«, so wird es Sie pünktlich aufwecken.

4. Ihr Unterbewußtsein hat Ihren Körper gestaltet und vermag Sie auch gesund zu machen. Schlafen Sie jede Nacht mit der Vorstellung ein, daß Sie sich völliger Gesundheit erfreuen, und der treueste aller Diener, Ihr Unterbewußtsein, wird Ihrer Eingebung gehorchen.

5. Jeder Gedanke verursacht etwas – ist Ursache; und jeder Zustand ist durch etwas bewirkt worden – ist also Wirkung.

6. Was immer Sie verwirklichen wollen – beispielsweise durch einen Vortrag zu überzeugen oder ein Buch zu schreiben –, prägen Sie Ihre Vorstellungen eindringlich und vertrauensvoll dem Unterbewußtsein ein, und es wird entsprechend reagieren.

7. Ihre Lage gleicht der eines Kapitäns am Steuer seines Schiffes. Er muß die richtigen Kommandos geben. Und auch Sie müssen Ihrem Unterbewußtsein, das Ihr gesamtes Schicksal lenkt, in Form von Gedanken und Vorstellungen die richtigen Befehle erteilen.

8. Sagen Sie niemals: »Das kann ich mir nicht leisten« oder »Das kann ich nicht.«. Ihr Unterbewußtsein nimmt Sie beim Wort und sorgt dafür, daß es Ihnen wirklich an den nötigen Mitteln oder Fähigkeiten fehlt. Stellen Sie statt dessen voll Selbstvertrauen fest: »Die Macht meines Unterbewußtseins öffnet mir alle Tore.«

9. Das Gesetz des Lebens und das Gesetz des Glaubens sind ein und dasselbe. Glauben heißt denken, in Ihrem Geist denken. Glauben Sie – das heißt, denken Sie – an nichts, was Sie schädigen oder verletzen könnte! Glauben Sie an die heilende, erleuchtende, stärkende und glückbringende Macht Ihres Unterbewußtseins! Was immer Sie inbrünstig glauben, wird sich an Ihnen und für Sie erfüllen!

10. Wandeln Sie Ihre Denkgewohnheiten, und Sie ändern Ihr Schicksal!

KAPITEL 2

Die Funktionsweise Ihres Geistes

Sie müssen lernen, den Geist, mit dem Sie ausgestattet worden sind, voll zu nutzen. Wie Sie bereits wissen, gibt es zwei getrennte geistige Bereiche, nämlich einerseits die bewußte und durch den Verstand kontrollierte und andererseits die unterbewußte und den Gesetzen der Logik unzugängliche Sphäre. Sie denken mit Ihrem bewußten Geist, und Ihre Denkgewohnheiten prägen sich Ihrem Unterbewußtsein ein, das dann den betreffenden Gedankeninhalten Gestalt verleiht. Die unterbewußten Schichten sind der Sitz Ihrer Gefühlswelt und stellen in ihrer Gesamtheit den schöpferischen Bereich dar. Wenn Sie Gutes denken, so entsteht daraus auch Gutes, während böse Gedanken Böses nach sich ziehen. Darin – und in nichts anderem – besteht die Funktionsweise Ihres Geistes.

Was wir als entscheidenden Punkt festhalten wollen, ist die Tatsache, daß das Unterbewußtsein jede von ihm empfangene und akzeptierte Vorstellung alsbald zu verwirklichen beginnt. Es ist eine ebenso interessante wie tiefgründige Erkenntnis, daß sich das Unterbewußtsein in gleicher Weise guten wie auch schlechten Gedanken unterwirft und dementsprechend arbeitet. Negative Ideen bringen deshalb Mißerfolg, Enttäuschung und Unglück. Sind jedoch Ihre Denkgewohnheiten harmonischer und positiver Natur, so werden Gesundheit, Erfolg und Wohlstand Sie begleiten.

Sobald Sie einmal gelernt haben, Ihre Gedanken und Gefühle in die rechten Bahnen zu lenken, werden sich Seelenfrieden und körperliche Gesundheit mit Sicherheit ganz von selbst einstellen. Was auch immer Sie für sich beanspruchen und im Geiste als schon verwirklicht betrachten, wird Ihr Unterbewußtsein als bereits bestehende Tatsache hinnehmen und schnellstens vollziehen. An Ihnen liegt es, Ihr Unterbewußtsein zu überzeugen, und das ihm innewohnende Gesetz wird wunschgemäß für Gesundheit, Harmonie oder berufliche Anerkennung sorgen. In *Ihren* Händen liegt die Kommandogewalt, *Sie* erteilen die Befehle – und Ihr Unterbewußtsein wird gehorchen und treu Ihre Eingebungen verwirklichen. Das Gesetz Ihres Geistes lautet wie folgt: *Ihre bewußten Gedanken und Vorstellungen rufen eine dem Wesen nach identische Reaktion Ihres Unterbewußtseins hervor.*

Psychologen und Psychiater erklären uns, daß alle dem Unterbewußtsein übermittelten Gedanken Eindrücke in den Gehirnzellen hinterlassen. Sobald Ihr Unterbewußtsein irgendeine Vorstellung übermittelt erhält, wird es unverzüglich für deren Verwirklichung sorgen. Mit Hilfe der Gedankenassoziation setzt es zu diesem Zweck alles Wissen und alle Erfahrungen ein, die Sie bis zu diesem Zeitpunkt angesammelt haben. Es stützt sich dabei auf die unendliche Macht, Energie und Weisheit in Ihrem Inneren. Um das betreffende Ziel zu verwirklichen, verbündet sich Ihr Unterbewußtsein mit allen Kräften und Gesetzen der Natur. Gelegentlich löst es Ihre Schwierigkeiten sofort, in anderen Fällen mag die Lösung Tage, Wochen oder sogar noch länger auf sich warten lassen – *der gesamte Vorgang ist letzthin unerforschlich.*

Die genauere Unterscheidung der Begriffe »bewußt« und »unbewußt«

Sie müssen sich stets vor Augen halten, daß der Geist – trotz des über seine getrennten Sphären Gesagten – nicht etwa in zwei getrennte, voneinander unabhängige Teile gespalten ist. Bei den bewußten und unbewußten Vorgängen handelt es sich lediglich um zwei Tätigkeitsbereiche ein und desselben Geistes. Der Denkprozeß spielt sich im Bewußtsein ab. Denkend treffen Sie Ihre Wahl. Mit Hilfe Ihres Bewußtseins wählen Sie also zum Beispiel Ihre Lektüre, Ihren Wohnort und Ihren Lebensgefährten. Alle Ihre Entscheidungen werden von Ihrem Bewußtsein gefällt. Andererseits jedoch sind die inneren Vorgänge Ihres Organismus jeder willensmäßigen Einflußnahme entzogen. Das Unterbewußtsein steuert also nach eigenen Gesetzen den

Schlag ihres Herzens, die Verdauung, die Blutzirkulation und die Atmung.

Ihr Unterbewußtsein hält alles für wahr, was Sie ihm einprägen und bewußt glauben. Im Gegensatz zu Ihrem Bewußtsein unterzieht es aber die ihm dargebotenen Sachverhalte und Zusammenhänge keiner logischen, wertenden inhaltlichen Überprüfung und erhebt auch keinerlei Einwände gegen die ihm dargebotenen Tatsachen. Ihr Unterbewußtsein gleicht dem Erdreich, das jeden Samen, ob gut oder schlecht, in sich aufnimmt. Auch Ihre Gedanken entfalten eine lebendige Wirksamkeit und können deshalb mit Samenkörnern verglichen werden. Negative, zersetzende Vorstellungen setzen ihre zerstörende Wirkung im Unterbewußtsein fort und bringen früher oder später die entsprechenden Früchte hervor, die in Form unangenehmer Erlebnisse und Ereignisse in Ihr Leben treten.

Bedenken Sie also immer: Ihr Unterbewußtsein prüft nicht nach, ob Ihre Gedanken gut oder schlecht, wahr oder falsch sind, sondern es reagiert einzig und allein in der Ihren Gedanken und Vorstellungen entsprechenden Weise. Sind Sie also von der Wahrheit eines bestimmten Sachverhalts überzeugt, so wird ihn auch Ihr Unterbewußtsein als zutreffend hinnehmen und entsprechend reagieren, selbst wenn Ihre Meinung objektiv irrig ist.

Psychologische Experimente

Zahllose von Psychologen durchgeführte Experimente, darunter auch solche hypnotischer Art, bewiesen die Unfähigkeit des Unterbewußtseins, einen logischen Denkprozeß zu vollziehen, da es weder einer auswählenden noch einer vergleichenden Vorgehensweise fähig ist. Hat es deshalb einmal irgendeine Suggestion als vorgegebene Tatsache hingenommen, so wird es in Übereinstimmung mit deren Inhalt reagieren.

Für einen geübten Hypnotiseur ist es ein leichtes, die Beeinflußbarkeit des Unterbewußtseins zu beweisen. Er braucht der Testperson nur zu suggerieren, sie sei Napoleon Bonaparte oder etwa eine Katze oder ein Hund – und der Betreffende wird

die jeweilige Rolle äußerst lebenswahr verkörpern. Im hypnotisierten Zustand tritt eine Wandlung der Persönlichkeit ein, so
daß sich die Testperson mit der suggerierten Gestalt und deren
Lebensform identifiziert.

In gleicher Weise kann man dem Hypnotisierten auch einreden, er sei in eine Marmorstatue verwandelt, sein Rücken
schmerze oder seine Nase blute, es sei unerträglich heiß oder
er zittere vor Kälte. Immer wird die gewünschte und entsprechende Reaktion eintreten, wobei der Betreffende seine Wahrnehmungsfähigkeit für alles verliert, was nicht in den Rahmen
der jeweiligen Suggestion fällt.

Diese einfachen Beispiele werfen ein klares Licht auf den
wesentlichen Unterschied zwischen dem bewußten, vernunft-
gesteuerten Bereich des Geistes und dem Unterbewußtsein,
das keiner individuellen und logischen Kritik fähig ist und deshalb alles für bare Münze nimmt, was ihm das Bewußtsein als
Tatsache hinstellt. Aus genau diesem Grund ist es auch von so
entscheidender Bedeutung, nur solchen Gedanken und Vorstellungen Raum zu geben, die segensvoll und heilsam sind
und die die Seele mit Glück und Freude erfüllen.

Was bedeutet »objektiver« und was »subjektiver« Geist?

Das Bewußtsein wird gelegentlich auch als »objektiver Geist«
bezeichnet, da es sich mit den Objekten der sichtbaren Außen-
welt beschäftigt. Dieser Teil des Geistes bezieht seine Informationen von den fünf Sinnen. Der objektive Geist berät und leitet
Sie in all Ihren Beziehungen zu Ihrer Umgebung. Der Einsatz
Ihrer fünf Sinne vermittelt Ihnen die nötigen Kenntnisse. Ihr
objektiver Geist lernt durch Beobachtung, Erfahrung und Erziehung. Wie wir aus dem Vorhergehenden bereits wissen, besteht die hauptsächliche Fähigkeit und Aufgabe des Bewußtseins im logischen Denken.

Nehmen wir an, Sie seien einer jener Tausende von Touri-
sten, die Jahr für Jahr Paris besuchen. Ihr persönlicher Eindruck von den weitläufigen Parks, prunkvollen Straßen, maje-
stätischen Plätzen und ehrwürdigen Gebäuden gipfelt in dem

Gesamturteil: »Welch eine wunderschöne Stadt!« Auf diese
Weise verarbeitet der objektive Geist Sinneseindrücke zu logischen Schlußfolgerungen.

Das Unterbewußtsein andererseits wird häufig als »subjekti-
ver Geist« bezeichnet. Im Unterschied zum Bewußtsein ist es
aber nicht auf die Vermittlung der Sinne angewiesen, sondern
nimmt die Umwelt unmittelbar und ohne Reflexion – durch Intuition – wahr. Denn hier befindet sich der Sitz Ihrer Gefühle
und ebenso die »Lagerhalle« Ihres Gedächtnisses. Das Unterbewußtsein erfüllt seine vornehmsten Aufgaben erst dann,
wenn die physischen Sinne ausgeschaltet sind. Es handelt sich
hier also um diejenige Wahrnehmungsfähigkeit, die sich im
Zustand der Bewußtlosigkeit oder während des Schlafes offen-
bart.

Ihr Unterbewußtsein sieht also durch die Augen des Geistes
und kann auf das Sinnesorgan des Gesichtssinns verzichten.
Auch besitzt es die Gabe des Hellsehens – oder auch des Hell-
hörens. Der subjektive Geist kann den menschlichen Körper
verlassen, sich in ferne Länder begeben und mit äußerst genauen und unbedingt zutreffenden Informationen wiederkeh-
ren. Mit Hilfe derselben geistigen Fähigkeiten können Sie die
Gedanken anderer lesen, den Inhalt versiegelter Schreiben
wissen und einen Blick in verschlossene Safes werfen. Auf dieselbe Weise können Sie Ihre Gedanken anderen Menschen
mitteilen, ohne die üblichen Nachrichtenmittel zu benutzen.
Ohne die genaueste Kenntnis der Wechselbeziehungen zwischen objektivem und subjektivem Geist ist es unmöglich, die
eigentliche Kunst des Gebetes zu erlernen und zu beherrschen.

Das Unterbewußtsein kann nicht logisch denken

Das Unterbewußtsein ist nicht fähig, irgendein Für und Wider
abzuwägen. Falls Sie deshalb Ihrem Unterbewußtsein etwas
objektiv Falsches suggerieren, wird es diese Suggestion trotzdem als wahr hinnehmen und sie über kurz oder lang als
Lebensumstand, Ereignis oder Erfahrung verwirklichen. Alle
Ihre bisherigen Erlebnisse waren die Reaktion Ihres Unterbe-

wußtseins auf Gedanken, an deren Richtigkeit Sie glaubten. Die Schäden irriger Eingebungen sind am wirkungsvollsten zu beheben, wenn Sie fortan positiv denken und harmonische Gedanken möglichst oft wiederholen, bis sie sich Ihrem Unterbewußtsein tief eingeprägt haben. Da Ihr Unterbewußtsein ja gleichzeitig der Hort Ihrer Gewohnheiten ist, wird dieser Wandel Ihrer Denk- und Lebensgewohnheiten bald eine entscheidende Wendung zum Besseren herbeiführen.

Ihre gewohnheitsmäßige Denkweise hinterläßt tiefe Spuren in Ihrem Unterbewußtsein. Dieser Umstand wirkt sich segensreich für Sie aus, sobald Ihr Denken um harmonische, friedliche und konstruktive Ziele und Wünsche kreist.

Falls Sie bisher unter der bedrückenden Last von Angst und Sorgen oder sonstwie negativen Denkmustern gelebt haben, so beginnen Sie nun ein neues Leben, indem Sie die Allmacht Ihres Unterbewußtseins anerkennen und ihm Sorgenfreiheit, Glück und vollkommene Gesundheit einzugeben lernen. Ihr Unterbewußtsein – schöpferisch und eins mit dem göttlichen Prinzip – wird umgehend für die Verwirklichung der ihm so nachdrücklich eingeprägten Hinwendung zum Guten sorgen.

Die ungeheure Macht der Suggestion

Mittlerweile wissen Sie, daß Ihr Bewußtsein sozusagen der »Wächter am Tor« ist, dessen Hauptaufgabe darin besteht, Ihr Unterbewußtsein vor schädlichen Eindrücken zu schützen. Sie sind nun mit einem der Grundgesetze des menschlichen Geistes vertraut und wissen, daß das Unterbewußtsein durch Suggestion beeinflußbar ist. Auch ist Ihnen bekannt, daß es weder Vergleiche zieht noch Unterschiede erkennt oder die Dinge unabhängig und folgerichtig durchdenkt. All dies ist Aufgabe Ihres Bewußtseins. Das Unterbewußtsein reagiert also einfach auf die ihm vom Bewußtsein vermittelten Eindrücke und bleibt selbst von irgendwelchen logischen Folgerungen unbelastet.

Ein klassischer Beweis für die ungeheure Macht der Suggestion wäre etwa folgendes Experiment: Angenommen, Sie sagen während einer Seereise zu einem ohnehin verängstigt wir-

kenden Mitpassagier: »Sie müssen doch krank sein. Wie blaß
Sie aussehen! Es wird Ihnen bestimmt gleich schlecht werden.
Darf ich Sie nach unten bringen?« Der solchermaßen Angesprochene wird unweigerlich sofort erblassen, denn die ihm
suggerierte Seekrankheit verbindet sich in seiner Vorstellungswelt mit den eigenen Ängsten und düsteren Ahnungen. Er wird
sich dankbar auf Ihren Arm stützen und in seiner Kabine vor
fremden Augen geschützt den ihm eingeredeten Beschwerden
freien Lauf lassen.

Unterschiedliche Reaktionen auf dieselbe Suggestion

Es kann durchaus geschehen, daß mehrere Menschen aufgrund der unterschiedlichen Beschaffenheit ihres Unterbewußtseins auf ein und dieselbe Suggestion verschieden reagieren.

Gesetzt den Fall, Sie machen auf besagter Seereise Ihr Experiment nicht mit einem Passagier, sondern mit einem Matro-
sen. Je nach Temperament wird er Ihr Hilfsangebot entweder
als Scherz auffassen oder aber verärgert zurückweisen. In diesem Fall stößt nämlich Ihre Suggestion auf einen unempfängli-
chen Seebären, der sich gegen Seekrankheit gefeit weiß. Deshalb werden Ihre Worte bei ihm nicht Angst oder Sorge
auslösen, sondern wirkungslos an seiner Selbstsicherheit ab-
prallen.

Lexikalisch wird »Suggestion« als gezielte geistige oder seelische Beeinflussung und Erweckung bestimmter Vorstellungen,
Empfindungen, Gedanken definiert, die als wahr hingenommen und verwirklicht werden. Dabei ist zu beachten, daß die
bewußte Ablehnung einer Suggestion das Unterbewußtsein
wirksam vor jeder ungewollten Beeinflussung schützt. Das Bewußtsein kann also jede unwillkommene Suggestion abweh-
ren. Der oben erwähnte Matrose zum Beispiel hatte keine
Angst vor Seekrankheit. Er war sich seiner Immunität sicher,
und deshalb vermochte die negative Suggestion nicht die geringsten Angstgefühle in ihm zu erwecken. Bei unserem ängst-
lichen Passagier dagegen mußte die Suggestion der Seekrank-

heit infolge seiner eigenen Angst vor diesem Leiden wirksam
sein.

So hat jeder von uns seine inneren Ängste. Jeder hat auch
seine eigenen Meinungen und Glaubenssätze, von deren Be-
rechtigung und Wahrheit er überzeugt ist und die somit sein
Leben leiten und bestimmen. Die Suggestion besitzt keinerlei
eigene Macht außer der, die ihr der willige Glaube eines Menschen verleiht. Wird sie aber einmal wirksam, so lenkt sie den
Strom der unterbewußten Kräfte in ganz bestimmte und eng
begrenzte Kanäle.

Wie er seinen Arm verlor

Im Abstand von zwei bis drei Jahren halte ich in der Caxton
Hall in London eine Reihe von Vorträgen für das sogenannte
Truth Forum. Diese Einrichtung habe ich dort vor Jahren begründet. Die derzeitige Leiterin, Dr. Evelyn Fleet, erzählte mir
von einem englischen Zeitungsartikel, der sich mit der Macht
der Suggestion beschäftigte. In diesem Fall suggerierte ein
unglücklicher Vater seinem Unterbewußtsein mehr als zwei
Jahre lang: »Ich gäbe gern meinen rechten Arm, wenn meine
Tochter geheilt würde.« Die Tochter litt offenbar gleichzeitig an
einer schweren Arthritis, die ihre Glieder verkrüppelte, und an
einer angeblich unheilbaren Hautkrankheit. Die Bemühungen
der Ärzte waren ohne Erfolg geblieben, und dies veranlaßte
den Vater, seinem inbrünstigen Wunsch nach völliger Heilung
seiner Tochter immer wieder mit den oben zitierten Worten
Ausdruck zu verleihen.

Während eines Familienausflugs im Auto kam es zum Zu-
sammenstoß mit einem anderen Wagen. Bei dem Unfall wurde
dem Vater der rechte Arm in Schulterhöhe abgerissen. Nahezu
gleichzeitig verschwanden Arthritis und Hautleiden der Tochter.

Dieses schier unglaubliche Beispiel beweist, wie wichtig es
ist, dem Unterbewußtsein nur glückliche, heilende und se-
gensreiche Suggestionen einzuprägen, kurz: solche, die in jeder Beziehung eine Wendung zum Besseren beinhalten. Den-

ken Sie immer daran: Ihr Unterbewußtsein versteht keinen Scherz; es nimmt Sie beim Wort!

Wie Autosuggestion die Angst verscheucht

Unter Autosuggestion verstehen wir die Selbstbeeinflussung durch ganz bestimmte und gezielte Gedanken oder Vorstellungen. Herbert Parkyn berichtet in seinem 1916 bei Fowler in London erschienenen hervorragenden Lehrbuch über die Autosuggestion vom folgenden amüsanten und deshalb besonders einprägsamen Vorfall: »Ein New Yorker war nach Chicago geflogen und hatte vergessen, dort seine Uhr um eine Stunde zurückzustellen, wie es die unterschiedlichen Zeitzonen verlangt hätten. Ein Geschäftsfreund bat ihn um die genaue Uhrzeit, und kaum hörte dieser, die Mittagszeit sei schon überschritten, überfiel ihn plötzlich ein Heißhunger, obwohl ihn noch eine ganze Stunde von seiner gewohnten Essenszeit trennte.«

Die Autosuggestion läßt sich sehr wirksam gegen die verschiedensten Angstzustände und andere negative Gefühlslagen einsetzen. So wurde zum Beispiel eine junge Sängerin zum Vorsingen aufgefordert. Einerseits begrüßte sie freudig diese Gelegenheit, ihr Können zu beweisen, andererseits jedoch hatte sie bereits dreimal bei ähnlichen Gelegenheiten aus Angst versagt. Obwohl sie sich der Schönheit ihrer Stimme bewußt war, sagte sie sich immer wieder: »Ich habe solche Angst. Wahrscheinlich werde ich wieder nicht gut zur Geltung kommen.«

Ihr Unterbewußtsein legte diese Negativsuggestion als Aufforderung aus und führte umgehend die entsprechende Situation herbei. Hier handelte es sich also um eine unfreiwillige Autosuggestion, das heißt: die in der Stille gehegten Befürchtungen verwandelten sich in Gefühle und wurden Wirklichkeit.

Dann aber überwand sie ihre Furcht mit folgender Methode: Sie zog sich in ihr Zimmer zurück und schloß sich dort völlig von ihrer Umwelt ab. Nun nahm sie in einem bequemen Sessel Platz, entspannte sich und schloß die Augen. Auf diese Weise versetzte sie Körper und Geist in einen Ruhezustand. Körperliche Entspannung beruhigt nämlich auch den Geist und macht ihn für Suggestionen empfänglicher. In diesem Zustand der Gelöstheit schärfte sie sich immer wieder ein: »Ich singe hinreißend. Ich bin voll Ruhe, Heiterkeit und Selbstvertrauen.« Sie wiederholte diese Feststellung langsam, ruhig und voll Inbrust fünf- bis zehnmal. Sie machte diese geistigen Übungen dreimal am Tag, das letzte Mal jeweils unmittelbar vor dem Schlafengehen. Nach einer Woche sah sie ihrer Zukunft voll Ruhe und Selbstvertrauen entgegen. Als dann eine neue Einladung zum Probesingen kam, begeisterte sie ihre Zuhörer.

Wie sie ihr Erinnerungsvermögen wiederherstellte

Eine 75jährige Dame war in die Gewohnheit verfallen, sich zu sagen: »Ich verliere mein Gedächtnis.« Eines Tages aber beschloß sie, sich mehrmals am Tag das genaue Gegenteil zu suggerieren, und sagte sich: »Von heute an schärft sich mein Erinnerungsvermögen in jeder Hinsicht. Ich werde mir jederzeit und überall, was immer ich auch will, ins Gedächtnis zurückrufen können. Meine Sinneseindrücke werden sich klarer und dauerhafter einprägen. Ich werde alles ganz einfach und von selbst im Gedächtnis behalten. Wessen ich mich auch erinnern will, wird sich unverzüglich und scharf umrissen meinem geistigen Auge darbieten. Ich mache Tag für Tag beträchtliche Fortschritte, und bald wird mein Gedächtnis besser sein als je zuvor.« Am Ende von drei Wochen sah sie beglückt, daß ihr Erinnerungsvermögen wieder voll hergestellt war.

Wie er seine Unbeherrschtheit besiegte

Viele Männer, die ihrer Reizbarkeit und ihrem Jähzorn den Kampf ansagten, zeigten sich besonders zugänglich für Suggestionen und verzeichneten außerordentliche Erfolge, indem sie ungefähr einen Monat lang drei- bis viermal am Tag – also nach dem Aufstehen, am Vormittag, Mittag und vor dem Schlafengehen – die folgenden Modellsätze wiederholten: »Von nun

an werde ich beherrschter und besser gelaunt sein. Freude,
Glück und Fröhlichkeit herrschen jetzt immer in meinem Geist
vor. Mit jedem Tag begegne ich meinen Mitmenschen mit
größerer Verständnisbereitschaft und Liebe. Mein Wohlwollen
und meine gute Laune werden sich meiner ganzen Umgebung
mitteilen. Diese glückliche, freudige und frohe Stimmung wird
nun zum dauernden Normalzustand meines Geistes. Ich bin
dafür zutiefst dankbar.«

Die konstruktive und die zerstörende Macht der Suggestion

Werfen wir nun einen Blick auf Wesen und Wirkung der Heterosuggestion, das heißt also jener Suggestionskraft, die von
anderen ausgeht. Zu allen Zeiten und in allen Ländern der
Erde hat die Macht der Suggestion in den Formen der Autosuggestion oder der Fremdsuggestion eine entscheidende Rolle im
Leben und Denken der Menschen gespielt. In vielen Teilen der
Welt bildet sie auch heute noch den wesentlichsten und wirkungsvollsten Bestandteil einer ganzen Reihe von Religionen.
Die Kraft der Suggestion läßt sich nutzen, um über sich selbst
zu bestimmen, doch kann man mit ihrer Hilfe auch all diejeni-
gen unter seine Gewalt zwingen, denen die Gesetze des Geistes
unbekannt sind. Für konstruktive Zwecke eingesetzt, handelt
es sich hier um eine wundervolle und großartige Macht. Wird
sie aber für schädliche Ziele mißbraucht, so kann die Suggestion zur verderblichsten aller geistigen Waffen werden und
Elend, Mißerfolg, Leid, Krankheit und Unglück heraufbe-
schwören.

Glauben Sie etwa an ein unabwendbares Schicksal?

Von klein auf haben die meisten von uns erlebt, wie von allen
Seiten negative Suggestionen auf uns einstürmten. Unfähig,
uns gegen sie zu wehren, begannen wir, sie für wahr zu halten.
Sicher wird Ihnen unter den folgenden Beispielen vieles bekannt sein: »Das kannst du nicht!« – »Aus dir wird nie etwas!« –

»Das darfst du nicht!« – »Das geht schief!« – »Du hast nicht die geringste Chance!« – »Das ist völlig falsch!« – »Es hat keinen Zweck!« – »Es kommt nicht darauf an, was du kannst, sondern darauf, wen du kennst« – »Die Welt geht vor die Hunde!« – »Was soll's – um mich kümmert sich ja doch kein Mensch!« – »Wozu soll ich mich so anstrengen?« – »Das Leben ist nichts als eine ewige Plackerei!« – »Wer glaubt schon an Liebe?« – »Dagegen ist man doch machtlos!« – »Über kurz oder lang gehe ich bankrott!« – »Warte nur, du wirst auch noch angesteckt!« – »Man kann keinem Menschen trauen!« Solchen und vielen ähnlichen negativen Suggestionen waren und sind wir ausgesetzt.

Falls Sie es als Erwachsener versäumen, durch positive Autosuggestion den in der Vergangenheit verursachten seelischen Schaden wiedergutzumachen, werden Ihre pessimistischen Denkgewohnheiten mit großer Wahrscheinlichkeit eine Verhaltensweise provozieren, die notgedrungen zu privaten und beruflichen Enttäuschungen führen muß. Die Autosuggestion ist demnach ein Mittel, sich von der Last negativer Einflüsse zu befreien, die sonst möglicherweise das Lebensglück und die Entwicklung positiver Gewohnheiten in Frage stellen könnten.

Wie man sich vor negativen Suggestionen schützt

Ein Blick in die Zeitung genügt, um in jedem einigermaßen sensiblen Menschen ein Gefühl der Sorge, Angst, Hoffnungslosigkeit und Verzweiflung zu wecken. Wer aber solch düstere Gedanken die Oberhand gewinnen läßt, gefährdet seinen Lebenswillen. Deshalb ist es ungemein beruhigend zu wissen, daß positive Autosuggestionen einen wirksamen Schutz gegen alle negativen Einflüsse darstellen.

Überprüfen Sie von Zeit zu Zeit sorgfältig, ob und wie Ihre Umgebung Sie negativ zu beeinflussen sucht. Sie sind keinesfalls schutzlos der zerstörenden Gewalt der Fremdsuggestion ausgesetzt. Als Kinder und Heranwachsende haben wir schon genug darunter gelitten. Rufen Sie sich nur einmal die vielen abträglichen Bemerkungen ins Gedächtnis, die sogar Ihre Familie, Freunde und Verwandten, vor allem aber auch Lehrer,

Ausbilder und Berufskollegen machten. Eine kritische Überprüfung wird ergeben, daß vieles davon völlig unzutreffend
und nur in der Absicht gesagt war, Sie zu ängstigen oder zu unterdrücken.

Heterosuggestion wird in jeder Familie, jedem Büro, jeder
Fabrik und jedem Verein angewendet. Sie werden feststellen,
daß vieles davon keinem anderen Zweck dient, als Ihr Denken,
Fühlen und Handeln im Sinne und zum Nutzen der anderen zu
steuern.

Wie die Suggestion einen Menschen tötete

Hier nun ein Beispiel von Fremdsuggestion: Einer meiner Verwandten suchte in Indien eine Wahrsagerin auf, die ihm eröffnete, er habe ein Herzleiden und werde beim nächsten Neumond sterben. Mein Verwandter teilte dies der ganzen Familie
mit, ordnete seine Angelegenheiten und machte sein Testament.

Die Suggestion ergriff völlig von ihm Besitz, da er uneingeschränkt an sie glaubte. Er erzählte mir, die Wahrsagerin besitze angeblich seltsame okkulte Kräfte, mit denen sie ihren
Mitmenschen nützen oder schaden könne. Die Voraussage erfüllte sich an ihm, wobei ihm allerdings nicht bewußt war, daß
er selbst dem eigenen Tod Vorschub leistete. Viele von uns können wohl aus eigener Erfahrung über ähnliche Fälle von Aberglauben und menschlicher Dummheit berichten.

Betrachten wir noch einmal das hier geschilderte Ereignis
im Licht unserer Kenntnis unterbewußter Vorgänge. Was immer wir bewußt glauben, hält auch das Unterbewußtsein für
wahr, und es reagiert entsprechend. Mein Verwandter war ein
glücklicher, gesunder und vitaler Mann, als er jene Wahrsagerin aufsuchte. Deren Prophezeiung aber erfüllte ihn mit Todesangst, und er lebte fortan in der festen Erwartung, beim nächsten Neumond vom Leben Abschied nehmen zu müssen. Er
machte allen davon Mitteilung und bereitete sich auf sein Ende
vor. Alles begann und endete in seinem eigenen Geist – seine
Gedanken waren die ausschließliche Ursache alles weiteren.

Durch seine Angst und die feste Erwartung seines baldigen
Hinscheidens hatte er selbst seinen Tod herausgefordert oder,
genauer gesagt, seinen Körper zerstört.

Die Frau, die seinen Tod vorhergesagt hatte, besaß nicht den
geringsten Einfluß auf sein Schicksal. Sie hatte keinerlei dies-
seitige oder übersinnliche Macht, das von ihr prophezeite Ende
herbeizuführen. Wäre mein Verwandter mit den Gesetzen des
Geistes vertraut gewesen, so hätte er die negative Suggestion
völlig mißachtet und ihren Worten nicht den geringsten Wert
beigemessen. An der unerschütterlichen Erkenntnis, daß sein
Handeln einzig und allein durch seine eigenen Gedanken und
Gefühle gelenkt wird, wäre die vermeintliche Wahrsagung wirkungslos abgeprallt wie Kieselsteine an einem Panzerfahrzeug.

Den Suggestionen anderer kommt keinerlei Macht oder
Kraft zu, außer jener, die Sie selbst ihnen durch Ihre persönli-
che Überzeugung verleihen. Erst durch Sie selbst kommt die
Fremdsuggestion zur Wirkung, so daß also wiederum Sie selbst
es sind, der Ihren Gegnern in die Hände spielt. Sie allein haben
Gewalt über Ihre eigenen Gedanken und Gefühle. Vergessen
Sie nie: Sie allein treffen die Entscheidung! Wählen Sie also das
Leben! Wählen Sie die Liebe! Wählen Sie die Gesundheit!

Die Macht der Logik

Ihr Geist gehorcht dem Gesetz der Logik. Erkennt Ihr Bewußtsein also irgendeine Voraussetzung als zutreffend an, so wird
diese auch von Ihrem Unterbewußtsein unweigerlich für wahr
gehalten, denn das Urteil Ihres objektiven Geistes verbürgt
Ihrem subjektiven Geist die Richtigkeit des betreffenden Gedankens. Dieser Zusammenhang von Ursache und Wirkung
entspricht ganz dem Aufbau des klassischen Syllogismus, das
ist der aus drei Urteilen bestehende Schluß vom Allgemeinen
auf das Besondere:

Jede Tugend ist lobenswert.
Güte ist eine Tugend.
Deshalb ist Güte lobenswert.

Oder ein weiteres Beispiel:

Alles Geschaffene ist vergänglich.
Die ägyptischen Pyramiden sind etwas Geschaffenes.
Deshalb sind auch die Pyramiden vergänglich.

Jeweils das erste Urteil, der Vordersatz, wird als logische Voraussetzung bzw. Prämisse bezeichnet, und dem Gesetz der Logik nach kann aus einer zutreffenden Voraussetzung nur eine zutreffende Schlußfolgerung gezogen werden.

Nach einem meiner Vorträge über die Gesetze des geistigen Lebens, die ich im Mai 1962 im Rathaus von New York hielt, sagte mir ein Universitätsprofessor: »Alles in meinem Leben geht drunter und drüber. Ich habe meine Gesundheit, mein Vermögen und meine Freunde eingebüßt. Was immer ich in die Hand nehme, geht schief.«

Ich riet ihm, er solle in seinem bewußten Denken unentwegt an der Prämisse festhalten, die unendliche Weisheit seines Unterbewußtseins leite und führe ihn immerdar den Weg zu Gesundheit, Wohlstand und Glück. Aus der Kraft dieser Überzeugung heraus würde dieses dann nämlich ganz von selbst all seine Entscheidungen privater und geschäftlicher Natur lenken, seine Gesundheit wiederherstellen und ihn von neuem Glück und Seelenfrieden finden lassen.

Entsprechend meinem Rat formulierte der Professor seine Vorstellung vom idealen Leben und kleidete sie in folgende Worte:

»Die unendliche Weisheit führt und lenkt mich in allem. Ich erfreue mich völliger Gesundheit, und das Gesetz der Harmonie wirkt in meinem Körper und Geist. Schönheit, Liebe, Friede und Überfluß sind für immer mein. Die Grundsätze des rechten Handelns und die göttliche Ordnung bestimmen mein ganzes Leben. Ich weiß, daß diese Voraussetzung auf den ewigen Wahrheiten des Lebens begründet ist, und ebenso weiß, fühle und glaube ich, daß mein Unterbewußtsein getreulich und bis in jede Einzelheit mein bewußtes Denken verwirklicht.«

Nicht lange danach schrieb er mir folgenden Brief: »Ich wiederholte diese Überzeugungen mehrmals am Tag langsam,

ruhig und nachdrücklich und war mir bewußt, daß diese Gedanken tiefe Wurzeln in meinem Unterbewußtsein schlagen
und zuverlässig Früchte tragen würden. Ich danke Ihnen aus
ganzem Herzen für die mir gewährte persönliche Aussprache
und darf Ihnen versichern, daß sich seither mein Leben in jedem Sinn zum Besseren gewandelt hat. Ihre ›Gesetze des Geistes‹ sind wahr und wirksam!«

Das Unterbewußtsein macht keine logischen Einwendungen

Das Unterbewußtsein ist allweise und kennt die Antwort auf
jede Frage. Es macht aber keinerlei logische Einwendungen
und läßt sich mit Ihnen auf kein Streitgespräch ein. Es hält Ihnen also nicht etwa vor: »Diese Vorstellung darfst du mir nicht
einprägen.« Falls Sie also Gedanken nachhängen wie: »Das
kann ich nicht!« – »Dafür bin ich zu alt!« – »Dieser Verpflichtung
kann ich nicht genügen!« – » Ich bin unter einem Unglücksstern
geboren!« – »Ich kenne eben nicht die richtigen Leute!« und so
weiter, sättigen Sie Ihr Unterbewußtsein mit negativen Gedanken, und die entsprechende Reaktion läßt nicht lange auf sich
warten. Durch eine solche Denkweise legen Sie Ihrem Glück
unüberwindliche Hindernisse in den Weg und bringen selbst
Mangel, Einschränkung und Enttäuschung in Ihr Leben.

Sobald Ihr Bewußtsein beginnt, angeblich unüberwindliche
Hemmnisse vor Ihnen aufzutürmen, haben Sie sich selbst der
Hilfe beraubt, die Ihnen die Einsicht und Weisheit Ihres Unterbewußtseins bieten könnte. Eine solche Einstellung besagt
nämlich nur, daß Sie Ihren subjektiven Geist für unfähig halten, Ihnen einen Ausweg aus der betreffenden Lage zu zeigen.
Dies aber hat geistige Fehlleistungen und Gefühlskomplexe
zur Folge, die ihrerseits Krankheiten und neurotische Neigun-
gen auslösen können.

Um also Ihre Schwarzseherei zu überwinden und Ihre Herzenswünsche zu verwirklichen, sagen Sie mehrere Male am
Tag mit voller Überzeugung: »Die unendliche Weisheit, die diesen Wunsch in mein Herz legte, führt und lenkt mich allezeit

und wird mir den besten Weg zur Erfüllung meiner Wünsche weisen. Ich weiß, daß sich die tiefere Einsicht meines Unterbewußtseins durchsetzt und all meine Gedanken, Gefühle und Vorstellungen verwirklicht. In mir und um mich herum herrschen Harmonie, Ausgewogenheit und Seelenfrieden.«

Sobald Sie sagen: »Es gibt keinen Ausweg, ich bin verloren; ich finde keine Lösung, ich bin verraten und verkauft!«, können Sie auch keinerlei Hilfe oder positive Reaktion von Ihrem Unterbewußtsein erwarten. Um seine ungeheure Macht für Ihre Zwecke einzusetzen, müssen Sie es auf die richtige Weise ansprechen. Es ist ja ohnehin immer für Sie tätig. Auch in diesem Augenblick kontrolliert es Ihren Herzschlag und Ihre Atmung. Es heilt jede Wunde und steuert den Lebensstrom, pausenlos sucht es Sie zu schützen und zu bewahren. Ihr Unterbewußtsein hat zwar seinen eigenen Willen, doch läßt es sich widerspruchslos durch den Inhalt Ihrer Gedanken und Vorstellungen leiten.

Zwar reagiert ihr Unterbewußtsein unverzüglich auf Ihre Bemühungen, eine bestimmte Lösung zu finden – andererseits aber erwartet es von Ihrem Bewußtsein eine richtige Beurteilung der Lage und eine sachgerechte Entscheidung. Sie müssen sich vor Augen halten, daß die eigentliche Antwort von Ihrem Unterbewußtsein ausgeht. Sobald Sie aber sagen: »Meine Lage ist völlig ausweglos, ich weiß nicht, wo mir der Kopf steht; warum gibt mir mein Unterbewußtsein keine Antwort ein?«, berauben Sie letzteres seiner Wirksamkeit. Sie treten sozusagen auf der Stelle und kommen keinen Schritt weiter.

Beruhigen Sie also Ihre verzweifelt hin und her irrenden Gedanken, entspannen Sie sich und sagen Sie voll Zuversicht: »Mein Unterbewußtsein kennt die Antwort. Es reagiert jetzt auf meinen Anruf. Ich sage aus ganzem Herzen Dank für die unendliche Weisheit meines Unterbewußtseins, die ihm alle Dinge enthüllt und mir die beste Lösung eingibt. Diese meine unerschütterliche Überzeugung setzt nun die unendlich wirksame und strahlende Macht meines Unterbewußtseins frei. Ich bin voll Freude und Dankbarkeit darüber!«

ZUSAMMENFASSUNG

1. Denken Sie das Gute, und es wird sich verwirklichen! Denken Sie aber Böses, so wird Böses eintreten. Was immer Sie denken, das sind und tun Sie in jeder Sekunde Ihres Lebens.

2. Ihr Unterbewußtsein macht keine Einwendungen. Es nimmt hin, was Ihr Bewußtsein bestimmt. Wenn Sie sagen: »Ich kann mir dieses oder jenes nicht leisten«, so mag dies im Augenblick durchaus zutreffen – trotzdem dürfen Sie diesem Gedanken nicht nachhängen. Entscheiden Sie sich für den positiven Gedanken: »Diesen Gegenstand werde ich mir kaufen können! Ich weiß, dies ist wahr!«

3. Sie haben die freie Wahl. Wählen Sie Gesundheit und Glück. An Ihnen liegt es, ob Sie freundlich oder unfreundlich sein wollen. Zeigen Sie sich hilfsbereit, froh, freundlich, liebenswert – und die ganze Welt wird sich auf Sie einstellen. – Es gibt keinen besseren Weg, sich zu einer gewinnenden Persönlichkeit zu entwickeln.

4. Ihr Bewußtsein ist der »Wächter am Tor«. Seine Hauptaufgabe besteht darin, Ihr Unterbewußtsein vor schädlichen Eindrücken zu bewahren. Entscheiden Sie sich aus freien Stücken für die Überzeugung, daß das Gute geschehen kann und jetzt geschieht. Ihre größte Macht liegt in Ihrer Entscheidungsfreiheit. Wählen Sie Glück und Überfluß!

5. Die Suggestionen und Eingebungen anderer können Ihnen nicht schaden, denn nur Ihre eigenen Gedanken haben Macht über Sie. Sie brauchen nur die Suggestionen und Meinungen der anderen zurückweisen und Ihr eigenes Denken ausschließlich auf positive Dinge zu konzentrieren. Sie allein bestimmen die Art Ihrer Reaktion.

6. Überlegen Sie sorgfältig Ihre Worte! Sagen Sie niemals: »Das wird fehlschlagen!« – »Ich werde meine Stellung verlieren!« – »Ich kann die Miete nicht zahlen!« Ihr Unterbewußtsein läßt nicht mit sich spaßen. Es verwirklicht jeden Ihrer Gedanken.

7. Ihr Geist ist weder böse noch schlecht. Keine Naturkraft ist böse. Von Ihnen selbst hängt es ab, wie Sie die Mächte der Natur einsetzen. Nutzen Sie Ihren Geist, um all Ihren Mitmenschen Segen zu bringen, ihnen zu helfen und sie für das Gute zu begeistern.

8. Sagen Sie niemals: »Ich kann nicht!« Überwinden Sie Ihre Furcht mit folgender Feststellung: »Dank der unendlichen Macht meines Unterbewußtseins ist mir nichts unmöglich!«

9. Orientieren Sie Ihr Denken nach den ewigen Wahrheiten und Grundsätzen des Lebens und lassen Sie sich nicht durch Furcht, Unwissen und Aberglauben verblenden! Lassen Sie sich Ihre Gedanken nicht vorschreiben! Denken und entscheiden Sie selbständig!

10. Sie sind Chef Ihrer Seele, Ihres Unterbewußtseins und Meister Ihres Schicksals. Denken Sie immer daran: Sie haben die freie Wahl. Wählen Sie das Leben! Wählen Sie die Liebe! Wählen Sie die Gesundheit! Entscheiden Sie sich für das Glück!

11. Was immer Ihr Bewußtsein für richtig hält und fest glaubt, wird Ihr Unterbewußtsein als wahr hinnehmen und verwirklichen. Glauben Sie an Ihren guten Stern, an göttliche Eingebungen, an die Richtigkeit Ihrer Entscheidung und alle Segnungen des Lebens!

KAPITEL 3

Die wunderwirkende Macht Ihres Unterbewußtseins

Ihr Unterbewußtsein verfügt über eine unendliche Macht. Es inspiriert Sie, leitet Sie und ruft Ihnen alle in den Tiefen Ihres Gedächtnisses bewahrten Namen, Tatsachen und Szenen ins Bewußtsein. Es steuert Herzschlag, Blutkreislauf und den gesamten Verdauungs- und Ausscheidungsprozeß. Wenn Sie ein Stück Brot essen, so verwandelt Ihr Unterbewußtsein es in organisches Gewebe, Muskeln, Knochen und Blut. Das eigentliche Geheimnis dieses Vorgangs bleibt selbst dem Blick des schärfsten und klügsten Menschen entzogen. Ihr Unterbewußtsein kontrolliert alle Lebensvorgänge und -funktionen Ihres Organismus und kennt die Lösung aller Probleme.

Ihr Unterbewußtsein kennt weder Rast noch Ruhe. Es steht immer auf seinem Posten. Sie können sich selbst von der wunderwirkenden Macht Ihres Unterbewußtseins überzeugen, indem Sie ihm unmittelbar vor dem Einschlafen eine ganz bestimmte Aufgabe stellen. Mit Freude werden Sie entdecken, daß dieser Willensentschluß innere Kräfte freisetzt, die das gewünschte Ergebnis zeitigen. Hier also liegt die Quelle aller Macht und Weisheit, die Ihnen Zugang zu eben jener Kraft und Allmacht gewährt, die die Welt bewegt, die die Bahnen der Planeten bestimmt und die Sonne erstrahlen läßt.

Das Unterbewußtsein ist die Quelle all Ihrer Ideale, Strebungen und uneigennützigen Zielsetzungen. Durch das Auge dieses subjektiven Geistes erkannte Shakespeare die großen Wahrheiten, die dem Durchschnittsmenschen seiner Zeit verborgen blieben. Und zweifellos war es die Reaktion seines Unterbewußtseins, die den griechischen Bildhauer Pheidias inspirierte, seinen Vorstellungen von Schönheit, Ordnung, Harmonie und Ebenmaß in Marmor und Bronze gültige Gestalt zu verleihen. Die gleiche Kraft war es, die Raffael beflügelte, seine Madonnen zu malen, und die Beethoven zur Komposition seiner Symphonien befähigte.

Im Jahre 1955 hielt ich eine Vorlesungsreihe an der Yoga Forest University in Rishikesh (Indien) und hatte Gelegenheit, mich mit einem Chirurgen aus Bombay zu unterhalten. Er erzählte mir von Dr. James Esdaille, einem schottischen Chirurgen, der in Bengalen praktizierte, noch ehe die modernen Narkosemittel entdeckt worden waren. Zwischen 1843 und 1846 führte Dr. Esdaille an die 400 komplizierte Eingriffe durch, darunter Amputationen, Krebsoperationen und operative Behandlung von Augen-, Ohren- und Kehlkopfleiden. Alle diese Eingriffe wurden ausschließlich unter Hypnose, also geistiger Narkose, vorgenommen. Der indische Arzt in Rishikesh berichtete, daß die postoperative Sterblichkeitsziffer der von Dr. Esdaille behandelten Patienten in Höhe von etwa 2 bis 3 Prozent als äußerst niedrig betrachtet werden muß. Die chirurgischen Eingriffe waren völlig schmerzlos, und keiner der Patienten starb auf dem Operationstisch.

Dr. Esdaille versetzte die ihm anvertrauten Kranken in Hypnose und suggerierte ihrem Unterbewußtsein, daß sie keine Schmerzen haben würden und daß sich keinerlei Infektion oder Sepsis entwickeln könne. Dieser Umstand ist um so bemerkenswerter, als Dr. Esdaille lange vor der Zeit wirkte, da Louis Pasteur, Joseph Lister und andere Forscher auf die bakterielle Ursache einer Reihe von Erkrankungen hinwiesen und die mangelhafte Sterilisierung der Instrumente und Operationssäle für die zahlreichen gefährlichen Infektionen verantwortlich machten.

Der indische Chirurg führte die geringe Sterblichkeitsziffer und die auf ein Mindestmaß beschränkte Anzahl von Infektionen einzig und allein auf die suggestive Wirkung von Dr. Esdailles hypnotischer Behandlung zurück. Der Organismus der Patienten reagierte in voller Übereinstimmung mit den ihrem Unterbewußtsein eingeprägen Suggestionen.

Wie freute ich mich zu hören, daß schon vor mehr als 120 Jahren ein Chirurg die wundersamen und wunderwirkenden Kräfte des Unterbewußtseins entdeckt hatte! Überkommt nicht auch Sie beim Gedanken an die übernatürlichen Kräfte Ihres subjektiven Geistes ein Schauer der Ehrfurcht und des Glücks? Denken Sie nur an seine Fähigkeit außersinnlicher Wahrnehmung, wie zum Beispiel Hellsehen und Hellhören, seine Unabhängigkeit von Zeit und Raum, seine Macht, von allem Schmerz und Leid zu befreien, und seine Fähigkeit, eine Lösung für alle Ihre Probleme zu finden! Diese und viele andere Tatsachen enthüllen Ihnen die Existenz einer seelischen Macht und Weisheit, die selbst die höchstentwickelten Verstandeskräfte bei weitem übertreffen. Die Unendlichkeit dieser Kräfte und die Größe der von ihnen gewirkten Wunder müssen jedes Menschenherz rühren und mit freudigem Glauben an die einzigartige Macht des Unterbewußtseins erfüllen.

Ihr Unterbewußtsein ist das Buch Ihres Lebens

Welche Gedanken, Überzeugungen, Meinungen, Theorien und Dogmen Sie auch Ihrem Unterbewußtsein tief und dauerhaft einprägen – sie werden sich alle verwirklichen und als äußere Situation, Zustand oder Ereignis in Ihrem Leben Gestalt annehmen. Jeder seelische Eindruck wird früher oder später zum realen Ausdruck. Ihr Leben besitzt zwei Seiten, die bewußte und die unterbewußte, die sichtbare und die unsichtbare, die Welt der Gedanken und die ihrer materiellen Ausprägung.

Jeder Gedanke wird von Ihrem Gehirn aufgenommen, das ja das Organ Ihres bewußt denkenden Geistes ist. Sobald Ihr objektiver, das heißt bewußter Geist den betreffenden Gedanken annimmt, wird er zum Solarplexus (dem Nervengeflecht im Oberbauch) weitergeleitet, das auch als das »Gehirn des Unterbewußtseins« bezeichnet wird. Dort entfalten Ihre Gedanken und Vorstellungen ihre reale Wirksamkeit und offenbaren sich in Ihren Erlebnissen.

Wie bereits ausführlich erklärt, kann Ihr Unterbewußtsein keine logischen Einwendungen machen. Es führt ohne Zögern aus, was Sie ihm befehlen, und nimmt die Urteile und Schlußfolgerungen Ihres Bewußtseins uneingeschränkt als gesicherte Tatsachen hin. So wird jeder Gedanke zum sichtbaren Schriftzug im Buch Ihres Lebens. Der berühmte amerikanische Schriftsteller und Philosoph Ralph Waldo Emerson sagte einmal: *»Der Mensch ist das, was er den ganzen Tag lang denkt«,* und er faßte damit eine bereits in der Bibel verankerte Erkenntnis in etwas andere Worte.

Jeder seelische Eindruck nimmt materielle Gestalt an

William James, der Vater der amerikanischen Psychologie, erklärte, das Unterbewußtsein berge die Kräfte, die die Welt bewegen. Ihr Unterbewußtsein ist eins mit der unendlichen Einsicht und Weisheit. Seine unerschöpflichen Kräfte fließen aus verborgenen Quellen – dem Gesetz des Lebens. Welchen Gedanken Sie Ihrem Unterbewußtsein auch einprägen mögen, es wird Himmel und Erde bewegen, um ihn zu verwirklichen. Deshalb also müssen Sie ungemein sorgsam sein und auf gute und konstruktive Gedanken achten.

Der Grund für alle Unordnung und alles Leiden dieser Welt liegt vielfach in dem mangelnden Verständnis der Menschen für die Wechselbeziehungen zwischen Bewußtsein und Unterbewußtsein. Wenn und solange diese beiden Prinzipien in zeitlicher Übereinstimmung harmonisch zusammenwirken, ist das Ergebnis Gesundheit, Glück, Friede und Freude. Krankheit und Zwist können vor der vereinigten Kraft dieser beiden geistigen Sphären nicht bestehen.

Das Grab des Hermes wurde in höchst gespannter Erwartung der kommenden Wunder geöffnet, da man glaubte, es enthalte das größte Geheimnis aller Zeiten. Jenes Geheimnis aber lautete: *»Wie drinnen, so draußen; wie oben, so unten.«*

Dies bedeutet nichts anderes, als daß jede unterbewußte Vorstellung auf dem Bildschirm von Raum und Zeit erscheint. Auch Moses, Jesaja, Jesus, Buddha, Zarathustra, Laotse und alle anderen erleuchteten Propheten aller Zeiten verkündeten die gleiche Wahrheit. Was immer Sie unterbewußt als wahr empfinden, nimmt feste Gestalt an als Lebenssituation, Zustand oder Ereignis. Psychische und physische Bewegung bedingen sich gegenseitig und schaffen ihr eigenes Gleichgewicht. *Wie im Himmel* (in Ihrem eigenen Geist), *so auf Erden* (also in Ihrem Körper und in Ihrer Umwelt). Dies ist das große Gesetz des Lebens.

Das Gesetz von Aktion und Reaktion, Ruhe und Bewegung, gilt überall in der Natur. Die beiden entgegengesetzt wirkenden Kräfte müssen sich ausgleichen – dann erst herrschen Harmonie und Gleichgewicht. Rhythmisch und harmonisch sollen Sie vom Prinzip des Lebens durchströmt sein. Zustrom und Ausstrom müssen gleich groß sein. Eindruck und Ausdruck müssen sich entsprechen. Das Gefühl der Enttäuschung ist nur die Folge unerfüllter Wünsche.

Zersetzende und böse Gedanken werden negative Gefühle verursachen, die ihrerseits nach Ausdruck und Verwirklichung drängen. Aufgrund ihrer negativen Natur nehmen sie häufig die Gestalt von Magengeschwüren, Herzleiden sowie nervöser Furcht- und Angstzustände an. Was denken und fühlen Sie im Augenblick in bezug auf sich selbst? Wofür halten Sie sich? Jeder Teil Ihres Wesens und Seins spiegelt Ihre Selbstvorstellung getreulich wider. Ihre Lebenskraft, Ihr Körper, Ihre finanziellen Verhältnisse, Ihre Freunde und Ihre gesellschaftliche Stellung spiegeln bis in die kleinste Einzelheit Ihre Selbsteinschätzung wider. Hier handelt es sich nämlich um die Auswirkung des schon oft zitierten Grundgesetzes: Was immer dem Unterbewußtsein eingeprägt wird, findet Ausdruck in allen Phasen und Bereichen Ihres Lebens.

Jeder negative Gedanke wirkt sich zu unserem Schaden aus. Wie oft haben Sie sich schon selbst durch Zorn, Furcht, Eifersucht und Rachedurst Wunden geschlagen? Dies sind die gefährlichen Gifte, die Ihr Unterbewußtsein verseuchen. Als neugeborenes Kind waren Sie frei von all diesen negativen Einstellungen. Baden Sie Ihr Unterbewußtsein in einer Flut lebenspendender Gedanken, und alle negativen Denkgewohnheiten und selbstzerstörerischen Vorstellungen der Vergangenheit werden spurlos weggewaschen.

Das Unterbewußtsein heilt eine bösartige Hauterkrankung

Eine am eigenen Körper erlebte Heilung liefert wohl den über-
zeugendsten Beweis für die wunderwirkenden Kräfte des Unterbewußtseins. Vor mehr als 40 Jahren befreiten mich meine
Gebete von einer bösartigen Hauterkrankung. Der ärztlichen
Kunst war es nicht gelungen, ihre Ausbreitung einzudämmen,
und meine Lage wurde von Tag zu Tag ernster.

Ein Geistlicher, der über bedeutende Kenntnisse auf dem
Gebiet der Psychologie verfügte, erklärte mir die tiefere Bedeutung des 139. Psalms, der da lautet: *»Deine Augen sahen mich,
als ich noch unfertig war, und in deinem Buch waren alle meine
Teile eingetragen.«* (Psalm 139,16) Er legte mir dar, daß der Ausdruck *Buch* das Unterbewußtsein bedeutet, das alle Organe aus
einer rein geistigen Keimzelle formt und gestaltet. Und was das
Unterbewußtsein in Übereinstimmung mit einem ihm eingeprägten Vorbild schuf, könne es auch nach demselben Muster
wiederherstellen und heilen.

Dann zeigte mir der Geistliche seine Uhr und sagte: »Auch
diese Uhr wurde geschaffen; ehe sie aber stoffliche Gestalt an-
nahm, mußte sich der Uhrenhersteller eine genaue geistige
Vorstellung von ihr bilden. Wer jedoch eine Uhr ersinnt und
schafft, vermag sie auch besser als jeder andere zu reparieren.«
Sodann führte er mir vor Augen, daß das Unterbewußtsein, das
meinen Körper erschaffen habe, mit jenem Uhrmacher verglichen werden können, da es ganz wie er alle lebenswichtigen
Vorgänge und Funktionen wiederherstellen und heilen könne.
Dazu sei es nur nötig, diesem schöpferischen subjektiven Geist
die Vorstellung völliger Gesundheit einzuprägen, denn die Wirkungskraft dieser Gedanken würde dann den entsprechenden
Heilungsprozeß herbeiführen.

So formulierte ich also das folgende, sehr einfache Gebet:
»Mein Körper wurde von der unendlichen Weisheit meines Unterbewußtseins geschaffen, das mich auch zu heilen vermag.
Seine Weisheit formte alle meine Organe, Gewebe, Muskeln
und Knochen. Dieselbe unendliche und heilbringende Kraft in
meinem Inneren ist nun dabei, jede Zelle, jedes Atom meines
Organismus zu verwandeln und mich unverzüglich wieder heil

und gesund zu machen. Ich bin zutiefst dankbar, denn ich
weiß, daß ich auf dem Weg zur Besserung bin. Wunderbar sind
die Werke der mir innewohnenden schöpferischen Weisheit.«

Zwei- oder dreimal pro Tag sprach ich dieses kurze Gebet.
Nach etwa drei Monaten war meine Haut wieder völlig heil und
gesund.

Wie Sie sehen, hatte ich nichts anderes getan, als meinem
Unterbewußtsein die lebensspendenden Denkmodelle der Ge-
sundung, Schönheit und Vollkommenheit eingegeben, um da-
mit die negativen Vorstellungen und Denkgewohnheiten zu lö-
schen, die sich dort eingeprägt hatten und die eigentliche
Wurzel allen Übels gewesen waren. Es gibt keine körperliche
Erscheinung, die nicht zuerst geistige Vorstellung gewesen
wäre, und indem Sie Ihren Geist unaufhörlich mit positiven
Gedanken sättigen, verwandeln Sie gleichzeitig auch Ihren
Körper. Dies allein ist der Grund, die Ursache und Quelle aller
Heilungen... *»Wunderbar sind deine Werke, und meine Seele
weiß das gar wohl.«* (Psalm 139,1)

Wie das Unterbewußtsein alle Körpervorgänge steuert

Ob Sie nun hellwach sind oder im tiefsten Schlaf – Ihr uner-
müdliches Unterbewußtsein steuert pausenlos und völlig unabhängig von Ihrem Bewußtsein alle lebenswichtigen Funktionen Ihres Organismus. So schlägt zum Beispiel auch während
des Schlafs Ihr Herz rhythmisch weiter, Ihre Lunge kommt
nicht zur Ruhe, sondern versorgt – genau wie im Wachzustand
– Ihr Blut mit frischem Sauerstoff. Ihr Unterbewußtsein kontrolliert den Verdauungsprozeß und die Drüsensekretionen sowie alle anderen geheimnisvollen Vorgänge in Ihrem Körper.
Die Barthaare wachsen weiter, ob Sie nun schlafen oder wach
sind. Naturwissenschaftler haben festgestellt, daß die Haut
während des Schlafs viel mehr Schweiß absondert als während
des Wachzustands. Ihre Augen, Ohren und anderen Sinne sind
auch während des Schlafs voll einsatzfähig. Und viele der größten Forscher fanden buchstäblich im Schlaf die Antwort auf
verwickelte Probleme – die Lösung erschien ihnen im Traum.

Oft stört Ihr Bewußtsein durch Sorge, Angst, Zweifel und Niedergeschlagenheit den normalen Rhythmus des Herzens und
der Lungen sowie die normale Funktion des Magen-Darm-Ka-
nals. Negative Vorstellungen dieser Art erschüttern nämlich
die Harmonie Ihres Unterbewußtseins. Ist man also seelisch
aufgewühlt, so tut man am besten daran, alles Belastende ab-
zuschütteln, sich zu entspannen und seine Gedanken in ruhi-
gere Bahnen zu lenken. Sprechen Sie zu Ihrem Unterbewußtsein und sagen Sie ihm, es möge die gottgewollte Harmonie,
Ausgeglichenheit und Ordnung wiederherstellen. Sie werden
bald bemerken, daß sich dann die körperlichen Funktionen
wieder normalisieren. Allerdings wird Ihr Unterbewußtsein Ihrer Eingebung nur dann gehorchen, wenn Sie es selbstsicher
und überzeugt ansprechen.

Ihr Unterbewußtsein setzt alles daran, Ihr Leben zu schützen
und Ihre Gesundheit wiederherzustellen. Sein instinktives
Bemühen, alles Lebendige zu bewahren, kommt unter anderem darin zum Ausdruck, daß aus dieser Quelle die Liebe zu
Ihren Kindern strömt. Und angenommen, Sie äßen verdorbene
Nahrungsmittel, so würde das Unterbewußtsein Ihren Körper
sofort dazu veranlassen, das Ungenießbare wieder herzuge-
ben. Sollten Sie aus Versehen Gift nehmen, so würden diese unterbewußten Kräfte sofort dahin wirken, es zu neutralisieren.
Überließen Sie sich ganz der wunderwirkenden Kraft des Unterbewußtseins, so würden Sie sich bald der vollkommensten
Gesundheit erfreuen.

Wie Sie sich die Kräfte des Unterbewußtseins
dienstbar machen können

Wir wollen uns noch einmal ins Gedächtnis rufen, daß das Unterbewußtsein in völliger Unabhängigkeit von jedem bewußten
Antrieb Tag und Nacht ununterbrochen tätig ist. Es baut Ihren
Körper auf und erhält ihn, ohne daß Sie diesen lautlosen Vorgang irgendwie wahrnehmen könnten. Dies ist auch nicht
nötig, denn Sie haben es ja auf bewußter Ebene nicht mit dem
Unterbewußtsein, sondern mit Ihrem Bewußtsein zu tun. Ihr

Bewußtsein müssen Sie also zunächst davon überzeugen, daß das Schicksal in jeder Beziehung nur das Beste für Sie bereithält, wenn Sie Ihre Gedanken nur noch auf das Gute, Schöne, Wahre und Gerechte richten. Stellen Sie Ihr bewußtes Denken auf eine ausschließlich positive Grundlage, im festen Glauben daran, daß Ihr Unterbewußtsein ununterbrochen damit beschäftigt ist, Ihre Gedanken auszudrücken und zu verwirklichen.

Wie eine Röhre dem ihr entströmenden Wasserstrahl die Form verleiht, so gibt auch Ihre gewohnte Denkart Ihrem Leben Richtung und Sinn. Sagen Sie sich deshalb aus voller Überzeugung: »Die unendliche Heilkraft meines Unterbewußtseins durchströmt mein ganzes Sein; sie nimmt sichtbare Gestalt an als Harmonie, Gesundheit, Friede, Freude und materieller Überfluß!« Betrachten Sie Ihr Unterbewußtsein als einen unermeßlich weisen und liebevollen Gefährten, der Sie immer und überall begleitet und Ihnen uneingeschränkt dient. Glauben Sie aus vollem Herzen daran, daß seine Kräfte Sie beleben, erleuchten und mit Wohltaten überhäufen. Es wird sie Ihnen gewähren. Denn: »*Jedem Menschen geschieht nach seinem Glauben.*« (Matthäus 9,29)

Wie die Heilkraft des Unterbewußtseins verkümmerte Sehnerven wiederherstellt

Die medizinischen Archive des Gesundheitsamtes von Lourdes berichten von dem sorgfältig überprüften und in Fachkreisen wohlbekannten Fall von Mme. Bire, die an einer Atrophie (Verkümmerung) der Sehnerven litt. Sie unternahm eine Wallfahrt nach Lourdes, wo – ihrer eigenen Darstellung nach – eine Wunderheilung eintrat. Ruth Cranston, eine junge Protestantin, begab sich im Auftrag des McCall-Magazins in die berühmte südfranzösische Stadt, um den wunderbaren Geschehnissen auf den Grund zu gehen. Im November 1955 berichtete sie über Mme. Bire wie folgt: »Unglaublicherweise wurde ihr in Lourdes das Augenlicht wiedergeschenkt, obwohl – wie mehrere Ärzte nach wiederholten Untersuchungen bezeugten – die Sehnerven nach wie vor unbrauchbar waren. Als der Fall etwa einen Monat später von neuem überprüft wurde, erwies es sich, daß der Sehmechanismus mittlerweile regeneriert war. Im Licht der medizinischen Wissenschaft hatte Mme. Bire zunächst aber tatsächlich mit ›toten Augen‹ gesehen.«

Auch ich habe Lourdes mehrere Male besucht und wurde selbst Zeuge einiger ähnlicher Heilungen. Wie wir im nächsten Kapitel noch näher sehen werden, können an der Echtheit solcher Ereignisse an vielen christlichen und nichtchristlichen Wallfahrtsstätten in der ganzen Welt keinerlei Zweifel bestehen.

In dem obenerwähnten Fall von Mme. Bire ist die Heilung keineswegs auf die Wirkung des heiligen Wassers zurückzuführen, sondern vielmehr auf eine durch ihren festen Glauben bedingte Reaktion des Unterbewußtseins, dessen heilende Kraft in Übereinstimmung mit dem Inhalt ihrer Gedanken wirkte. Der Glaube ist nichts anderes als ein bestimmter Gedanke oder Zustand, der vom Bewußtsein – und damit auch vom Unterbewußtsein – als wahr angenommen wird. Und diese feste Überzeugung verwirklicht sich alsbald ganz von selbst. Zweifellos hatte Mme. Bire die Wallfahrt in froher Erwartung und im festen Vertrauen auf eine Heilung unternommen. Ihr Unterbewußtsein reagierte entsprechend und setzte seine stets gegenwärtigen Heilkräfte ein, denn dieser subjektive Geist, der das Auge geschaffen hat, ist auch in der Lage, einen verkümmerten Sehnerv wieder zu beleben. Was das schöpferische Prinzip einmal schuf, kann es auch von neuem schaffen. Und, wie gesagt: *Jedem Menschen geschieht nach seinem Glauben.*

Wie man dem Unterbewußtsein die Vorstellung völliger Gesundheit vermittelt

Ein mir bekannter protestantischer Geistlicher aus Johannesburg in Südafrika vertraute mir einmal die Methode an, mit der er seinem Unterbewußtsein die Vorstellung völliger Gesundheit vermittelte. Er litt an Lungenkrebs. Das Folgende ist ein wörtliches Zitat aus seinen handschriftlichen Aufzeichnungen: »Mehrere Male am Tag sorgte ich für völlige geistige und körperliche Entspannung. Zunächst sprach ich meinen Körper mit folgenden Worten an: ›Meine Füße sind entspannt, meine Knöchel sind entspannt, meine Beine sind entspannt, meine Bauchmuskeln sind entspannt, Herz und Lunge sind entspannt, mein Kopf ist entspannt, mein ganzes Wesen und Sein ist völlig entspannt.‹ Nach etwa fünf Minuten fiel ich dann gewöhnlich in eine Art Halbschlaf, worauf ich mir diese Wahrheit vor Augen hielt: ›Die Vollkommenheit Gottes findet nun Ausdruck durch meinen Körper. Die Vorstellung völliger Gesundheit füllt jetzt mein Unterbewußtsein. Gott schuf mich nach einem vollkommenen Bild, und mein Unterbewußtsein schafft nun meinen Körper von neuem – in völliger Übereinstimmung mit dem vollkommenen Bild im Geiste Gottes.‹« Mit dieser äußerst einfachen Methode gelang es dem Geistlichen, seinem Unterbewußtsein die Vorstellung völliger Gesundheit einzuprägen und eine aufsehenerregende Heilung herbeizuführen.

Auch durch den wissenschaftlichen, das heißt gezielten Einsatz der Phantasie läßt sich die Vorstellung völliger Gesundheit dem Unterbewußtsein sehr wirksam vermitteln. So riet ich einem an funktioneller Lähmung leidenden Herrn, er solle sich aufs lebendigste vorstellen, daß er im Büro hin und her gehe, sich an seinen Schreibtisch setze, den Telefonhörer abnehme, kurz alles tue, was er als gesunder Mensch zu tun gewohnt war. Ich erklärte ihm, der Gedanke völliger Gesundheit und die damit verbundenen Vorstellungsbilder würden sich seinem Unterbewußtsein einprägen und von ihm als Tatsache angenommen werden.

Er lebte sich in diese Rolle ein und versetzte sich im Geist in sein Büro. Damit schuf er völlig bewußt die Grundlage für eine eindeutig bestimmte Reaktion seines Unterbewußtseins. Er benutzte es gleichsam als Film, den er mit den gewünschten Bildern belichtete. Nach mehreren Wochen intensiven geistigen Trainings und ständigen Bemühens, seinem Unterbewußtsein die gewünschten Vorstellungen einzuprägen, war der Augenblick gekommen, die Wirksamkeit dieser Behandlung zu erproben. Wie vereinbart, ließen ihn seine Frau und die Pflegekraft allein, und kurze Zeit darauf läutete das Telefon. Obwohl es an die vier Meter von seinem Rollstuhl entfernt war, gelang es ihm, sich zu erheben und den Anruf entgegenzunehmen. Von diesem Moment an war er geheilt: Sein Unterbewußtsein hatte auf die geistigen Vorstellungsbilder reagiert und seine Gesundheit wiederhergestellt.

Bei dem Betreffenden lag eine Blockierung des Bewegungszentrums vor. Er sagte, er könne deshalb nicht gehen, weil die vom Gehirn ausgehenden Bewegungsimpulse seine Beine nicht erreichten. Sobald er aber seine Gedanken auf die ihm innewohnenden Heilkräfte lenkte, veranlaßten sie die gewünschte Reaktion und stellen seine Bewegungsfähigkeit wieder her. *»Und alles, was ihr bittet im Gebet, wenn ihr glaubt, werdet ihr erhalten.«* (Matthäus 21,22)

ZUSAMMENFASSUNG

1. Ihr Unterbewußtsein steuert alle lebenswichtigen Vorgänge Ihres Organismus und kennt die Antwort auf alle Fragen.

2. Erteilen Sie Ihrem Unterbewußtsein vor dem Einschlafen einen bestimmten Befehl, und Sie können sich von seiner wunderwirkenden Kraft überzeugen.

3. Was immer Sie Ihrem Unterbewußtsein einprogrammieren, erscheint auf dem Bildschirm von Zeit und Raum als Lebenssituation, Zustand oder Ereignis. Deshalb sollten Sie Gedanken und Vorstellungen Ihres bewußten Denkens sorgfältig auf ihren negativen und positiven Gehalt hin überprüfen.

4. Bei der Wechselbeziehung von Aktion und Reaktion handelt es sich um ein allgemeingültiges Gesetz. Die Wirkung geht von Ihrem Gedanken aus, und die Gegenwirkung besteht in der selbsttätigen Reaktion Ihres Unterbewußtseins auf den betreffenden Gedanken. Hüten Sie sich also vor negativen Gedanken!

5. Enttäuschung und Frustration sind die Folge unerfüllter Wünsche und ungestillter Sehnsucht. Falls Ihre Gedanken

immer nur die Schwierigkeiten eines Anliegens umkreisen, wird Ihr Unterbewußtsein entsprechend reagieren. Auf diese Weise zerstören Sie nur Ihr eigenes Glück.

6. Um den rhythmischen und harmonischen Strom des Lebensprinzips durch Ihr ganzes Wesen und Sein zu leiten, müssen Sie sich mit voller Überzeugung sagen: »Ich glaube fest, daß die unbewußte Macht, die mir diesen Wunsch eingab, bereits im Begriff ist, ihn durch mich zu verwirklichen.« Diese Zauberformel löst alle Schwierigkeiten.

7. Durch Sorgen, Ängste und Befürchtungen können Sie den normalen Rhythmus Ihres Herzens, Ihrer Lunge und anderer Organe stören. Erfüllen Sie Ihr Unterbewußtsein mit harmonischen, gesunden und auf Frieden abzielenden Gedanken, und alle Funktionen Ihres Organismus werden sich bald wieder normalisieren!

8. Gewöhnen Sie Ihr Bewußtsein daran, stets nur das Allerbeste für Sie zu erwarten, und Ihr Unterbewußtes wird diese Vorstellung getreulich verwirklichen!

9. Schaffen Sie in Ihrer Phantasie das lebendige Bild des gewünschten Erfolgs und freuen Sie sich von ganzem Herzen darüber; denn Ihre Gefühle und Vorstellungen werden vom Unterbewußtsein als Tatsache hingenommen und verwirklicht.

KAPITEL 4

Geistige Heilung in der Geschichte

Immer und überall haben die Menschen intuitiv an die Existenz einer heilenden Kraft geglaubt, die irgendwie das gesunde Empfindungsvermögen und die normalen Funktionen des Körpers wiederherzustellen vermag. Sie waren der Überzeugung, diese geheimnisvolle Macht könne unter bestimmten Voraussetzungen angerufen werden und die menschlichen Leiden lindern. Anschauungen dieser Art lassen sich in der Geschichte aller Völker belegen.

In den frühen menschlichen Kulturen wurde Priestern und Heiligen die geheime Macht zugeschrieben, die Menschen heilen und zum Guten oder Bösen beeinflussen zu können. Sie beriefen sich dabei auf die ihnen angeblich direkt von Gott (oder Göttern) verliehene Kraft, und im Laufe der Zeit entwickelten sich in den verschiedenen Teilen der Welt sehr unterschiedliche Heilrituale. Es handelte sich dabei um Anrufungen der Gottheit, begleitet von gewissen Zeremonien oder Gesängen. Demselben Zweck dienten Handauflegungen, Talismane, Amulette, Ringe, Reliquien und Götterbilder.

So pflegen zum Beispiel die Priester verschiedener antiker Religionen ihren Patienten unter dem Einfluß von Drogen oder in Hypnose zu suggerieren, die Götter würden sie im Traum besuchen und ihnen Heilung bringen. Diese Form der Behandlung hatte häufig den gewünschten Erfolg; es handelt sich hier ganz offensichtlich um die Auswirkung stärkster Suggestionen auf das Unterbewußtsein.

So erschien auch die Göttin Hekate ihren Anhängern im Traum, nachdem diese unter Beachtung der phantastischsten und unheimlichsten Zeremonien zu ihr gebetet hatten. Teil des vorgeschriebenen Rituals war es, einen Mörser mit Eidechsen, Harz, Weihrauch und Myrrhe zu füllen und das Ganze im Freien bei zunehmendem Mond zu einer Masse zu zerstamp-

fen. So grotesk uns diese Prozedur heute auch erscheinen mag
– die zeitgenössischen Berichte schreiben ihr viele erfolgreiche
Heilungen zu.

Selbstverständlich regten absonderliche Prozeduren der hier
beschriebenen Art aufs stärkste die Phantasie an und machten
das Unterbewußtsein empfänglich für die jeweils vermittelten
Suggestionen. Die eigentliche Heilkraft ging natürlich in allen
Fällen vom Unterbewußtsein aus. Medizinisch ungeschulte
Heilkünstler haben zu allen Zeiten bemerkenswerte Erfolge
selbst in solchen Fällen erzielt, in denen die medizinische Wis-
schenschft versagt hatte. Dies muß uns zu denken geben. Wie
heilten diese »Wundertäter« in aller Herren Länder mit ihren
Kuren? Sie weckten ganz einfach den blinden Glauben ihrer
Patienten, der dann seinerseits um so stärker die Heilkräfte ihres eigenen Unterbewußtseins mobilisierte. Viele der dabei angewandten Mittel und Methoden waren so seltsam und bizarr,
daß sie die Phantasie der Kranken beflügelten und jeglicher
Beeinflussung zugänglicher machten. In einem solchen Zustand mußte dann natürlich die Heilsuggestion auf fruchtbaren
Boden fallen und sowohl vom Bewußtsein als auch vom Unterbewußtsein uneingeschränkt angenommen werden. Doch davon mehr im nächsten Kapitel.

Die Bibel berichtet von der Macht des Unterbewußtseins

*»Bei allem, um was ihr bittet in eurem Gebet, glaubt, daß ihr's
empfangen habt, und es wird euch zuteil werden.«* (Markus
11,24)

Beachten Sie hier die außergewöhnliche Verwendung der
Zeiten. Der von Gott erleuchtete Evangelist fordert uns auf, als
Tatsache zu glauben und als wahr hinzunehmen, daß unser
Wunsch bereits erhört und erfüllt wurde, daß wir »empfangen
haben« – und daß sich somit auch die Verwirklichung einstel-
len wird.

Voraussetzung für den Erfolg dieser Methode ist die vertrau-
ensvolle Überzeugung, jeder Gedanke, jede Idee, jede Vorstellung sei eine im Geist bereits vollzogene Wirklichkeit. Denn im

geistig-seelischen Bereich nimmt nur das feste Gestalt an, was als gegenwärtig vorhandene Wirklichkeit betrachtet wird.

Die rätselhafte Botschaft der oben zitierten kurzen Bibelstelle muß also als knappe und gezielte Anweisung verstanden werden, wie wir die schöpferische Kraft des Gedankens für unsere Zwecke nutzen können – nämlich indem wir dem Unterbewußtsein eine klar umrissene Vorstellung unseres Wunsches einprägen. Einem Gedanken, einer Idee, einem Plan oder einer wie immer gearteten Strebung kommt in ihrer Sphäre durchaus eine reale Existenz zu; sie sind im geistigen Sinne ebenso wirklich vorhanden wie Ihre Hand, Ihr Herz oder leblose Dinge in der stofflichen Welt. Bei Anwendung dieser von der Bibel empfohlenen Methode schalten Sie von vornherein jeglichen störenden Gedanken an irgendwelche Ereignisse oder Umstände aus, die möglicherweise Ihre Pläne zum Scheitern bringen könnten. Sie pflanzen Ihrem Geist einen Gedanken ein, der wie ein Samen in der Welt der Sinne aufgehen wird, wenn Sie ihn nur ungestört wachsen lassen.

Die unerläßliche Bedingung, die von Jesus Christus immer und überall gestellt wurde, hieß: Glaube! Immer wieder liest man in der Bibel: *»Es wird euch geschehen nach eurem Glauben«* (siehe beispielsweise Matthäus 8,13). Auch in Ihrem Garten senken Sie ja das Saatgut im festen Vertrauen in die Erde, daß es seiner Art entsprechende Blüten und Früchte hervorbringen wird. Dies ist ja auch nach den Gesetzen der Natur der Sinn des Samens. Bei dem in der Bibel geforderten Glauben handelt es sich um eine Denkweise, eine geistige Einstellung, eine innere Gewißheit, derzufolge jede Vorstellung, die Ihr Bewußtsein uneingeschränkt als wahr hinnimmt, samengleich in Ihr Unterbewußtsein sinken und dort Wurzel schlagen wird. In einem gewissen Sinn bedeutet glauben, das für wahr zu halten, was Verstand und Sinne leugnen. Es gilt also, den so begrenzten, verstandesbedingten, analytischen, objektivierenden Geist auszuschalten und sich statt dessen voll gläubigen Vertrauens auf die unbegrenzte Macht des Unterbewußtseins zu verlassen.

Das Matthäus-Evangelium (9,28-30) enthält ein klassisches Beispiel dafür: *»Und als er nach Hause kam, traten die Blinden zu ihm. Und Jesus sagte zu ihnen: ›Glaubt ihr, daß ich das tun* *kann?‹ Sie antworteten ihm: ›Ja, Herr!‹ Da berührte er ihre Augen und sprach: ›Euch geschehe nach eurem Glauben!‹ Es öffneten sich ihre Augen, und Jesus schärfte ihnen ein: ›Seht zu, daß es niemand erfahre!‹«*

Aus den Worten »*Euch geschehe nach eurem Glauben*« ist klar ersichtlich, daß sich Jesus unmittelbar an das Unterbewußtsein der Blinden wandte. Ihr Glaube bestand in der hochgespannten Erwartung, im untrüglichen Gefühl, in der inneren Überzeugung, es werde sich ein Wunder ereignen und ihre Gebete würden erhört werden. Und so geschah es auch. Denn der älteste Arzt dieser Erde, die universellste Heilmethode dieser Welt ist – völlig unabhängig von der jeweiligen Religionszugehörigkeit – *der Glaube.*

Mit den Worten »*Seht zu, daß es niemand erfahre*« schärft Jesus den gerade Geheilten ein, mit niemandem über das an ihnen geschehene Wunder zu sprechen. Die Skepsis und die geringschätzigen Bemerkungen der Ungläubigen hätten nämlich möglicherweise im Herzen der Neugenesenen Angst und Zweifel gesät und somit die Worte Christi ihrer Heilkraft beraubt.

»Er gebietet mit Macht und Kraft den unreinen Geistern, und sie fahren aus!« (Lukas 4,36)

Die bei Jesus Hilfe suchenden Kranken wurden geheilt durch die gemeinsame Kraft ihres und seines Glaubens und seiner Kenntnis der unterbewußten Kräfte. Er war von der Wahrheit und Richtigkeit seiner Gebote durchdrungen. Seine Gedanken und die der Hilfesuchenden wurzelten in ein und demselben allumfassenden Unterbewußtsein, und da er dessen Heilkraft kannte und aus tiefster Überzeugung anwandte, gelang es ihm, die negativen, selbstzerstörerischen Denkgewohnheiten im Unterbewußtsein der Kranken zu verändern und auszumerzen. Die somit erzielten Heilungen waren nichts anderes als die automatische Reaktion auf den inneren Umschwung. Er kleidete seinen Appell an das Unterbewußtsein der Kranken in die Form eines entschiedenen Befehls, der unausweichlich die gewünschte Reaktion hervorrufen mußte.

Wunder geschehen an vielen Wallfahrtsorten in aller Welt

Daß wunderbare Heilungen an verschiedenen Heiligtümern dieser Erde wie – zum Beispiel in Europa, Amerika, Indien, Japan – stattgefunden haben, ist eine erwiesene Tatsache. Ich selbst besuchte mehrere berühmte Wallfahrtsorte in Japan. So befindet sich in dem weltbekannten Diabutsu-Tempel die riesige Bronzestatue eines betenden Buddha, dessen Kopf sich in einer Haltung seliger Entrückung nach vorne neigt. Das Götterbild ist an die 13 Meter hoch und wird als »großer Buddha« bezeichnet. Ich sah, wie junge und alte Menschen ihm ihre Opfergaben zu Füßen legten. Geld, Reis, Orangen und andere Früchte lagen hier aufgehäuft. Brennende Kerzen, der Duft von Weihrauch und flehentliche Gebete machten mir diesen Anblick unvergeßlich.

Unser Fremdenführer übersetzte uns das Gebet eines jungen Mädchens, das gerade mit einer tiefen Verneigung zwei Orangen auf den Opferaltar legte und eine Kerze anzündete. Wir erfuhren, es sei früher stumm gewesen und habe vor diesem Heiligtum seine Stimme wiedergefunden.

Nun danke es Buddha für die wunderbare Heilung. Dies war nur möglich geworden, weil es ganz und gar von dem kindlichen Glauben erfüllt war, Buddha würde seinen Lippen von neuem Lieder entströmen lassen, wenn es nur ein bestimmtes Ritual befolgte, fastete und gewisse Opfer darbrachte. Dies tat es, erfüllt von froher Zuversicht, und sein Unterbewußtsein eröffnete sich diesem unerschütterlichen Glauben und brachte die ersehnte Heilung.

Der Fall eines an Tuberkulose erkrankten Verwandten sei als weiteres Beispiel für die Macht der Phantasie und des unerschütterlichen Glaubens angeführt. Seine beiden Lungenflügel waren bereits stark in Mitleidenschaft gezogen. Da beschloß der Sohn, seinen Vater zu heilen. Er reiste in seine australische Heimatstadt Perth und erzählte dem Vater, er habe einen Mönch getroffen, der gerade von einem europäischen Wallfahrtsort heimgekehrt sei. Dieser habe ihm für umgerechnet 2000 Mark ein kleines Stückchen des heiligen Kreuzes verkauft.

In Wirklichkeit jedoch hatte der junge Mann irgendeinen Holzsplitter aufgelesen und von einem Juwelier in Gold fassen lassen, um den Anschein einer echten Reliquie zu erwecken. Er erzählte seinem Vater, schon die bloße Berührung des wundertätigen Fragmentes habe bereits viele Menschen geheilt. Er verstand es, die Phantasie und den Glauben des alten Mannes so stark zu erwecken, daß dieser ihm den Ring entriß, ihn sich auf die Brust legte, ein stilles Gebet sprach und dann erschöpft einschlief. Am Morgen darauf fühlte er sich bereits gesund. Anschließend durchgeführte klinische Untersuchungen führten zu negativen Testergebnissen und bewiesen, daß die Krankheit verschwunden war.

Die Heilung war natürlich nicht etwa dem Holzsplitter zuzuschreiben, sondern dem phantastisch erweckten Genesungswillen des Kranken und seiner vorbehaltlosen Zuversicht, völlig geheilt zu werden. Hier verband sich die Vorstellungskraft mit der seinem Glauben zugrunde liegenden subjektiven Überzeugung, und beide zusammen entfalteten ihre heilsame Wirkung. Der Vater erfuhr nie, welcher List er seine Gesundung zu verdanken hatte, denn diese Enttäuschung hätte leicht einen Rückfall herbeiführen können. Er lebte noch 15 Jahre lang in völliger Gesundheit und starb im Alter von 89 Jahren.

Die einzige universelle Heilkraft

Es ist bekannt, daß die unterschiedlichsten Behandlungsmethoden zu medizinisch unerklärlichen Heilungen führen. Aus dieser Tatsache läßt sich ganz eindeutig auf die Existenz eines all diesen Methoden gemeinsamen Heilprinzips schließen. Diese einzige und einzigartige universelle Heilkraft ruht im Unterbewußtsein, und dorthin führt nur ein Weg: *der Glaube*.

Es ist nun der Augenblick gekommen, sich noch einmal die folgenden grundlegenden Wahrheiten zu vergegenwärtigen:

1. *Sie besitzen geistige Fähigkeiten, deren unterschiedliche Ausprägung wir als »Bewußtsein« und »Unterbewußtsein« bezeichnen.*

2. Ihr Unterbewußtsein ist ständig durch Suggestionen beeinfluß-
bar und steuert ihren Körper in allen seinen Funktionen.

Ich darf wohl bei den Leserinnen und Lesern dieses Werkes die
Kenntnis voraussetzen, daß in Hypnose die Symptome nahezu
aller Krankheiten durch Suggestion ausgelöst werden können.
So genügt es zum Beispiel, dem Hypnotisierten zu suggerieren,
er habe hohes Fieber, Schüttelfrost oder ein stark gerötetes Gesicht, und die genannten körperlichen Erscheinungen stellen
sich unverzüglich ein. Auch läßt sich die Testperson ohne weiteres davon überzeugen, sie könne zum Beispiel ihre Beine
nicht mehr bewegen. Oder man hält ihr ein Glas Wasser unter
die Nase, mit den Worten: »Das ist Pfeffer. Riechen Sie einmal
daran!« Der sich darauf einstellende Niesanfall wird selbstverständlich nicht etwa durch das Wasser ausgelöst, sondern – wie
alle anderen hier aufgeführten Erscheinungen – durch die
Kraft der Suggestion.

Gibt man jemandem, der allergisch gegen Primeln ist, in der
Hypnose einen Bleistift in die Hand und sagt ihm, es sei eine
Primel, so werden sofort die üblichen allergischen Symptome
auftreten. Gibt es einen klareren Beweis dafür, daß diese und
ähnliche Krankheitssymptome einzig und allein in der geistigen Vorstellung des Betreffenden wurzeln? Aus dem gleichen
Grund können solche Leiden aber auch auf geistigem Weg geheilt werden.

Wer hätte noch nicht von den manchmal außergewöhnlichen
und überraschenden Erfolgen von »Heilern«, Osteopathen,
Chiropraktikern und Naturheilkundlern gehört? Wer hätte
noch nicht von den Wunderheilungen gelesen, die die unterschiedlichsten Religionsgruppen als Gnadenerweis der jeweils
angerufenen Gottheit erklären? Wir aber kennen nun den einzigen Grund, warum hier Menschen so unerwartet schnell gesund geworden sind: Sie wurden von ihrem Unterbewußtsein
geheilt – der einzig wahren Heilkraft, die wir kennen.

Sie können beim Verheilen einer Wunde ihre Wirkung mit eigenen Augen beobachten. Das Unterbewußtsein weiß haarge-
nau, was hier zu tun ist. Der Arzt bringt lediglich einen Verband
an und sagt: »Den Rest tut die Natur (oder Gott)!« (»*Medicus cu-*

rat, natura sanat«, wissen die Ärzte schon seit alter Zeit: Der Arzt behandelt, die Natur – geleitet vom Unterbewußtsein – heilt.) Die Gesetze der Natur sind identisch mit dem Gesetz des Unterbewußtseins, dessen wichtigste Funktion die Bewahrung und Erhaltung des Lebens ist. Der Selbsterhaltungstrieb ist das oberste Gesetz der Natur. Ihr allerstärkster Instinkt ist gleichzeitig auch die mächtigste aller Autosuggestionen.

Die widersprüchlichen Theorien

Es wäre ebenso ermüdend wie unnütz, sich hier lange auf die zahlreichen Theorien einzulassen, die einerseits von den verschiedenen Glaubensgruppen und Sekten und andererseits von den Schulmeistern der Heilkunst angeboten werden. Nahezu alle bezeichnen unter Hinweis auf die tatsächlich erzielten Erfolge die eigene Methode als die einzig richtige. Wie bereits dargelegt, ist die Widersprüchlichkeit der Theorien ein Beweis für ihre Unrichtigkeit.

Wie Sie ja selbst wissen, gibt es eine unendliche Zahl von Heilmethoden. Franz Anton Mesmer (1734–1815), ein in Paris praktizierender österreichischer Arzt, glaubte, im Magneten ein Allheilmitel entdeckt zu haben, und verwendete ihn bei den verschiedensten Erkrankungen mit ans Wunderbare grenzendem Erfolg. Bei anderen Kuren wandte er verschiedene Metalle und Glassorten an. Schließlich verzichtete er völlig auf die Verwendung irgendwelcher Gegenstände und führte seine Heilerfolge auf die Wirkung des sogenannen »animalischen Magnetismus« zurück, der seiner Theorie nach vom Arzt auf den Patienten überströmte.

Von da an verließ er sich ausschließlich auf Hypnose, die zu seiner Zeit nach ihm »Mesmerismus« benannt wurde. Andere Ärzte stellten demgegenüber fest, es handle sich hier um nichts anderes als um Suggestion. Insgesamt wenden die Psychiater, Psychologen, Osteopathen, Chiropraktiker, Ärzte und Kirchen – kurz: alle Gruppen und Einzelpersönlichkeiten, die sich der Förderung des seelischen und körperlichen Heils der Menschheit verschrieben haben – unterschiedslos ein und dasselbe

Mittel an: die unendliche, allumfassende Macht des Unterbewußtseins. Jede Heilmethode möchte die Wirkung des Unterbewußtseins (*»natura sanat«*) gern für sich allein in Anspruch nehmen. Jedem Heilprozeß liegt aber eine ganz bestimmte, positive geistige Einstellung zugrunde, eben jene
innere Haltung oder Denkweise, die wir als »Glauben« bezeichnen. Die Heilung entspringt der zuversichtlichen Erwartung,
die sich dem Unterbewußtsein als machtvolle Suggestion ein-
prägt und alle seine Heilkräfte aktiviert. Sie allein spendet
Hilfe, mit welch unterschiedlichen Namen, Methoden oder
Techniken sie auch bezeichnet werden mag. Gute Ärzte wissen
längst, wie ausschlaggebend der Gesundungswille ihrer Patienten ist.

Es gibt nur ein Heilprinzip, und das ist der Glaube. Es gibt
nur eine Heilkraft, und deren Quelle ist das Unterbewußtsein.
Erforschen Sie ihren Ursprung und ihr Wesen ruhig und un-
voreingenommen im Licht Ihrer eigenen Überzeugung. Sie
dürfen des Erfolges völlig gewiß sein – Sie müssen nur fest
daran glauben!

Die Ansichten des Paracelsus

Paracelsus, der berühmte Schweizer Alchimist und Arzt
(1493–1541), war einer der größten Heilkünstler seiner Zeit. Er
sprach eine uns heute wohlbekannte und gesicherte wissenschaftliche Erkenntnis aus: »Ob der Inhalt deines Glaubens
nun falsch oder richtig ist, die Wirkung ist die gleiche. Glaubte
ich irrigerweise an eine bloße Statue des heiligen Petrus, wie
ich an den Apostel selbst geglaubt hätte, so würde dies – Glaube
oder Aberglaube – in beiden Fällen die gleichen Früchte tragen. Der Glaube selbst ist es, der die echten Wunder wirkt. Und
zwar wird er in jedem Fall dieselben Wunder wirken, mag es
nun der wahre Glaube oder ein Irrglaube sein.«

Pietro Pomponazzi, ein italienischer Philosoph und Zeitgenosse des Paracelsus, sagte dasselbe mit anderen Worten:
»Man kann sich unschwer die wunderbaren Wirkungen vorstellen, die die Kräfte der Phantasie und des festen Vertrauens

hervorzurufen vermögen, insbesondere wenn sie das Verhältnis zwischen Behandelndem und Behandelten bestimmen. Die
dem Einfluß gewisser Reliquien zugeschriebenen Heilungen
sind letzten Endes nichts anderes als das Werk der von ihnen
angeregten Phantasie und Glaubenszuversicht. Quacksalber
und Philosophen wissen gar wohl, daß, würden die Gebeine
des Heiligen mit irgendwelchen anderen Knochen vertauscht,
der Kranke gleichwohl die wohltuende Wirkung an sich erfahren würde, solange er glaubt, es handle sich um die echte Reliquie.«

Ob Sie persönlich nun an die wundersame Wirkung der Gebeine eines Heiligen oder an die Heilkraft bestimmter Wasser
glauben – die suggestive Wirkung dieser Vorstellungen wird
die gleiche Wirkung auf Ihr Unterbewußtsein ausüben. Und
von eben diesem geht ja allein die Gesundung aus.

Die Bernheimschen Experimente

Hippolyte Bernheim, von 1910–1919 Professor an der medizinischen Fakultät der Universität Nancy, in Frankreich, vertrat mit
Nachdruck die Anschauung, das Unterbewußtsein stelle die gemeinsame Brücke dar, auf der die Suggestion des Arztes den
Patienten erreiche.

In seiner *Suggestiven Therapeutik* berichtet Bernheim von einem Fall von Zungenlähmung, die auf keine Behandlung ansprach. Eines Tages erzählte der Arzt dem Patienten, er könne
ihn nun mit einem eben entdeckten Instrument absolut sicher
heilen. Darauf steckte er ihm ein Fieberthermometer in den
Mund. Der Kranke hielt es für das unbedingt zuverlässig wirkende »neue Instrument«. Nach einigen Augenblicken rief er
voll Freude, er könne seine Zunge nun wieder völlig frei bewegen.

Bernheim fährt dann fort: »Die gleiche Erscheinung ist uns
auch von unseren eigenen Patienten her vertraut. So suchte
mich einmal ein junges Mädchen auf, das bereits seit etwa vier
Wochen seine Sprechfähigkeit völlig verloren hatte. Nach einer
sorgfältigen Untersuchung gelangte ich zu einer eindeutigen

Diagnose. Darauf stellte ich die Patientin meinen Studenten vor, denen aus meinen Vorlesungen bekannt war, daß Sprachhemmungen gelegentlich durch die rein suggestive und nicht etwa physiologische Wirkung eines Elektroschocks sofort zu beheben sind. Ich legte die Pole des Induktionsapparates am Kehlkopf an, bewegte sie einige Male hin und her und sagte dann: ›Jetzt können Sie wieder laut sprechen!‹ Und sofort ließ ich die Patientin zuerst ›A‹, dann ›B‹ und dann ›Maria‹ sagen. Sie formte die Laute völlig klar, und die Sprachstörung war restlos verschwunden.«

Bernheim liefert hier ein Beispiel für die Macht des Glaubens und der festen Zuversicht, die als machtvolle Suggestion auf das Unterbewußtsein eines Kranken einwirken.

An anderer Stelle berichtet Bernheim, am Nacken eines Patienten habe sich eine Blase gebildet, als er dort eine Briefmarke aufklebte und behauptete, es sei ein Zugpflaster. Solche Erscheinungen werden auch durch die Erfahrungen und Experimente vieler anderer Ärzte in allen Teilen der Welt bestätigt, die den eindeutigen Beweis liefern, daß mündliche Suggestionen strukturelle Veränderungen bei den Behandelten hervorrufen können.

Die Ursache blutender Stigmata

In seinem Buch *Law of Psychic Phenomena* (Das Gesetz psychischer Erscheinungen) stellt Hudson fest: Blutstürze und blutende Stigmata (Wundmale) können in manchen Fällen durch Suggestion hervorgerufen werden.

So versetzte Dr. M. Bourru eine Versuchsperson, einen jungen Mann, in Hypnose und suggerierte ihm folgendes: »Sie werden heute nachmittag um vier Uhr mein Ordinationszimmer aufsuchen, sich an meinen Schreibtisch setzen, die Arme über der Brust kreuzen und Nasenbluten bekommen.« Zur festgesetzten Zeit erschien der junge Mann, tat, wie ihm geheißen, und mehrere Tropfen Blut sickerten aus dem linken Nasenloch.

Bei einer anderen Gelegenheit zeichnete derselbe Forscher

mit einem stumpfen Instrument den Namenszug der Versuchsperson auf deren linken Unterarm. Darauf versetzte er sie in Hypnose und sagte:»Heute nachmittag um vier Uhr werden Sie einschlafen, und an den von mir eben berührten Stellen wird Blut austreten, so daß Ihr Name in Blut geschrieben auf Ihrem Arm erscheint.« Der junge Mann wurde unter Beobachtung gestellt. Um vier Uhr schlief er ein, und auf seinem linken Arm trat der Schriftzug deutlich hervor; an einigen Stellen sickerte sogar Blut durch die Haut. Die Buchstaben wurden im Lauf der Zeit schwächer, waren aber selbst noch nach drei Monaten deutlich sichtbar.

Diese und ähnliche wissenschaftliche Experimente beweisen eindeutig die Richtigkeit unserer beiden oben aufgezeigten grundsätzlichen Tatsachen. Erstens: *Das Unterbewußtsein ist stets durch die Macht der Suggestion beeinflußbar.* Und zweitens: *Das Unterbewußtsein steuert sämtliche physischen Funktionen, Gefühlsempfindungen und Zustände.*

Alle hier geschilderten Erscheinungen beweisen ebenso dramatisch wie lebendig die Möglichkeit, durch Suggestion anomale Erscheinungen hervorzurufen. Sie liefern gleichzeitig den schlüssigen Nachweis für den Satz: *»Wie einer in seinem Herzen denkt, so ist er.«* (Sprüche 23,7. Das »Herz« ist das Unterbewußtsein.)

ZUSAMMENFASSUNG

1. Vergegenwärtigen Sie sich immer wieder, daß Ihr eigenes Unterbewußtsein die einzige und wahre Heilkraft birgt. Richten Sie Ihre Gedanken auf das zu heilende Organ und imaginieren Sie seine Gesundung!

2. Vergessen Sie nie: Der Glaube senkt sich gleich einem Samenkorn in Ihr Unterbewußtsein, schlägt dort Wurzel und trägt die entsprechende Frucht. Pflanzen Sie Ihrem Geist Ihre Vorstellung als Samen ein, glauben Sie an Ihre Eingebung mit fester Zuversicht, und sie wird Gestalt annehmen.

3. Ihre Idee für ein Buch, eine neue Erfindung oder etwas ähn-

liches stellt eine geistige Wirklichkeit dar. Deshalb dürfen
Sie auch glauben, daß Sie diesen Gedanken bereits besitzen.
Glauben Sie fest an die Realität Ihrer Idee, Ihres Plans oder
Ihrer Erfindung – und sie wird sich gleichzeitig verwirkli-
chen. Das gilt in entsprechender Weise für Ihre Gesundheit.

4. Wenn Sie für einen anderen beten, so tun Sie das in der Gewißheit, daß Ihre Vorstellungen von Gesundheit, Schönheit
   und Vollkommenheit die negativen Denkmodelle im Unterbewußtsein des Betreffenden ändern und somit einen wunderbaren Wandel schaffen können.

5. Die Wunderheilungen, die sich an vielen Wallfahrtsorten ereignen, sind auf die Suggestionswirkung zurückzuführen,
   die die Phantasie und der blinde Glaube auf das Unterbewußtsein ausüben, wodurch sie dessen Heilkräfte aktivieren.

6. Sehr viele Krankheiten sind geistigen Ursprungs. Es gibt
   kaum eine körperliche Erscheinung, die nicht Reaktion auf
   eine Vorstellung Ihres Geistes wäre.

7. Durch hypnotische Suggestion können die Symptome nahezu aller Krankheiten hervorgerufen werden. Dies beweist
   die Macht des Gedankens.

8. Es gibt nur ein Heilprinzip, und das ist der Glaube. Es gibt
   nur eine Heilkraft, und deren Quelle ist Ihr Unterbewußtsein.

9. Ihr Unterbewußtsein reagiert auf die Gedankeninhalte Ihres
   Geistes. Das entsprechende Ergebnis wird sich einstellen,
   gleichgültig, ob Sie einem wahren oder einem Irrglauben an-
   hängen. Betrachten Sie Ihren Glauben als eine geistige Wirklichkeit, und alles andere ergibt sich von selbst.

KAPITEL 5

Geistige Heilungen in unserer Zeit

Jeder macht sich verständlicherweise darüber Gedanken, wie die körperlichen und seelischen Gebrechen des Menschen am besten zu heilen sind. Was bewirkt die Heilung? Wo findet man jene Heilkraft? – Wer hätte sich diese Fragen noch nicht gestellt? Die Antwort aber ist, daß dieses Heilprinzip im Unterbewußtsein jedes Menschen ruht und der Kranke nur seine geistige Einstellung zu ändern braucht, um wieder gesund zu werden.

Kein Priester, Naturheilkundler, Psychologe, Psychiater oder Mediziner hat je einen Patienten geheilt. Ob Priester oder Arzt – sie haben »nur« das dem Menschen immanente Selbstheilungsvermögen in Gang gebracht oder unterstützt. Wie bereits zitiert: *»Medicus curat, natura sanat«*, oder wie ein altes Sprichwort sagt: »Der Arzt verbindet die Wunde, aber Gott heilt sie.« Der Psychologe oder Psychiater heilt seine Patienten ganz, indem er die geistigen Hemmnisse beseitigt, die den Gesundbrunnen des Unterbewußtseins zum Versiegen brachten. In ganz ähnlicher Weise stellt der Chirurg den ungehinderten Kreislauf der heilenden Ströme wieder her, indem er die physischen Hindernisse entfernt. Kein Arzt, Chirurg oder anderer Heilkundiger wird behaupten, er habe den Patienten »geheilt«. Es gibt nur eine einzige Heilkraft, und diese trägt viele Namen – Natur, Leben, Gott, schöpferisches Prinzip, Allweisheit, die Macht des Unterbewußtseins.

Wie bereits erklärt, gibt es eine Vielzahl von Methoden, um die geistigen, emotionalen und physischen Hemmnisse zu entfernen, die den Strom des uns alle durchpulsenden und heilenden Lebensprinzips behindern. Wird die in Ihrem Unterbewußtsein wohnende Heilkraft von Ihnen selbst oder einem anderen in die richtigen Bahnen gelenkt, so kann und wird diese Geist und Körper von allen Krankheiten reinigen. Dieses

Heilprinzip wirkt in allen Menschen ohne Rücksicht auf Herkunft, Hautfarbe, Religion oder Konfession. Das Unterbewußtsein heilt auch die Wunden und Verletzungen eines Atheisten oder Agnostikers.

Die moderne Methode der mentalen Therapie beruht auf der Wahrheit, daß die unendliche Weisheit und Macht Ihres Unterbewußtseins entsprechend der Art und der Tiefe Ihres Glaubens reagiert. Der weltliche wie der geistliche Vertreter der mentalen Heilkunde befolgt die Gebote der Bibel und »schließt sich ein in seinem stillen Kämmerlein«, das heißt, er entspannt sich, befreit sein Denken von allem Nebensächlichen und konzentriert sich ausschließlich auf das ihm innewohnende unendliche und umfassende Heilprinzip. Er verschließt seinen Geist allen Erscheinungen und Vorgängen der körperlichen Welt und vertraut seinem Unterbewußtsein voll ruhiger Zuversicht sein Anliegen an – er weiß, daß eine innere Erleuchtung ihm die beste Lösung eingeben wird.

Die wunderbarste aller Erkenntnisse ist aber diese: Stellen Sie sich das gewünschte Ergebnis so lebendig wie nur irgend möglich als bereits verwirklicht vor, und das unendliche Lebensprinzip wird auf Ihre bewußte Entscheidung und Ihren klarumrissenen Wunsch reagieren. Dies nämlich ist die eigentliche Bedeutung des Bibelwortes: »*Glaubt, ihr habet empfangen, und es wird euch gegeben werden.*« Genau darin besteht die Gebetstherapie des Heilkundigen der Mentaltherapie unserer Tage.

Der einzige Heilungsprozeß

Es gibt nur ein einziges, allumfassendes Heilprinzip, das in allem und jedem wirkt – dem Menschen, dem Tier, dem Baum, dem Gras, dem Wind, der Erde – kurz in allem, was da lebt. Im gesamten Tier-, Pflanzen- und Mineralreich äußert sich dieses Lebensprinzip als Instinkt und Gesetz des Wachstums. Doch nur der Mensch allein vermag sich dieses Lebensprinzips voll bewußt zu sein und kann sich Zugang zu seinen unendlichen Segnungen verschaffen, indem er es mit Hilfe seines Unterbewußtseins in bestimmte Bahnen lenkt.

Es gibt eine Vielzahl von Techniken und Methoden, diese universelle Macht für sich zu nutzen, aber es gibt nur einen einzigen Heilungsprozeß, und das ist der Glaube. Denn: *»Es geschieht euch nach eurem Glauben.«*

Das Gesetz des Glaubens

Alle Religionen der Welt lehren bestimmte Glaubensinhalte, und diese wiederum werden in sehr unterschiedlicher Weise erklärt. Das Gesetz des Lebens ist aber nichts anderes als das Gesetz des Glaubens. Was glauben Sie in bezug auf sich selbst, das Leben und das Universum? Denn: *»Es geschieht euch nach eurem Glauben.«*

Der Glaube ist eine geistige Wirklichkeit, die – je nach Ihren Denkgewohnheiten – die Macht Ihres Unterbewußtseins in allen Phasen Ihres Lebens wirksam werden läßt. Sie müssen sich vergegenwärtigen, daß die Bibel nicht etwa von Ihrem Glauben an irgendein Ritual, eine Zeremonie, Form, Institution, irgendeinen Menschen oder an eine Formel spricht – der Inhalt Ihres Glaubens ist identisch mit dem Inhalt Ihres Denkens. Was Sie denken, glauben Sie. *»Alles ist möglich dem, der glaubt.«* (Markus 9,23)

Es ist töricht zu glauben, es gäbe irgend etwas, das Ihnen aus sich heraus schaden könnte. Es ist nicht etwa entscheidend, *was* Sie glauben, sondern *daß* Sie es glauben. Denn alle Ihre Erlebnisse, alle Ihre Handlungen und alle Ereignisse und Umstände Ihres Lebens sind nur ein Echo, eine Reaktion auf Ihre Gedanken.

Was ist die Gebetstherapie?

Bei der Gebetstherapie werden die Funktionen des Bewußtseins und des Unterbewußtseins nach wissenschaftlichen Grundsätzen vereinigt und wohlüberlegt auf ein ganz bestimmtes Ziel hingelenkt. Beim *wissenschaftlichen Gebet* müssen Sie genau wissen, *was* Sie tun und *warum* Sie es tun. Sie setzen Ihr Vertrauen in das Gesetz der Heilung, und eben dies kommt bei der Gebetstherapie – manchmal auch als wissenschaftliches Gebet oder geistige Heilkunst bezeichnet – in Anwendung.

Wählen Sie eine ganz bestimmte Idee, ein geistiges Bild oder einen Plan aus, deren Verwirklichung Sie zu erleben wünschen. Hier wird der betreffende Gedanken- und Vorstellungsinhalt dem Unterbewußtsein dadurch eingeprägt, daß Sie sich diesen mit äußerster Lebendigkeit als bereits verwirklicht vorstellen. Falls Sie mit unerschütterlichem Glauben an dieser Vorstellung des bereits erfüllten Wunsches festhalten, wird Ihr Gebet erhört werden. Die Gebetstherapie besteht im Vollzug einer ganz bestimmten geistigen Handlung, die auf ein klar umrissenes, besonderes Ziel gerichtet ist.

Nehmen wir an, Sie wollen mittels dieser Methode eine bestimmte Schwierigkeit lösen. Sie sind sich bewußt, daß Ihr Problem (Ihre Krankheit oder worum es sich sonst handeln mag) durch negative Gedanken verursacht wurde, die – durch Furcht noch verschlimmert – sich Ihrem Unterbewußtsein eingeprägt haben. Andererseits haben sie die tröstende Gewißheit, sich von Ihrer Last befreien zu können, indem Sie alle schwarzen Gedanken aus Ihrem Geist verbannen.

Wenden Sie sich deshalb unmittelbar an die in Ihrem Unterbewußtsein ruhende Heilkraft, und rufen Sie sich ihre unendliche Macht, Weisheit und Fähigkeit, alles zum Guten zu wenden, ins Gedächtnis. Indem Sie sich dies bewußt vor Augen halten, überwinden Sie die Furcht und alle irrigen Vorstellungen, die sich in Ihrem Geist eingenistet hatten.

Sagen sie dann Dank für die Ihnen mit Sicherheit zuteil werdende Heilung, und vermeiden Sie jeden weiteren Gedanken an Ihr Problem, bis Sie wieder den Wunsch zu beten verspüren. Lassen Sie während Ihrer Gebete negative Gedanken und Zweifel an Ihrer Heilung nicht aufkommen. Diese glaubensstarke Einstellung verschmilzt Bewußtsein und Unterbewußtsein zu einem heilkräftig für Sie wirkenden harmonischen Ganzen.

Was heißt »Gesundbeten«, und wie wirkt blinder Glaube?

Das sogenannte »Gesundbeten« hat nichts mit dem biblischen Glauben zu tun, der ja im Wissen um die Wechselbeziehungen zwischen Bewußtsein und Unterbewußtsein besteht. Ein Gesundbeter heilt ohne echtes und wissenschaftliches Verständnis der hier wirksamen Mächte und Kräfte. Meist behauptet er, er besitze eine »besondere Gabe« zu heilen, aber etwaige Erfolge sind dann nur auf den blinden Glauben des Kranken zurückzuführen.

So heilen Medizinmänner in Südafrika und bei den Naturvölkern in aller Welt durch Zaubergesänge und magische Tänze. In anderen Fällen wird die Gesundung auf die Berührung irgendwelcher Reliquien zurückgeführt. Die Hauptsache ist, der Kranke ist von der Wirksamkeit der angewandten Mittel und Methoden restlos überzeugt.

Jedes Vorgehen, das den Geist von Furcht und Sorgen befreit und statt dessen mit festem Glauben und sicherer Erwartung des Guten erfüllt, wird auch Heilung bringen. Es gibt viele Menschen, die alle – wie gesagt – in einem Atemzug auf die von ihnen mit ihren jeweiligen Theorien erzielten Erfolge hinweisen und diese völlig zu Unrecht als Beweise für die Richtlinien ihrer Theorien anführen.

Betrachten wir ein Beispiel blinden Glaubens! Der berühmte Arzt Franz Anton Mesmer ist Ihnen bereits bekannt. Im Jahre 1776 führte er seine häufigen Heilerfolge auf die Anwendung künstlicher Magnete zurück, mit denen er über die erkrankten Körperteile hinwegstrich. Später verzichtete er darauf und entwickelte die Theorie des »tierischen Magnetismus«. Seiner Ansicht nach beruhte dessen Wirkkraft auf einem Fluidum, das den gesamten Kosmos erfüllt, jedoch im menschlichen Organismus am stärksten zutage tritt.

Er behauptete, dieses magnetische Fluidum ginge von ihm auf die Patienten über und heile sie. Bald strömten die Kranken in Scharen zu ihm, und es gelang ihm in der Tat eine Reihe außergewöhnlicher Heilungen.

Nachdem sich Mesmer in Paris niedergelassen hatte, ernannte die Regierung eine aus Ärzten und Mitgliedern der Akademie der Wissenschaften bestehende Untersuchungskommission, der auch Benjamin Franklin angehörte. Der von ihr vorgelegte Bericht bestätigte zwar die von Mesmer behaupteten Heilerfolge, fand aber keinerlei Anhaltspunkte für die Richtigkeit seiner Fluidum-Theorie, sondern betrachtete die Phantasie der Patienten als die eigentliche Quelle der überraschenden Heilwirkung.

Bald danach wurde Mesmer des Landes verwiesen; er starb im Jahre 1815. Kurze Zeit später gelang Dr. Braid aus Manchester der wissenschaftliche Nachweis, daß zwischen dem angeblichen magnetischen Fluidum und Dr. Mesmers Heilungen keinerlei ursächlicher Zusammenhang bestand. Dr. Braid versetzte seine Versuchspersonen mittels Suggestion in einen hypnotischen Schlaf und rief in diesem Zustand eine ganze Reihe der gleichen Erscheinungen hervor, die Mesmer der Wirkung des Magnetismus zugeschrieben hatte.

Ganz offensichtlich wurden alle diese Heilungen durch den Einfluß einer starken Suggestion auf die Phantasie und das Unterbewußtsein der Patienten bewirkt. Da die wahren Hintergründe zu jener Zeit noch nicht bekannt waren, kann man hier ausnahmslos von Fällen blinden Glaubens sprechen.

Die Bedeutung des subjektiven Glaubens

Wie bereits ausführlich dargestellt wurde, will es ein Grundgesetz des geistigen Lebens, daß das Unterbewußtsein (der subjektive Geist) jedes Menschen ebensosehr dem bestimmenden Einfluß des eigenen Bewußtseins (des objektiven Geistes) unterworfen ist wie der Suggestionskraft anderer Menschen. Wenn Sie aktiv oder passiv an etwas Bestimmtes glauben, wird sich Ihr Unterbewußtsein – völlig unabhängig von ihrer objektiven Einstellung – einzig und allein von der betreffenden Suggestion leiten lassen, und Ihr Wunsch geht in Erfüllung.

Geistige Heilungen beruhen ausschließlich auf der Wirkung eines rein subjektiven Glaubens, und dieser kommt daduch zustande, daß das Bewußtsein (der objektive Geist) alle verstandesmäßigen Einwendungen fallenläßt.

Natürlich ist im Interesse der physischen Heilwirkung sehr zu wünschen, daß sich objektive und subjektive Überzeugung decken. Ein solch vorbehaltloser Glaube muß jedoch dann nicht unbedingt Voraussetzung sein, wenn es Ihnen gelingt, Geist und Körper völlig zu entspannen, bis Ihr Unterbewußtsein in einer Art von Dämmerschlaf für subjektive Eindrücke besonders empfänglich wird.

Vor kurzem fragte mich ein Herr: »Wieso konnte mich ein Geistlicher heilen? Ich glaubte ihm doch kein Wort, als er mir sagte, es gebe weder Krankheit noch ein stoffliches Universum.«

Dem Betreffenden schien diese Behauptung völlig absurd, und er betrachtete sie zunächst als eine Beleidigung seiner Intelligenz. Trotzdem läßt sich seine Heilung leicht erklären. Er wurde aufgefordert, sich eine Weile völlig passiv zu verhalten und weder zu sprechen noch an irgend etwas zu denken. Darauf versetzte sich der Geistliche in einen tranceartigen Zustand und suggerierte seinem Unterbewußtsein etwa eine halbe Stunde lang ununterbrochen voll Ruhe und Frieden, daß sein Besucher an Körper und Seele völlig gesunden und ein Leben voll Ausgeglichenheit und Harmonie führen werde. Der Kranke fühlte plötzlich eine ungeheure Erleichterung und war von der Stunde an geheilt.

Indem er sich den Anordnungen des Geistlichen unterwarf und dessen Behandlung völlig passiv über sich ergehen ließ, hatte der Betreffende einen Akt des subjektiven Glaubens vollzogen, der sein Unterbewußtsein den heilenden Suggestionen des Geistlichen erschloß. Es war somit eine direkte Verbindung, ein *Rapport,* zwischen dem Unterbewußtsein des Behandelnden und dem des Patienten geschaffen.

Der Erfolg der Behandlung wurde also in keiner Weise durch die entgegengesetzt wirkende Autosuggestion des Patienten beeinträchtigt, die durch seinen objektiven Zweifel an der Heilkraft und Theorie des Geistlichen ausgelöst wurde. Während des oben beschriebenen Dämmerzustands wird nämlich der Widerstand des Bewußtseins auf ein Mindestmaß beschränkt, und somit steht einer erfolgreichen Behandlung nichts mehr im Wege. Da das Unterbewußtsein des Patienten also völlig der Macht der Fremdsuggestion ausgesetzt war, reagierte es entsprechend und führte die Gesundung herbei.

Wesen und Wirkung der Fernbehandlung

Angenommen, Sie erfahren, Ihre in einer anderen Stadt lebende Mutter sei schwer erkrankt. In diesem Fall wäre Ihnen eine sofortige physische Hilfeleistung unmöglich, wohl aber könnten Sie ihr durch die Kraft des Gebets beistehen. *»Denn der Vater, der in dir wohnt, bringt Rat und Hilfe.«*

Das schöpferische Gesetz des Geistes wirkt immer und überall für Sie. Da Ihr Unterbewußtsein völlig automatisch reagiert, besteht die Fernbehandlung ganz einfach darin, daß Sie Ihr Denken und Fühlen auf Vorstellungen von Gesundheit und Harmonie richten. Da es nur ein einziges, allen gemeinsames schöpferisches Unterbewußtsein gibt, wird das Ihrem eigenen mitgeteilte Vorstellungsbild auch auf jenes Ihrer Mutter einwirken. Ihre auf Gesundheit, Vitalität und Vollkommenheit gerichteten Gedanken werden durch das Medium des universellen Unterbewußtseins übertragen und lösen somit einen gesetzmäßigen geistigen Prozeß aus, der den Organismus Ihrer Mutter heilt.

Für dieses geistige Prinzip gibt es keinerlei zeitliche oder räumliche Begrenzung, und deshalb spielt auch der Aufenthaltsort Ihrer Mutter keine Rolle. Aufgrund der Allgegenwart des universellen Geistes kann man hier genaugenommen also gar nicht von einer Fernbehandlung – etwa im Gegensatz zu einer an Ort und Stelle persönlich vorgenommenen Therapie – sprechen. Dabei kommt es nicht etwa darauf an, daß Ihre Gedanken immer fern bei Ihrer Mutter sind; vielmehr beruht die Behandlung auf der dynamischen Kraft lebendiger Vorstellungen von Gesundheit, Wohlbefinden und Entspannung, die sich auf das Unterbewußtsein Ihrer Mutter übertragen und dort die gewünschte Wirkung entfalten.

Der folgende Fall ist ein typisches Beispiel einer sogenannten Fernbehandlung. Eine in Los Angeles ansässige Hörerin meiner Radiosendung betete wie folgt für ihre in New York

wohnende, an einer schweren Thrombose leidende Mutter:
»Die geistige Heilkraft ist allgegenwärtig und umgibt auch
meine Mutter in der Ferne. Ihr physisches Leiden ist das ge-
treue Spiegelbild ihrer gewohnten Vorstellungen und Gedanken. Der Geist projiziert seine Bilder auf den Körper, so als ob
dieser eine Filmleinwand wäre. Um den Ablauf der Geschehnisse zu ändern, muß ich also eine andere Filmspule einlegen.
Mein Geist übernimmt die Aufgabe des Projektors, und ich
strahle nun Vorstellungsbilder aus, in denen meine Mutter völlig geheilt und gesund erscheint. Die gleiche unendliche Kraft,
die den Körper meiner Mutter mit all seinen Organen schuf,
durchdringt und heilt nunmehr jedes Atom ihres Seins; Friede
und Harmonie durchfluten jede Zelle ihres Körpers. Eine göttliche Eingebung erleuchtet die behandelnden Ärzte, und jede
Hand, die den Körper meiner Mutter berührt, bringt Segen und
Heilung. Ich weiß, es gibt in Wirklichkeit keine Krankheit,
denn sonst könnte niemand genesen. Ich verbünde mich nun
mit dem unendlichen Prinzip der Liebe und des Lebens, und
ich weiß und will, daß diese Gedanken meiner Mutter Harmonie, Gesundheit und Frieden bringen.«

Sie wiederholte dieses Gebet täglich mehrere Male, bis nach
einigen Tagen zur großen Überraschung des behandelnden
Spezialisten bei der Mutter eine außergewöhnliche Besserung
eintrat. Er drückte ihr seine Bewunderung über ihren festen
Glauben an Gottes Allmacht aus. Die Vorstellungen und
Schlußfolgerungen der Tochter setzten den gesetzmäßigen Ablauf des geistig-schöpferischen Prinzips in Gang, das sich – im
Körper der Mutter – als völlige Gesundheit und Harmonie aus-
wirkte. Die von der Tochter als bereits verwirklicht angenommene Heilung war alsbald eingetreten.

Die kinetische Kraft des Unterbewußtseins

Ein mit mir befreundeter Psychologe unterzog sich einer Rönt-
genuntersuchung, bei der sich herausstellte, daß der eine Lungenflügel bereits deutliche Spuren von Tbc aufwies. Darauf
machte er es sich zu Gewohnheit, jeden Abend vor dem Ein-

schlafen die folgenden, von unerschütterlicher Überzeugung
getragenen Gedanken auszudrücken: »Jede Zelle, jeder Nerv,
jedes Gewebe und jeder Muskel meiner Lunge wird in diesem
Augenblick von aller Krankheit gereinigt und geheilt. Die Gesundheit und das Gleichgewicht meines Organismus werden
wieder völlig hergestellt.«

Es ist dies zwar kein wörtliches Zitat, wohl aber der Sinn seiner Formulierung. Eine etwa vier Wochen später wiederholte
Röntgendurchleuchtung erwies, daß die Erkrankung vollständig ausgeheilt war.

Um seine Methode zu ergründen, fragte ich ihn, warum er
die oben geschilderten Überlegungen gerade vor dem Schlafengehen anstellte. Er antwortete: »Die kinetische Wirkung des
Unterbewußtseins hält die gesamte Schlafenszeit hindurch an.
Deshalb sollte man sich gerade, ehe man einschlummert, mit
positiven Gedanken beschäftigen.« Dies ist eine sehr weise Erkenntnis, denn wer sich auf die Vorstellungen von Harmonie
und völliger Gesundheit konzentriert, vermeidet jeglichen Gedanken an seine Leiden.

Ich möchte Ihnen deshalb sehr nachdrücklich ans Herz legen, über Ihre Leiden nicht zu sprechen und sie nicht beim Namen zu nennen. Je mehr man sie nämlich beachtet und fürchtet, desto schlimmer werden sie. Betätigen Sie sich also wie
mein Freund, der Psychologe, als geistiger Chirurg: Entfernen
Sie mit einem entschlossenen Schnitt alles negative Denken,
wie man ja auch dürre Äste an einem gesunden Baum weg-
schneidet.

Solange sie immer im Hinblick auf Ihre Leiden und deren
Symptome leben, hemmen Sie die kinetische Wirkung des Unterbewußtseins und verhindern die volle Entfaltung seiner
Heilkraft. Darüber hinaus werden negative Vorstellungsbilder
aufgrund der eigengesetzlich gestaltenden Kraft Ihres Geistes
nur allzuleicht Wirklichkeit – gerade das, was man so sehr
befürchtet. Erfüllen Sie deshalb Ihren Geist mit den großen
Wahrheiten des Lebens und schreiten Sie voran im Licht der
Liebe.

ZUSAMMENFASSUNG

1. Führen Sie sich vor Augen, was Ihnen wirklich Heilung schenkt. Gewinnen Sie die feste Überzeugung, daß Ihr Unterbewußtsein bei fachgerechter Beeinflussung Seele und Körper genesen läßt.

2. Legen Sie sich einen genauen Plan zurecht, wie Sie Ihrem Unterbewußtsein Ihre Wünsche und Anordnungen mittteilen wollen.

3. Malen Sie sich die Erfüllung Ihres Wunsches in kräftigen Farben aus und betrachen Sie ihn als bereits verwirklicht. Wer es nicht an der nötigen Ausdauer und Konzentration mangeln läßt, wird nicht lange auf den Erfolg warten müssen.

4. Bedenken Sie, was das Wort »Glaube« wirklich bedeutet: Ein Ihrem Geist gegenwärtiger Gedanke. Und jeder Gedanke besitzt die schöpferische Kraft, sich zu verwirklichen.

5. Es wäre töricht zu glauben, eine Krankheit oder irgend etwas anderes könne Ihnen schaden oder Schmerz zufügen. Lassen Sie sich durch nichts von Ihrem festen Glauben an völlige Gesundheit, an Erfolg, Frieden, Wohlstand und göttliche Führung abbringen.

6. Machen Sie sich große und gute Gedanken zur Gewohnheit, und diese werden sich in große und edle Taten verwandeln.

7. Nützen Sie die unendliche Macht des Gebetes. Entwickeln Sie einen bestimmten Plan, eine Idee, ein geistiges Bild. Identifizieren Sie sich kraft Ihres Geistes und Ihrer Phantasie mit jener Vorstellung, halten Sie an der richtigen geistigen Einstellung fest, und Ihr Gebet wird erhört werden.

8. Denken Sie immer daran, daß die Macht zu heilen jedem zuteil wird, der sie ersehnt und in der rechten Weise an sie glaubt. Glaube bedeutet hier das Wissen um die eigentliche Arbeits- und Wirkungsweise von Bewußtsein und Unterbewußtsein. Der richtige Glaube stellt sich erst mit dem richtigen Verständnis ein.

9. Einen »blinden Glauben« besitzt, wer ohne wissenschaftliche Kenntnis der hier wirksamen Kräfte und Mächte Heilerfolge erzielt.

10. Lernen Sie, wie man für Kranke betet, die einem nahestehen. Beruhigen und entspannen Sie Ihren Körper und Geist, und Ihre Gedanken an Gesundheit, Vitalität und Vollkommenheit werden durch den allumfassenden, allgegenwärtigen subjektiven Geist dem Unterbewußtsein Ihres lieben Freundes oder Angehörigen mitgeteilt, wo sie ihre heilsame Wirkung entfalten.

KAPITEL 6

Die praktische Anwendung der geistigen Therapie

Jeder Fachingenieur beherrscht die zum Bau einer Brücke oder Maschine nötigen Techniken und Methoden. Ganz ähnlich verfügt auch Ihr Geist über eine bestimmte Technik, mit deren Hilfe er über Ihr Leben wacht und es in bestimmte Bahnen lenkt. Die Beherrschung dieser Methoden und Techniken ist von erstrangiger und ausschlaggebender Bedeutung.

Der mit dem Bau der Golden Gate Bridge betraute Ingenieur besaß hervorragende Fachkenntnisse. Außerdem vermochte er sich ein genaues Bild von dieser sich kühn von Ufer zu Ufer spannenden Brücke zu machen. Unter Verwendung gesicherter, wissenschaftlich erprobter Methoden baute er die Brücke, auf der wir heute die Bucht von San Francisco überqueren. Auch beim Beten sind bestimmte Regeln zu beachten, wenn Ihr Gebet erhört werden soll. Dabei handelt es sich um einen ganz bestimmten wissenschaftlichen Vorgang. In unserer auf Gesetz und Ordnung beruhenden Welt geschieht nichts rein zufällig. Die folgenden Seiten führen Sie in einige praktische Techniken ein, die Ihr geistig-seelisches Leben bereichern und vervollkommnen werden. Ihre Gebete dürfen nicht in der Luft schweben bleiben wie ein Ballon, sondern müssen ans Ziel gelangen und Ihr Leben in der gewünschten Weise beeinflussen. Eine genauere Analyse des Gebets enthüllte die überraschende Vielzahl der hier möglichen Techniken und Methoden. Die rein formellen und rituellen Gebete, die einen festen Bestandteil des Gottesdienstes bilden, werden hier ausgeklammert, da sie nur für gemeinschaftliche Andachtsübungen von Bedeutung sind. Wir beschäftigen uns in diesem Buch ausschließlich mit dem persönlichen Gebet, insoweit es im täglichen Leben als Bitte um Hilfe für sich selbst und andere Anwendung findet.

Im Gebet formulieren wir einen auf ein ganz bestimmtes Ziel gerichteten Gedanken oder Wunsch. Der Betende verleiht der brennenden Sehnsucht seines Herzens Ausdruck. Mehr noch – Wunsch und Gebet sind ein und dasselbe. Als Gebet formulieren Sie Ihre wichtigsten Bedürfnisse, Ihre dringendsten Wünsche. *»Selig, die hungern und dürsten nach der Gerechtigkeit, denn sie werden gesättigt werden.«* (Matthäus 5,6) Das ist ein wirkliches Gebet: Der Hunger und Durst des Menschen nach Frieden, Harmonie, Gesundheit, Freude und allen anderen Segnungen des Lebens.

Die Technik der gedanklichen Beeinflussung des Unterbewußtseins

Diese Technik besteht im wesentlichen darin, das Unterbewußtsein zu veranlassen, die ihm vom Bewußtsein vermittelten Wünsche anzunehmen. Diese gedankliche Beeinflussung erfolgt am besten in einem tranceartigen Zustand. Den tiefen Schichten Ihres Geistes wohnen unendliche Weisheit und Macht inne. Überdenken Sie also Ihren Wunsch in Ruhe und seien Sie überzeugt, daß von nun an seine Erfüllung näherrückt. Tun Sie es dem kleinen Mädchen gleich, das an einem starken Husten und einer schmerzhaften Halsentzündung litt. Es erklärte wiederholt und voll Überzeugung: »Meine Erkältung vergeht bereits. Meine Erkältung vergeht bereits.« Nach einer Stunde waren die Symptome in der Tat verschwunden. Wenden Sie diese Technik mit dem gleichen unerschütterlichen, kindhaften Vertrauen an.

Das Unterbewußtsein nimmt jeden klar gezeichneten Plan an

Falls Sie für sich und Ihre Familie ein Haus bauen wollten, würden Sie den Plan sicher bis in die kleinsten Einzelheiten ausarbeiten und sorgfältig darüber wachen, daß er von den Bauleuten genauestens eingehalten wird. Auch auf das Material würden Sie achten und nur trockenes Holz, einwandfreien Stahl – kurz, von allen das Beste verwenden. Wie aber steht es um das Heim Ihres Geistes und Ihre Pläne für ein Leben in Glück und Überfluß? Alle Umstände und Ereignisse, alles und jedes in Ihrem Leben hängt ab von der Qualität der geistigen Bausteine, aus denen Sie das Heim Ihres Geistes errichten.

Ist Ihr Entwurf verzerrt durch Furcht, Sorge, Angst und Mangel, und sind Sie selbst niedergeschlagen, voll Zweifel und Zynismus, dann wird auch Ihr Geist von Mühe, Sorge, Spannungen, Befürchtungen und Einschränkungen aller Art gezeichnet sein.

Jeder wache Augenblick, den Sie dem Aufbau Ihrer Geistes- und Wesensart widmen, ist von grundlegendster und weitreichendster Bedeutung für Ihr Leben. Ein nur gedachtes Wort ist unhörbar und unsichtbar – nichts destoweniger existiert es in Wirklichkeit. Sie sind ununterbrochen damit beschäftigt, die Heimstatt Ihres Geistes aus dem Material Ihrer Gedanken und Vorstellungsbilder zu erbauen. Jede Stunde, jede Sekunde können Sie nützen, um auf der Grundlage Ihrer Gedanken, Ideen und Überzeugungen, deren szenische Abfolge sich ausschließlich auf der Bühne Ihres Geistes abspielt, ein von Gesundheit, Erfolg und Glück strahlendes Leben aufzubauen. In der Werkstatt Ihres Geistes schaffen Sie Ihre Persönlichkeit und Ihre Identität auf der Ebene dieses irdischen Seins. Auf diese Weise hinterlassen Sie der Welt die Spuren Ihrer Lebensgeschichte.

Legen Sie sich einen neuen Plan zurecht. Führen sie ihn ganz in der Stille aus, indem Sie von jetzt an Ihre Gedanken auf Friede, Harmonie, Freude und Bereitschaft zum Guten richten. Indem Sie Ihr geistiges Auge auf diesen Segnungen verweilen lassen und sie als ein Ihnen zustehendes Eigentum beanspruchen, werden sie Ihr Unterbewußtsein zur Übernahme des neuen Planes bewegen und die Grundlage zur Verwirklichung Ihrer Träume legen. *»An ihren Früchten sollt ihr sie erkennen.«* (Matthäus 7,16)

Die Wissenschaft und Kunst des richtigen Gebets

Das Wort »Wissenschaft« wird hier in der Bedeutung von Kenntnis gebraucht, und zwar eines geschlossenen Systems, das eine Reihe von Tatsachen sinnvoll vereinigt und ordnet. Wir wenden uns also der im Titel angekündigten »Wissenschaft und Kunst des richtigen Gebets« als denjenigen Vorgängen und Techniken zu, mittels derer nicht nur Sie, sondern jeder gläubige Mensch die wahre Existenz der Grundgesetze des Lebens beweisen und sie für sich und andere nutzen kann. Unter »Kunst« verstehen wir demnach die von Ihnen gewählte Methode, die auf der wissenschaftlichen Erkenntnis der Schöpferkraft des Unterbewußtseins und dessen Reaktion auf Vorstellungsbilder und Gedanken beruht.

»Bittet, und es wird euch gegeben werden; suchet, und ihr werdet finden; klopfet an, und es wird euch aufgetan werden.« (Matthäus 7,7) Diese Worte stellen Ihnen die Erfüllung all Ihrer Wünsche in Aussicht. Die Tür wird sich Ihrem Klopfen öffnen, und Sie werden finden, wonach Sie suchen. Diese Bibelstelle läßt keinen Zweifel an der Existenz klarer geistiger und seelischer Gesetze zu. Die Allweisheit Ihres Unterbewußtseins wird immer und unmittelbar auf Ihr bewußtes Denken reagieren. Dem, der um Brot bittet, wird nicht ein Stein gegeben werden. Doch erhört wird nur das Gebet werden, das aus einem gläubigen Herzen kommt. Der Weg des Geistes führt vom Gedanken zum Gegenstand. Ohne ein bereits bestehendes Vorstellungsbild kann sich also die Wirkung des Geistes nicht entfalten, da ihm weder Richtung noch Ziel gegeben sind. Der Gegenstand Ihres Gebets – das ja, wie wir wissen, eine geistige Tätigkeit darstellt – muß Ihnen bereits als Vorstellungsbild gegenwärtig sein, denn andernfalls kann das Unterbewußtsein Ihren Wunsch weder erfassen noch schöpferisch verwirklichen. Ihr Geist muß sich also in einem vollkommenen, durch nichts eingeschränkten oder beeinträchtigten Zustand gläubiger Bereitschaft und williger Hinnahme befinden.

Diese geistige Betrachtungsweise muß einhergehen mit einem Gefühl innerer Freude und Ruhe, das der sicheren Erwartung des gewünschten Erfolgs entspringt. Die Kunst und Wis-

senschaft des richtigen Gebets beruht also auf einer unabding-
baren Voraussetzung, nämlich dem klaren Wissen und restlo-
sen Vertrauen, daß der bewußte Denkvorgang eine entsprechende Reaktion des Unterbewußtseins hervorrufen wird und
daß letzteres eins ist mit der unendlichen Allweisheit und Allmacht. Bei genauer Beachtung dieser Methode werden Ihre
Gebete Erhörung finden.

Die Technik der bildlichen Vorstellung

Die einfachste und unmittelbarste Art, sich einen Gedanken zu
vergegenwärtigen, ist, ihn zu visualisieren, ihn sich bildlich
vorzustellen und ihn mit dem geistigen Auge so lebendig zu erfassen, als biete sich der betreffende Gegenstand tatsächlich
dem Blick. Das Auge unseres Gesichtssinns erkennt nur, was
bereits in der sichtbaren Welt existiert. Ähnliches gilt für Ihr
geistiges Auge, nur daß dieses die unsichtbaren Bereiche des
Geistes durchdringt. Jedes Bild Ihrer Phantasie formt den Stoff
Ihrer Träume und beweist die Existenz des Unsichtbaren. Die
Produkte Ihrer Phantasie sind genauso wirklich vorhanden wie
jeder beliebige Teil Ihres Körpers. Idee und Gedanke sind
wirklich vorhanden und werden eines Tages in der körperlichen Welt Gestalt annehmen, falls Sie fest und unbeirrt an dem
betreffenden Vorstellungsbild festhalten.

Der Denkvorgang hinterläßt geistige Eindrücke, die ihrerseits feste Gestalt annehmen und als Ereignis in Ihr Leben treten. Der Bauherr hat eine genaue Vorstellung des Hauses, das
er sich wünscht; noch vor dem ersten Spatenstich sieht er es
vollendet vor sich. Die Bilder seiner Phantasie und seine Denk-
vorgänge werden gleichsam zur Gußform für das Gebäude.
Der Zeichenstift macht seine Ideen sichtbar. Der Bauunterneh-
mer beschafft die nötigen Materialien, die Arbeiter errichten
das Gebäude, bis es fertig dasteht – in völliger Übereinstimmung mit dem Vorstellungsbild von Bauherrn und Architekten.

Insbesondere vor öffentlichen Vorträgen wende ich gern die
Technik der Visualisierung oder bildlichen Vorstellung an. Ich
beruhige die sich überstürzende Flut meiner Gedanken, um

dem Unterbewußtsein ungestört die gewünschten Bilder und Vorstellungen zu vermitteln. Als nächstes stelle ich mir den Vortragssaal bis auf den letzten Platz von Männern und Frauen gefüllt vor, und alle sind sie erleuchtet und durchdrungen von der ihnen innewohnenden heilenden Kraft. Ich sehe sie vor mir: befreit von allem Leid und strahlend vor Glück.

Nachdem ich mir dieses Bild in allen Einzelheiten ausgemalt habe, halte ich an diesem Bild meiner Vorstellung fest und höre im Geiste beglückte Rufe, wie zum Beispiel: »Es geht mir wieder gut!« – »Ich fühle mich herrlich!« – »Ich wurde auf der Stelle geheilt! – »Ich bin völlig verwandelt!« Diesen Vorstellungen gebe ich mich etwa zehn Minuten lang hin, im festen Wissen und sicheren Gefühl, daß Geist und Körper meiner Zuhörerschaft durchflutet werden von Liebe, Gesundheit, Schönheit und Vollkommenheit. Dieser Bewußtseinszustand erreicht einen Grad von Lebensechtheit, daß es mir scheint, als höre ich tatsächlich eine Vielzahl von Stimmen, die laut das unerwartete Geschenk von Glück und Gesundheit preisen. Zum Schluß lasse ich dieses Bild langsam verblassen und begebe mich zum Rednerpult. Kaum ein Vortrag vergeht, ohne daß nachher einige Zuhörer glückstrahlend beteuern, ihre Gebete seien erhört worden.

Die mentale Film-Methode

Ein bekanntes Sprichwort lautet: »Ein Bild ist mehr wert (oder: sagt mehr) als tausend Worte.« William James, der Begründer der amerikanischen Psychologie, wies nachdrücklich darauf hin, daß das Unterbewußtsein jedes unbeirrt und gläubig festgehaltene Vorstellungsbild verwirklicht: *»Tue so, als ob ich bereits da wäre, und ich werde da sein.«*

Vor mehreren Jahren befand ich mich auf einer Vortragsreise durch mehrere Staaten im mittleren Westen. Oft wünschte ich mir einen zentral gelegenen Wohnsitz, von dem aus ich alle Hilfsbedürftigen schneller erreichen könnte. Weite Strecken legte ich von diesem Wunsch begleitet zurück. Eines Abends in Spokane im Staat Washington zog ich mich auf mein

Hotelzimmer zurück, streckte mich entspannt aus, schaltete alle bewußten Gedanken aus und stellte mir in diesem völlig passiven Zustand der Ruhe vor, ich stünde vor einer Zuhörerschaft, die ich mit den folgenden Worten ansprach: »Ich freue mich, hier zu sein. Um diese ideale Gelegenheit habe ich gebetet.« So lebendig bot sich diese imaginäre Zuhörerschaft meinem geistigen Auge, als ob sie tatsächlich vorhanden wäre. Ich sah mich gleichsam selbst als Hauptdarsteller in einem irrealen Film und war durchdrungen von der Überzeugung, die Bilder meiner Phantasie würden somit meinem Unterbewußtsein übertragen, das auf seine eigene Weise für die Verwirklichung sorgen würde. Als ich am nächsten Morgen erwachte, erfüllte mich ein unendliches Gefühl des Friedens und der Befriedigung. Wenige Tage später erhielt ich ein Telegramm mit der Bitte, die Leitung einer Organisation im mittleren Westen zu übernehmen. Voll Freude ergriff ich die ersehnte Gelegenheit, auf Jahre hinaus einer ebenso lohnenden wie befriedigenden Tätigkeit nachzugehen.

Die hier beschriebene Methode fand großen Beifall bei vielen Ratsuchenden, die sie als die »Film-Methode« bezeichneten. Im Anschluß an meine wöchentlichen Vorträge und Radiosendungen erhielt ich zahlreiche Briefe, die mir vom außerordentlichen Erfolg dieser Technik beim Verkauf von Immobilien berichteten. Deshalb möchte ich all jenen, die Liegenschaften oder ein anderes größeres Objekt veräußern wollen, raten, sich zunächst von der Angemessenheit des gewünschten Preises zu überzeugen. Als nächstes müssen sie den festen Glauben gewinnen, die Allweisheit führe ihnen den Käufer zu, der sich schon immer ein Haus oder Grundstück der betreffenden Art gewünscht hat und damit glücklich wird. Darauf versetzt man sich am besten in einen Zustand völliger körperlicher und geistiger Entspannung, eine Art von Dämmerschlaf, in dem alle bewußten Anstrengungen auf ein Mindestmaß beschränkt werden. In diesem Halbschlaf muß nun die Phantasie tätig werden. Man hält im Geiste voller Freude den Kauferlös in der Hand und bedankt sich aus vollem Herzen für diese günstige Wendung – man lebt sich also möglichst intensiv in diese Rolle hinein und malt sich die Erfüllung seines

Wunsches mit den stärksten Farben aus. Besonders geeignet sind hierfür die letzten Minuten vor dem Einschlafen. Man muß so tun, als wäre dies alles echte Wirklichkeit. Nämlich nur dann wird das Unterbewußtsein die Vorstellung annehmen und realisieren. Eine gläubig und beharrlich im Geist festgehaltene bildliche Vorstellung wird sich unbedingt verwirklichen.

Die Baudoin-Technik

Charles Baudoin war Professor am Rousseau-Institut in Frankreich. Er war ein hervorragender Psychotherapeut und leitete die Forschungsabteilung der neuen therapeutischen Schule in Nancy. Schon 1910 lehrte er, das Unterbewußtsein sei am leichtesten in einem schlafartigen Zustand zu beeinflussen, indem jede bewußte Anstrengung auf ein Mindestmaß beschränkt werde. Hatte er sich einmal in einen solch völlig passiven Zustand versetzt, so prägte er dem Unterbewußtsein durch rein geistige Konzentration die gewünschte Vorstellung ein. Er faßte seine Methode in der folgenden Formel zusammen: »Am einfachsten und wirkungsvollsten wird dem Unterbewußtsein die gewünschte Vorstellung suggeriert, indem man sie zu einem kurzen, einprägsamen Satz verdichtet, der dann – gleichsam als Schlaflied – ständig wiederholt wird.«

Vor einigen Jahren war eine junge Dame in Los Angeles in einen langwierigen Erbschaftsprozeß verwickelt. Ihr Mann hatte ihr sein ganzes Vermögen hinterlassen, jedoch versuchten die Söhne und Töchter aus erster Ehe mit allen Mitteln, dieses Testament für ungültig erklären zu lassen. So standen die Dinge, als sie von der Baudoin-Technik hörte. Gemäß den ihr gegebenen Verhaltensregeln setzte sie sich in einen bequemen Sessel, entspannte sich körperlich und geistig, versetzte sich in einen Dämmerzustand und faßte den Kern ihres Anliegens in dem folgenden, einprägsamen Satz zusammen: »Gottes Wille schafft Ordnung.« Damit wollte sie sagen, daß die in den Gesetzen des Unterbewußtseins zutage tretende Allweisheit eine harmonische und gütliche Regelung herbeiführen würde.

Zehn Abende hintereinander versetzte sie sich in Halbschlaf und wiederholte langsam, ruhig und gefühlsinnig immer dieselbe Feststellung: »Gottes Wille schafft Ordnung.« Und mit dem Gefühl unendlichen Friedens sank sie in tiefen, normalen Schlaf. Als sie am Morgen des elften Tages erwachte, durchströmte ihren Körper ein unsägliches Wohlbefinden. Es gab für sie keinen Zweifel mehr: Gottes Wille hatte Ordnung geschaffen. Noch am selben Tag erfuhr sie von ihrem Anwalt, die Gegenpartei wolle einen Vergleich schließen. Die ersehnte gütliche Regelung setzte bald darauf dem Prozeß ein Ende.

Die Schlaf-Technik

Jede bewußte Anstrengung ist im Halbschlaf weitestgehend ausgeschaltet. Gerade in den Augenblicken vor dem Einschlafen und unmittelbar nach dem Erwachen ist das Bewußtsein am wenigsten tätig, und die Türen zum Unterbewußtsein stehen am weitesten offen. In diesem Zustand ist auch am allerwenigsten mit jenen negativen Gedanken zu rechnen, die sonst die dynamische Kraft der Wünsche aufheben und somit eine wirkungsvolle Übernahme durch das Unterbewußtsein verhindern.

Angenommen, Sie wollen sich von einer schädlichen Gewohnheit befreien. Nehmen Sie eine bequeme Lage ein und entspannen Sie Körper und Geist. Versetzen Sie sich in eine Art Dämmerschlaf und wiederholen Sie dann in völliger innerer und äußerer Ruhe ein und denselben Gedanken, als wollten Sie sich damit in Schlaf wiegen: »Ich bin völlig von meiner Gewohnheit befreit; ich habe mein inneres Gleichgewicht und meinen Seelenfrieden uneingeschränkt wiedergewonnen.« Wiederholen Sie diesen Satz jeden Morgen und Abend langsam, ruhig und gefühlsstark etwa fünf bis zehn Minuten lang. Bei jedem Mal steigert sich die emotionale Wirksamkeit der Worte. Sobald Sie versucht sind, wieder in Ihre alte, schädliche Gewohnheit zu verfallen, sprechen Sie diese Formel laut vor sich hin. Auf diese Weise bringen Sie das Unterbewußtsein dazu, den betreffenden Gedanken anzunehmen, und die Befreiung wird nicht lange auf sich warten lassen.

Die Dank-Technik

Der Apostel Paulus empfiehlt uns in der Bibel, unsere Wünsche unter Danksagung und Lobpreisung zu äußern. So einfach diese Gebetstechnik sein mag, sie führt doch immer wieder zu außergewöhnlichen Erfolgen. Das dankerfüllte Herz steht den schöpferischen Kräften des Universums besonders weit offen, und das kosmische Gesetz von Aktion und Reaktion löst eine Wechselwirkung aus, die ungeahnter Segnungen voll ist.

Ein junger Mann, dem sein Vater als Belohnung für ein schwieriges Examen ein Auto in Aussicht stellt, tut demnach recht, dankbar und glücklich zu sein, als hätte er das Geschenk tatsächlich schon erhalten. Er weiß ja, daß der Vater sein Versprechen erfüllen wird. Und in diesem Vertrauen lebt er in seliger Erwartung – rein geistig hat er das Auto bereits voll Freude und Dankbarkeit in Besitz genommen.

Lassen Sie mich an einem anderen Beispiel nun auch zeigen, welch hervorragender Erfolg dieser Technik beschieden ist. Mr. Broke, ein Bekannter, sagte sich eines Tages: »Die Rechnungen häufen sich; ich bin stellungslos, habe drei Kinder, und meine Geldmittel sind erschöpft. Was tun?« Etwa drei Wochen lang wiederholte er regelmäßig jeden Morgen und Abend die folgenden Worte: »Himmlischer Vater, ich danke dir für meinen Wohlstand.« Er tat dies völlig entspannt und innerlich ausgeglichen. Er stellte sich dabei vor, er spreche die ihm innewohnende Allweisheit und Allmacht genauso unmittelbar wie einen menschlichen Gesprächspartner an. Selbstverständlich wußte er sehr wohl, daß sich der unendliche schöpferische Geist der sinnlichen Wahrnehmung entzieht. Er richtete also sein geistiges Auge auf das lebendige Vorstellungsbild materiellen Überflusses; dieses Produkt seiner Phantasie würde ja die gewünschte Wirkung – also eine geeignete Stellung, Nahrung und genügend Geld – zwangsläufig hervorrufen. Sein Denken und Fühlen konzentrierte sich bedingungslos auf die Vorstellung eines Lebens in gesicherten Verhältnissen. Die dauernde Wiederholung »Ich danke dir, himmlischer Vater« erfüllte ihn mit fester Zuversicht und befreite ihn von dem in seiner Notlage drohenden Gefühl der Niedergeschlagenheit. Er wußte,

sein Geist würde sich an materielle Sicherheit und Wohlhaben-
heit gewöhnen, wenn er nur unbeirrt und dankbaren Herzens
an dieser Einstellung festhielt. Und genau dies geschah auch:
Er traf auf der Straße einen früheren Arbeitgeber, der er seit
zwanzig Jahren nicht mehr gesehen hatte. Dieser bot ihm eine
sehr gut bezahlte Stellung an und streckte ihm sofort tausend
Dollar vor. Heute ist Mr. Broke stellvertretender Präsident dieser Gesellschaft. Vor kurzem erst sagte er zu mir: »Niemals
werde ich die Wunderkraft meines Dankgebetes vergessen,
denn ich habe sie selbst erlebt.«

Die Technik der positiven Behauptung

Diese Technik ergibt sich aus dem Sinn der Worte: *»Das Gebet
sei kein sinnloses Gestammel.«* Die eigentliche Macht einer
Affirmation oder positiven Behauptung beruht auf der überlegten Herausstellung objektiver Wahrheiten. 3 und 3 ergibt 6 –
und nicht 7, wie etwa ein Bub, der dies irrtümlich »errechnet«
hatte, unter Anleitung des Lehrers einsehen mußte. Die Tatsache, daß 3 und 3 die Summe von 6 ergibt, beruht nun aber nicht
etwa auf der Feststellung des Lehrers, sondern ist ein mathe-
matisches Gesetz. Der Junge beugt sich also der objektiven
Wahrheit der Mathematik und nicht etwa nur der subjektiven
Feststellung seines Lehrers.

Nun stellt im menschlichen Leben Gesundheit den Normalzustand dar. Krankheit aber ist ein Ausnahmezustand; Gesundheit ist der wahre Seins-Zustand. Sobald Sie also in bezug auf
sich selbst und Ihre Mitmenschen mit Festigkeit die Tatsache
der Gesundheit, Harmonie und des Friedens feststellen und
sich dabei vor Augen führen, daß es sich hier um die universellen Prinzipien des Seins handelt, wird die unerschütterliche
Überzeugung von der Wahrheit Ihrer Feststellung die negativen Verhaltensformen Ihres Unterbewußtseins korrigieren.

Der Erfolg dieser affirmativen Methode – die der gläubige
Mensch wiederum im Gebet verwirklicht – hängt davon ab, ob
Sie sich ohne Rücksicht auf den äußeren Schein einzig und al-
lein an die Prinzipien des Lebens halten. Nehmen wir einmal

an, es gäbe wohl ein Gesetz der Mathematik, aber keinen Irrtum, und es gäbe ein Gesetz der Wahrheit, aber keine Unwahr-
heit. Stellen Sie sich vor, es würde uneingeschränkt das Prinzip
der Einsicht herrschen, und es gäbe keine Unwissenheit; es
gäbe das Prinzip der Harmonie, aber keine Zwietracht. So gibt
es in der Tat zwar das Gesetz der Gesundheit, aber kein auf
Krankheit abzielendes Prinzip; und so herrscht in der Tat das
Prinzip des Überflusses, nicht aber das der Armut.

Ich selbst wandte diese affirmative Methode an, als meine
Schwester in einem englischen Krankenhaus an der Gallen-
blase operiert wurde. Klinische und röntgenologische Untersuchungen hatten die Dringlichkeit eines solchen Eingriffs
erwiesen. Sie bat mich, für sie zu beten. Rein geographisch
trennten uns an die 10 000 Kilometer, für das Prinzip des Geistes
gibt es aber weder Zeit noch Raum. Der unendliche Allgeist ist
zu jeder Zeit an jedem Ort in seiner Gesamtheit gegenwärtig.

Ich vermied sorgfältig jeden Gedanken an die Krankheitssymptome und überhaupt an die körperliche Wesenheit meiner Schwester. Dann stellte ich folgende positive Behauptung
auf: »Dieses Gebet ist für meine Schwester Katherina. Sie ist
völlig entspannt, im Frieden mit sich und der Welt, ausgeglichen, voll Ruhe und Heiterkeit. Die heilbringende Weisheit ihres Unterbewußtseins, die ihren Körper schuf, verwandelt in
diesem Augenblick jede Zelle, jeden Nerv, jedes Gewebe, jeden
Muskel und jeden Knochen und bringt jedes Atom ihres Organismus wieder in Übereinstimmung mit dem vollkommenen
Muster und Vorbild, das in ihrem Unterbewußtsein aufbewahrt
ist. In aller Stille werden alle negativen Voreingenommenhei-
ten ihres Unterbewußtseins spurlos verdrängt, und die Vitalität, Ganzheit und Schönheit des Lebensprinzips durchdringen
ihren gesamten Körper. Ihr Sein und Wesen steht nun weit offen für die Ströme heilender Kraft, die ihren ganzen Organismus durchfluten und ihr von neuem Gesundheit, Harmonie
und Frieden schenken. Alle abträglichen Gedanken und häßli-
chen Vorstellungen werden jetzt in der unendlichen Strömung
der Liebe und des Friedens getilgt. So und nicht anders geschieht es.«

Diese meine tiefe Überzeugung vergegenwärtigte ich mir

täglich mehrere Male. Zwei Wochen später stellten die Ärzte verblüfft eine außergewöhnliche Heilung fest, die auch auf dem Röntgenschirm ihre Bestätigung fand.

»Behaupten« heißt ja nichts anderes als feststellen, daß etwas so und nicht anders ist. Und dies bekräftigen – das ist die Bedeutung von »Affirmation«. Hält man an dieser Einstellung fest – selbst wenn ihr der äußere Anschein noch so sehr widerspricht –, so wird das betreffende Gebet Erhörung finden. Denkend stellt der Mensch fest, auch die Verneinung ist Feststellung. Wer eine Behauptung in bewußter Absicht ständig wiederholt und bekräftigt, versetzt den Geist in einen Bewußtseinszustand, in dem er alle gemachten Feststellungen als wahr hinnimmt. Halten Sie sich also unbeirrbar an die Wahrheiten des Lebens und behaupten Sie diese, bis die gewünschte Reaktion des Unterbewußtseins eintritt.

Die Beweis-Methode

Der Name dieser Technik spricht für sich selbst. Sie geht zurück auf die von Dr. Phineas Parkhurst Quimby angewandte Methode. Dr. Quimby, ein Vorkämpfer der geistig-seelischen Heilkunst, lebte und praktizierte vor etwa 100 Jahren in Belfast, Maine. Seine von Horatio Dresser herausgegebenen Memoiren erschienen 1921 bei der Thomas Y. Crowell Company in New York. Dieses Buch enthält auch Zeitungsberichte über die bemerkenswerten Heilerfolge dieses Mannes, der als »Gesundbeter« galt. Quimby gelangen viele der bereits in der Bibel beschriebenen Wunderheilungen. Die Beweis-Methode nach Quimby besteht in einer logischen Beweisführung, mittels derer man sich selbst und den Patienten davon überzeugt, daß seine Krankheit nichts anderes als die Folge seines Irrglaubens, seiner grundlosen Befürchtungen sowie negativer Gedanken und Vorstellungen ist. Nur wer sich selbst vorher völlige Klarheit über die eigentlichen Zusammenhänge geschaffen hat, wird den Patienten davon überzeugen können, daß Krankheit und Leid nur allzuoft nichts anderes als die körperlichen Erscheinungsformen destruktiver Denkgewohnheiten sind, die aufgrund des verfehlten Glaubens an äußerliche Ursachen als Krankheit sichtbare Gestalt annehmen – ein Zustand, dem sich durch einen entsprechenden Gesinnungswandel leicht ein Ende setzen läßt.

Demnach erklärt man also dem Kranken, zu seiner Heilung bedürfe es nur einer geistigen Umstellung. Als nächstes legt man dar, daß das Unterbewußtsein den Körper und alle seine Organe schuf. Wer wüßte aber besser Bescheid über sein Geschöpf als der Schöpfer selbst? Deshalb vermag das Unterbewußtsein auch am besten, den Schaden zu beheben. Seine heilende Wirkung setzt bereits ein, noch während diese Worte gesprochen werden. So plädiert man vor dem Richterstuhl des Geistes, daß eine Krankheit nur der Schatten einer krankhaften Vorstellungswelt ist. Man schmiedet eine möglichst lückenlose Beweiskette für die Existenz dieser inneren heilbringenden Macht, die ja alle Organe schuf und deshalb über ein vollkommenes Muster jeder Zelle, jedes Nervs und jedes Gewebes verfügt. Als nächstes fällen Sie im kritischen Gericht Ihres Geistes eine Entscheidung – ein Urteil zu Ihren Gunsten oder zugunsten des betreffenden Kranken. Sie sprechen ihn durch Glauben und seelisches Einfühlungsvermögen von seinem Leiden frei. Ihre Beweise sind überwältigend, und da es nur einen einzigen, allen Menschen gemeinsamen Allgeist gibt, werden sich Ihre Überzeugungen auf den Patienten übertragen und ihre heilsame Wirkung entfalten. Diese Behandlungsmethode entspricht in ihren Hauptzügen der von Dr. Quimby in den Jahren 1849–1869 angewandten Therapie.

Die absolute Methode

Viele Menschen in aller Welt wenden diese Form der Gebetstherapie mit hervorragendem Erfolg an. Der Behandelnde nennt den Namen des Patienten und gibt sich der Betrachtung Gottes und der göttlichen Eigenschaften hin. Er hält sich also zum Beispiel vor Augen: »Gott ist die Quelle aller Seligkeit, Gott ist die unendliche Liebe, Einsicht, Allmacht, Weisheit, die vollkommene Harmonie, Gott ist vollkommen!« Die Kraft dieser stillen Meditationen hebt sein Bewußtsein auf eine neue Ebene und stellt seinen Geist auf eine andere Wellenlänge ein. Er fühlt, wie die göttliche Liebe alles mit ihr Unvereinbare im Geist und Körper des Patienten löscht, wie alles Böse und Negative weicht und Leid und Sorgen schwinden.

Diese absolute Gebetsmethode läßt sich mit der mit von einem Arzt in Los Angeles vorgeführten Ultraschalltherapie vergleichen. Er besitzt ein Gerät, das ungeheuer rasche Schwingungen erzeugt, deren Wellen sich auf jeden gewünschten Körperteil richten lassen. Er hatte diese Ultraschallwellen, die im Gewebe zu örtlicher Erwärmung und einer Art Massageeffekt führen, mit außerordentlichem Erfolg eingesetzt, um arthritische Kalkablagerungen aufzulösen und Schmerzzustände zu beseitigen.

Je höher die Bewußtseinsebene ist, zu der uns die Betrachtung Gottes emporträgt, um so zahlreicher und stärker sind die geistigen Wellen, mittels derer wir Harmonie, Gesundheit und Frieden ausstrahlen. Diese Gebetstherapie führte zu vielen außergewöhnlichen Heilungen.

Eine verkrüppelte Frau kann wieder gehen

Dr. Phineas Parkhurst Quimby, von dem in diesem Kapitel bereits die Rede war, setzte die absolute Methode insbesondere in den letzten Jahren seiner Tätigkeit ein. Er war der eigentliche Begründer der psychosomatischen Medizin und der erste Psychoanalytiker. Er besaß die Fähigkeit, die den Krankheiten, Schmerzen und Leiden seiner Patienten zugrunde liegenden Ursachen hellseherisch zu diagnostizieren.

Der folgende gekürzte Bericht von der Heilung einer verkrüppelten Frau ist den Quimby-Memoiren entnommen:

Dr. Quimby wurde in das Haus einer gelähmten, bettlägerigen alten Frau gerufen. Er betrachtete ihr Leiden als die Auswirkung eines äußerst engstirnigen Glaubens, der ihren Körper im Bann hielt und sie am Aufstehen und Gehen hinderte. Sie fristete ihr Dasein in Furcht und Unwissenheit. Darüber hinaus ängstigte sie sich infolge allzu wörtlicher Auslegungen der Bibel. Wenn diese Frau andere um die Erklärung einer Bibelstelle bat, so wurde ihr diese nicht zum fruchtbaren Saatkorn, sondern nur Anlaß tiefsten Kummers. Gleichwohl hungerte sie nach dem Brot des Lebens. Dr. Quimby diagnostizierte einen umnachteten, verkümmerten Geist, dessen Erregungs- und Angstzustände auf die Unfähigkeit der Patientin zurückgingen, eine bestimmte Bibelstelle zu verstehen. Körperlich äußerte sich diese Geistesverfassung als ein Gefühl der Schwere und Trägheit, das sich zu Lähmungserscheinungen steigerte.

An diesem Punkt seiner Einsicht fragte Dr. Quimby die Kranke, was ihrer Meinung nach die Bibelstelle bedeute: *»Noch kurze Zeit bin ich bei euch; dann gehe ich zu dem, der mich gesandt hat. Ihr werdet mich suchen, jedoch nicht finden, und wo ich bin, dahin könnt ihr nicht kommen.«* (Johannes 7,33-34) Sie antwortete, diese Stelle berichte von Christi Himmelfahrt. Darauf gab ihr Dr. Quimby eine sehr persönliche und auf die augenblickliche Situation zutreffende Interpretation und erklärte, *»Noch kurze Zeit bin ich bei dir«* bedeute nichts anderes als die Dauer, die er der Untersuchung der Ursache ihrer Krankheitssymptome und Gefühle widme – mit anderen Worten: er fühle jetzt Mitleid mit ihr, könne aber nicht lange in diesem Zustand verharren. Der nächste Schritt würde darin bestehen, *zu dem zu gehen, der ihn gesandt habe,* was nichts anderes bedeute als die allen Menschen innewohnende schöpferische Kraft Gottes.

Im gleichen Augenblick vergegenwärtigte sich Dr. Quimby im Geist das göttliche Ideal, das heißt, die in der Kranken wirkende Vitalität, Einsicht, Harmonie und Macht Gottes. Deshalb sagte er zu der Frau:»Wohin ich gehe, dahin können Sie nicht folgen, denn Sie sind dem Glauben an Ihr Leid verhaftet, ich aber bin gesund.« Das Gebet und diese Erklärung lösten in der Frau eine sofortige körperliche Reaktion aus, und in ihrem Geist trat eine ebenso dramatische Wandlung ein: Sie erhob sich und ging ohne ihre Krücken.

Dr. Quimby nannte dies den bemerkenswertesten aller seiner Heilerfolge. Die Frau war in einem tödlichen Irrtum befangen gewesen, so daß die Wahrheit für sie eine Auferstehung von den Toten bedeutete – gleichsam der biblische Engel war, der das

Gewicht der Furcht, der Unwissenheit und des Aberglaubens wie den Stein von der Grabkammer ihres Lebens wegwälzte. Deshalb sprach Dr. Quimby von der Auferstehung Christi und setzte dieses Ereignis in Beziehung zu ihrer Gesundheit.

Die Beschluß-Methode

Die Macht des Wortes hängt von Ihrem Glauben ab. Wir brauchen uns also nur bewußt zu werden, daß die Macht, die die Welt bewegt, für uns wirkt und unseren Worten Nachdruck verleiht. Dieser Gedanke läßt unser Vertrauen und unsere Selbstsicherheit wachsen. Es handelt sich ja nur darum, die eigene mit der göttlichen Macht zu verbinden – deshalb sind auch geistige Gewalt und geistiger Kampf völlig fehl am Platz.

Ein junges Mädchen wandte die Beschluß-Methode bei einem jungen Mann an, der es dauernd anrief, mit Bitten um ein Zusammensein belästigte und vor dem Büro abpaßte. Sie konnte ihn auf keine Weise abschütteln. Deshalb formulierte sie eines Tages den folgenden Beschluß: »Ich gebe ihn frei und vertraue ihn Gottes Führung an. Er ist von nun an immer an dem Platz, an den er gehört. Ich bin frei, und er ist frei. Meine Worte werden Gehör finden, die Allweisheit wird meinen Beschluß ausführen. So und nicht anders ist es.« Wie sie mir später erzählte, hat sie von da an nie wieder etwas von dem jungen Mann gehört.

»Beschließt du eine Sache, wird's dir gelingen, und über deinen Lebenswegen strahlt ein Licht.« (Hiob 22,28)

ZUSAMMENFASSUNG

1. Werden Sie der Baumeister Ihres Geistes, und wenden Sie beim Bau eines schöneren und besseren Lebens vielfach erprobte und bewährte Techniken an.

2. Ihr Wunsch ist Ihr Gebet. Stellen Sie sich die bereits eingetretene Verwirklichung Ihres Wunsches lebhaft vor, und Ihr Gebet wird erhört.

3. Wünschen Sie sich, auf leichte Weise ans Ziel zu gelangen – mit der sicheren Hilfe der Wissenschaft des Geistes.

4. Aus den auf der Bühne Ihres Geistes geprobten Szenen können Sie ein Leben voll strahlender Gesundheit, Erfolg und Glück aufbauen.

5. Stellen Sie wissenschaftliche Experimente an, bis Sie sich selbst den Beweis geliefert haben, daß die Allweisheit Ihres Unterbewußtseins immer und unmittelbar auf Ihr bewußtes Denken reagiert.

6. Lassen Sie sich in der sicheren Erwartung, Ihren Wunsch erfüllt zu sehen, von einem Gefühl unendlicher Ruhe und Freude durchströmen. Jedes Ihrer geistigen Vorstellungs- bilder bildet den Stoff Ihrer Wünsche und beweist die Exi- stenz des Unsichtbaren.

7. Ein Vorstellungsbild ist mehr wert als tausend Worte. Ihr Unterbewußtsein wird jedes gläubig im Geist festgehaltene Bild verwirklichen.

8. Vermeiden Sie beim Beten jede gewaltsame geistige An- strengung, und versuchen Sie nichts zu erzwingen. Verset- zen Sie sich in einen Dämmerzustand, und wiegen Sie sich mit dem sicheren Gefühl und Wissen in den Schlaf, daß Ihr Gebet erhört wird.

9. Denken Sie stets daran: Das dankerfüllte Herz steht den rei- chen Segnungen des Universum offen.

10. Etwas behaupten heißt feststellen, daß es so und nicht an- ders ist. Beharren Sie darauf, auch wenn es dem äußeren Anschein noch so sehr widerspricht, und Ihr Gebet wird Er- hörung finden.

11. Erzeugen Sie Wellen der Harmonie, der Gesundheit und des Friedens, indem Sie über die Liebe und den Ruhm Got- tes meditieren.

12. Was Sie beschließen und als wahr anerkennen, wird sich er- eignen. Entscheiden Sie sich also für Harmonie, Gesund- heit, Frieden, Glück und Wohlstand.

KAPITEL 7

Das Unterbewußtsein dient dem Leben

Mehr als 90 Prozent des geistigen Lebens finden auf unterbewußter Ebene statt, so daß Männer und Frauen, die auf den
Einsatz dieser wunderwirkenden Kraft verzichten, von vornherein den Rahmen und die Möglichkeiten ihres Lebens sehr
fühlbar einschränken.

Das Unterbewußtsein ist immer bestrebt, dem Leben zu dienen und konstruktiv zu wirken. Es baut den Körper auf und
sorgt für den ungestörten Ablauf aller lebenswichtigen Funktionen. Es arbeitet pausenlos Tag und Nacht, immer bemüht,
uns zu helfen und vor Schaden zu bewahren.

Ihr Unterbewußtsein ist in stetiger Verbindung mit dem unendlichen Leben, der Allweisheit, dem göttlichen Prinzip, dem
Weltgeist – wie immer Sie wollen. All seine Impulse und Gedanken dienen dem Leben. Wertvolle Strebungen, plötzliche
Erleuchtungen und große Visionen steigen immer aus dem Unterbewußtsein auf. Gerade Ihre tiefsten Überzeugungen sind
es, die Sie nicht in Worte kleiden oder verstandesmäßig begründen können, da sie nicht dem Bewußtsein, sondern dem
Unterbewußtsein entstammen. Es spricht zu Ihnen mit der
Stimme der Intuition, des Impulses, der Ahnung, des instinkti-
ven Drangs und schöpferischer Ideen. Immer drängt es Sie voranzuschreiten, von Ziel zu Ziel, zu immer größeren Höhen. Die
Eingebungen der Liebe, der Drang, das eigene Leben einzusetzen, um andere zu retten – auch sie kommen aus der Tiefe Ihres Unterbewußtseins. So erhoben sich zum Beispiel bei dem
verheerenden Erdbeben und dem Brand in San Francisco am 8.
April 1906 Kranke und Krüppel, die bereits viele Jahre ans Bett
gefesselt waren, und vollbrachten wahre Wunder an Ausdauer
und Tapferkeit. In ihnen war der unwiderstehliche Drang er-
wacht, ihre Mitmenschen – koste es, was es wolle – zu retten,
und ihr Unterbewußtsein reagierte entsprechend.

Große Künstler, Musiker, Dichter, Redner und Schriftsteller suchen Kontakt mit den Kräften ihres Unterbewußtseins und schöpfen ihre Inspiration aus dieser niemals versiegenden Quelle. Robert Louis Stevenson beauftragte zum Beispiel vor dem Einschlafen regelmäßig sein Unterbewußtsein, für ihn im Schlaf Geschichten zu ersinnen. Er pflegte es um eine spannungsgeladene und erfolgreiche Abenteuergeschichte anzugehen, sobald sein Bankkonto erschöpft war. Stevenson berichtete, die überragenden Geistesgaben seines Unterbewußtseins hätten ihm die gewünschte Erzählung Stück um Stück eingegeben, als wäre es ein Fortsetzungsroman.

Dies beweist, daß das Unterbewußtsein über tiefe Einsichten und fruchtbare Gedanken verfügt, von denen das Bewußtsein nichts weiß.

Mark Twain gestand jedem, der es hören wollte, er habe in seinem ganzen Leben keinen Streich Arbeit getan. Seinen ganzen Humor und all seine vielen Schriften verdanke er der unerschöpflichen Phantasie seines Unterbewußtseins.

Die körperlichen Reaktionen auf geistige Vorgänge

Die Wechselbeziehung zwischen Bewußtsein und Unterbewußtsein fordert eine gleichartige Wechselwirkung zweier entsprechender Nervensysteme. Dabei bildet das zerebrospinale System das nervliche Organ des Bewußtseins und das sympathische System jenes des Unterbewußtseins. Die Nerven in Gehirn und Rückgrat bilden den Kanal, durch den die fünf Sinne dem Bewußtsein ihre physischen Wahrnehmungen zuleiten; gleichzeitig stellen sie das Instrument dar, mit dem der Mensch alle Körperbewegungen steuert. Das Zentrum dieses Nervensystems befindet sich im Gehirn und stellt die Quelle jeder willentlichen und bewußten Geistestätigkeit dar.

Das sympathische Nervensystem andererseits, das durch den menschlichen Willen nicht zu beeinflussen ist, hat seinen Mittelpunkt in der als Sonnengeflecht (Solarplexus) bekannten Masse von Ganglienzellen, die auch als »Gehirn des Unterbewußtseins« bezeichnet werden. Es bildet die Zentrale derjenigen geistigen Vorgänge, die unbewußt alle lebenswichtigen Funktionen des Körpers steuern.

Die beiden Systeme können entweder getrennt oder miteinander arbeiten. Thomas Troward sagt in *The Edinburgh Lectures on Mental Science*: »Der Vagus (Hauptnerv des parasympathischen Systems) verläßt die Gehirnregion als Teil des bewußten Nervensystems und kontrolliert an dieser Stelle die Stimmorgane. In seinem weiteren Verlauf durch die Brusthöhle sendet dieser Nerv Seitenstränge zum Herz und zur Lunge aus. Auf seinem Weg durchs Zwerchfell verliert der Vagus jene äußere Beschichtung, die die Nerven des bewußten Systems auszeichnet, und nimmt völlig das Aussehen jener des sympathischen Bereichs an. Er bildet also ein Bindeglied zwischen beiden und stellt die physische Einheit des Menschen her. Ebenso unterschiedlich beschaffene Teile des Gehirns deuten auf eine Verbindung einerseits mit den bewußten und andererseits mit den unterbewußten Geistestätigkeiten hin. Grob gesagt, ist der vordere Teil des Gehirns dem Bewußtsein zuzuordnen und der hintere Teil dem Unterbewußtsein; der mittlere schließlich nimmt auch funktionell eine Zwischenstellung zwischen beiden ein.«

Sehr vereinfacht, läßt sich die Wechselwirkung zwischen Geist und Körper folgendermaßen darstellen: Das Bewußtsein faßt einen Gedanken, der im zerebrospinalen Nervensystem eine entsprechende Schwingung auslöst. Diese läßt ihrerseits einen ähnlichen Stromimpuls im unbewußten Nervensystem entstehen, wodurch der betreffende Gedanke dem Unterbewußtsein – und damit dem eigentlich schöpferischen Medium – übermittelt wird. Auf diese Weise werden alle Gedanken verdinglicht.

Jeder von Ihrem Bewußtsein als zutreffend betrachtete Gedanke wird von Ihrem Gehirn an das Sonnengeflecht (Solarplexus), also an die Zentrale des Unterbewußtseins weitergeleitet, welches dann dafür sorgt, daß die entsprechende Vorstellung als körperliche Reaktion oder als Ereignis, äußere Lebenssituation realisiert wird.

Eine besondere Intelligenz nimmt die Interessen des Körpers wahr

Beim Studium des Zellsysteme und der Struktur bestimmter Organe (wie zum Beispiel der Augen, der Ohren, des Herzens, der Leber, der Blase) erwies sich, daß sie aus Zellgruppen bestehen, die jeweils von einer eigenen Intelligenz geleitet werden, die es ihnen ermöglicht, gemeinsam zu einem bestimmten Zweck zu handeln und die Befehle der geistigen Zentrale (des Bewußtseins) auf deduktive Weise zu verstehen und auszuführen.

Die genauen Untersuchungen einzelliger Lebewesen lassen Rückschlüsse auf die weitaus komplizierteren Vorgänge im menschlichen Körper zu. Obwohl der einzellige Organismus keine Organe besitzt, läßt er doch gewisse geistige Vorgänge und Reaktionen erkennen, die die lebenserhaltenden Funktionen der Bewegung, Ernährung, Nährstoffverwertung und Ausscheidung der Abfallprodukte steuern.

Vielfach wird behauptet, es gebe eine Intelligenz, die auf die vollkommenste Weise die Interessen des Körpers wahrnehmen würde, wenn man sie nur ungestört schalten und walten ließe. Diese Anschauung ist durchaus zutreffend – das eigentliche Problem entsteht aber daraus, daß das sinnliche Wahrnehmungen verarbeitende Bewußtsein sich immer wieder störend einschaltet und ein wildes Durcheinander von irrigen Meinungen, unbegründeten Ängsten und falschen Einstellungen hervorruft. Sobald sich aber negative Denk- und Vorstellungsmodelle dieser Art dem Unterbewußtsein durch psychologische und emotionelle Reflexgewöhnung einprägen, bleibt diesem nichts anderes übrig, als die ihm vom Bewußtsein gestellten Anforderungen getreulich und bis ins kleinste auszuführen.

Das Unterbewußtsein wirkt ständig für das allgemeine Wohl

Das Ihnen innewohnende subjektive Ich wirkt ununterbrochen für das allgemeine Wohl, da es ja das allem Geschaffenen angeborene Prinzip der Harmonie zu verwirklichen sucht. Das Unterbewußtsein besitzt seinen eigenen Willen und eine sehr reale Existenz. Es ist Tag und Nacht tätig, gleichgültig, ob Sie bewußt daran denken oder nicht. Es baut Ihren Körper auf, jedoch ohne daß Sie dies sehen, hören oder fühlen können; denn es handelt sich um einen völlig unbemerkbaren Vorgang. Ihr Unterbewußtsein führt sein eigenes Leben, das unablässig nach der Verwirklichung von Harmonie, Gesundheit, Glück und Frieden strebt. Dies nämlich ist die eigentliche göttliche Verhaltensnorm, die sich stets durch den Menschen Ausdruck zu verschaffen sucht.

Wie der Mensch das angeborene Prinzip der Harmonie stört

Wollen wir richtig, das heißt wissenschaftlich denken, so müssen wir die »Wahrheit« kennen. Dies bedeutet aber nichts anderes, als sich in Übereinstimmung mit der unendlichen Weisheit und Macht des Unterbewußtseins zu befinden, das ja immer dem Leben dient.

Wer aus Unwissenheit oder absichtlich mit Gedanken, Worten oder Werken die Harmonie stört, wird dafür mit allen möglichen Formen von Zwietracht, Einschränkung und Leid bestraft.

Die Wissenschaft hat den Nachweis geliefert, daß sich der menschliche Organismus innerhalb von elf Monaten fast vollständig erneuert. Von einem rein physischen Standpunkt aus sind Sie also höchstens elf Monate alt. Es ist also allein Ihre Schuld, wenn Sie durch angstvolle, zornige, eifersüchtige und feindselige Gedanken Ihrem stets neu erstehenden Körper immer wieder abträgliche Tendenzen einimpfen.

Der Mensch stellt die Summe seiner Gedanken und Vorstellungen dar. An Ihnen liegt es, sich negativer Gedanken und Vorstellungen zu enthalten. Dunkelheit verscheucht man durch Licht, Kälte durch Hitze, negative Gedanken aber schaltet man am wirksamsten durch positives Denken aus. Behaupten Sie nachdrücklich das Gute, und das Böse wird verschwinden!

Warum es naturgewollt ist, gesund, vital und stark zu sein – und nicht unser Schicksal sein muß, an Krankheiten zu leiden

Die meisten Kinder kommen völlig gesund zur Welt; ein jedes ihrer Organe erfüllt seine Aufgabe aufs vollkommenste. Dies ist eben der Normalzustand, und eigentlich müßten wir das ganze Leben lang ebenso gesund, vital und stark bleiben. Der Instinkt der Selbsterhaltung ist der stärkst ausgeprägte der menschlichen Natur und stellt ein äußerst wirksames, stets gegenwärtiges und ununterbrochen tätiges Naturgesetz dar. Es ist deshalb völlig einleuchtend, daß alle Ihre Gedanken, Ideen und Vorstellungen gerade dann ihre größte Wirkungskraft entfalten, wenn sie mit dem Ihnen innewohnenden Lebensprinzip im Einklang stehen, das ja stets bestrebt ist, Ihnen in jeder Weise zu nützen. Eben deshalb ist es natürlich auch viel leichter, den Normalzustand des Körpers wiederherzustellen, als ihn zu abweichenden Reaktionen zu zwingen.

Jede Krankheit, jedes Leiden steht im Widerspruch zur Natur: Wer gegen den Strom des Lebens anschwimmt, denkt negativ und kann erkranken. Das Gesetz des Lebens ist das Gesetz des Wachstums – die ganze Natur bezeugt das Wirken dieses Gesetzes, indem sie sich selbst in dauerndem, lautlosem Wachstum ausdrückt. Wo Wachstum und Selbstverwirklichung zu finden sind, da muß auch Leben sein. Wo aber Leben ist, da herrscht auch Harmonie, und wo Harmonie herrscht, da stellt sich vollkommene Gesundheit ein.

Solange Ihr Denken mit dem schöpferischen Prinzip des Unterbewußtseins übereinstimmt, sind Sie auch im Einklang mit dem angeborenen Prinzip der Harmonie. Weicht aber Ihr Denken von dieser Richtung ab, so werden Ihnen Ihre Gedanken zur beunruhigenden, ja schädlichen Last und ziehen Krankheit, vielleicht sogar den Tod nach sich.

Bei jeder Heilbehandlung müssen Sie für eine vermehrte Zufuhr vitaler Kräfte und deren wirksamer Verteilung im gesamten Organismus sorgen. Am besten geschieht dies durch völlige Ausschaltung aller angsterfüllten, besorgten, eifersüchtigen, feindseligen oder sonstigen negativen Gedanken, die gegenteiligenfalls Ihre Nerven und Drüsen zerstören, also eben jene Gewebe, die für die Ausscheidung aller Abfallprodukte sorgen.

Die Heilung von einer Rückenmarksschwindsucht

Die Zeitschrift *Nautilus* veröffentlichte im März 1917 einen Artikel über die außergewöhnliche Heilung eines Jungen, der an Rückenmarkschwindsucht litt. Er hieß Frederik Elias Andrews, stammte aus Indianapolis und ist jetzt Geistlicher und Dozent an der Unity School of Christianity in Kansas City, Missouri. Die Ärzte hatten sein Leiden für unheilbar erklärt. Darauf begann der Junge zu beten, und aus einem buckligen, mißgebildeten Krüppel, der auf allen vieren dahinkroch, wurde ein starker, aufrechter, wohlgestalteter Mann. Er hatte sich seinen eigenen positiven Anspruch zurechtgelegt und verschaffte sich mit geistigen Mitteln eben jene körperlichen Eigenschaften, die ihm versagt gewesen waren.

Er wiederholte oftmals am Tag die folgenden Worte: »Ich bin völlig heil und gesund, stark, mächtig, voll Liebe, Harmonie und Glück.« Er ließ sich durch nichts beirren und erzählte, dieses Gebet sei am Morgen als erstes und am Abend als letztes auf seinen Lippen gewesen. Er gedachte auch anderer Kranker in liebevollem Gebet. Seine Unbeirrbarkeit, sein Glaube und seine christliche Nächstenliebe trugen tausendfältige Frucht. Sobald ihn Gedanken der Beängstigung, des Ärgers, der Eifersucht oder des Neides zu übermannen drohten, kämpfte er sofort mit der ganzen Kraft seiner positiven Einstellung dagegen an. Sein Unterbewußtsein reagierte in voller Übereinstimmung mit seiner neuen, positiven Denkgewohnheit. Dies nämlich ist der eigentliche Sinn der Bibelstelle: »*Geh hin, dein Glaube hat dir geholfen.*« (Markus 10,52)

Wie der Glaube an die Macht des Unterbewußtseins heilt

Ein junger Mann, der meine Vorlesungen über die Heilkraft des Unterbewußtseins besuchte, war mit einem schweren Augenleiden behaftet, das nach dem Urteil eines Spezialisten nur operativ behoben werden konnte. Er aber sagte sich: »Das Unterbewußtsein schuf meine Augen, darum kann es sie auch heilen!«

Jeden Abend vor dem Schlafengehen versetzte er sich in einen tranceartigen Zustand. Er konzentrierte sein Denken und seine Phantasie auf den Augenarzt. Er stellte sich vor, dieser stünde vor ihm und sagte klar und deutlich: »Ein Wunder ist geschehen!« Diese Szene vergegenwärtigte er sich jede Nacht etwa fünf Minuten lang, ehe er einschlief. Nach drei Wochen suchte er den Augenspezialisten zum zweitenmal auf, und nach langer, sorgfältiger Untersuchung stellte dieser fest: »Das ist ein Wunder!«

Was war geschehen? Der junge Mann hatte sein Unterbewußtsein erfolgreich beeinflußt, indem er den Arzt als Mittel oder Medium benutzte, um seinen Wunsch auf die tiefen Bewußtseinsschichten zu übertragen. Durch ständige Wiederholung, unerschütterlichen Glauben und feste Zuversicht erfüllte er das Unterbewußtsein mit der Vorstellung seiner Wünsche. Es hatte ja seine Augen erschaffen; ihm war das vollkommene Modell bekannt, und deshalb brachte es ihm Genesung. Dies ist ein weiteres Beispiel für die Heilkraft des Unterbewußtseins durch den Glauben.

ZUSAMMENFASSUNG

1. Ihr Unterbewußtsein hat Ihren Körper geschaffen und ist Tag und Nacht auf dem Posten. Durch negatives Denken stören Sie seine lebenspendende und -erhaltende Tätigkeit.

2. Beauftragen Sie Ihr Unterbewußtsein vor dem Einschlafen mit der Lösung Ihres Problems, und Sie werden nicht lange darauf warten müssen.

3. Schenken Sie Ihren Denkgewohnheiten die nötige Beachtung. Jeder als wahr angenommene Gedanke wird durch Ihr Gehirn an das Sonnengeflecht – also an das körperliche Zentrum Ihres Unterbewußtseins – weitergeleitet, und es verwirklicht sich in Ihrem Leben.

4. Nehmen Sie es als Tatsache hin, daß Sie sich körperlich und geistig von Grund auf wandeln können, indem Sie Ihrem Unterbewußtsein einen entsprechenden neuen »Bauplan« vorlegen.

5. Ihr Unterbewußtsein dient immer dem Leben. Es läßt sich aber durch das Bewußtsein beeinflussen. Halten Sie also Ihrem Unterbewußtsein immer nur positive Voraussetzungen und wahre Sachverhalte vor. Das Unterbewußtsein reagiert ja getreulich auf Ihre Denk- und Vorstellungsmodelle.

6. Im Laufe von jeweils elf Monaten wird der menschliche Körper stofflich erneuert. Gestalten Sie also Ihren Körper neu, indem Sie Ihre Einstellung anhaltend und positiv verändern.

7. Gesund zu sein ist der natürliche Normalzustand. Krankheit ist ein Ausnahmezustand. Allem Geschaffenen wohnt das Prinzip der Harmonie inne.

8. Eifersüchtige, angsterfüllte, sorgenvolle und feindselige Gedanken zerstören sowohl Nerven wie Drüsen und bringen geistige und körperliche Leiden aller Art mit sich.

9. Was Sie bewußt behaupten und als wahr empfinden, wird in Ihrem Geist, Körper und Leben Gestalt annehmen. Behaupten Sie das Gute, und das Leben wird Ihnen zur Freude.

KAPITEL 8

Wie man seine Ziele verwirklicht

Mißerfolge lassen sich meist auf die folgenden zwei Haupt-
gründe zurückführen: mangelnde Zuversicht und Überan-
strengung. In vielen Fällen verhindert das mangelhafte Verständnis für Wesen und Wirkungsweise des Unterbewußtseins
die ersehnte Gebetserhörung. Vertrautheit mit der Funktionsweise des Unterbewußtseins schenkt aber gleichzeitig feste
Zuversicht. Denken Sie immer daran: Sobald Ihr Unterbewußtsein eine Vorstellung akzeptiert, eine Idee annimmt, macht es
sich sofort an deren Verwirklichung. Es setzt seine unerschöpflichen Hilfsmittel ein und bringt seine eigengesetzliche Wirkungsweise zur Geltung. Das geistig-seelische Gesetz wirkt
aber in gleicher Weise für gute wie für schlechte Gedanken. Sobald Sie deshalb dieses machtvolle Instrument falsch, das heißt
negativ benutzen, hat dies nachteilige Folgen. Positiv verwen-
det bringt es Ihnen guten Rat, Befreiung von allem Leid und
Seelenfrieden.

Positives Denken führt unausweichlich zum Ziel. Aus dieser
Tatsache ist ganz einfach zu folgern, daß jeder Mißerfolg aus-
geschlossen ist, sobald Ihr Unterbewußtsein die gewünschte
Vorstellung angenommen hat. Sie brauchen sich Ihre Idee oder
Ihr Anliegen nur als bereits verwirklicht vorzustellen, und die
gesetzmäßige Wirkung Ihres Geistes besorgt den Rest. Ver-
trauen Sie also dem Unterbewußtsein mit gläubiger Zuversicht
Ihr Problem an, und es wird die vollkommene Lösung finden.

Geistige Gewaltanstrengung, um etwas zu erzwingen, führt
nie zum Erfolg. Das Unterbewußtsein reagiert nur auf die feste
und gläubige Überzeugung des Bewußtseins.

Fehlschläge können auch auf landläufige Bemerkungen
etwa der folgenden Art zurückzuführen sein: »Meine Lage wird
von Tag zu Tag schlimmer!« – »Ich werde nie einen Ausweg finden!« – »Ich stehe vor einem unlösbaren Problem!« – »Es ist

hoffnungslos!« – »Ich weiß nicht, was ich tun soll!« – »Ich weiß nicht, wo mir der Kopf steht!« – Solche Formulierungen sind keinesfalls dazu geeignet, die Kräfte des Unterbewußtseins zu wecken. Damit treten Sie an Ort und Stelle und kommen der Verwirklichung Ihrer Ziele um keinen Schritt näher.

Falls Sie bei einer Taxifahrt innerhalb von fünf Minuten ein halbes Dutzend Mal das Fahrziel ändern, so wird sich der hoffnungslos verwirrte Fahrer sehr wahrscheinlich weigern, Sie weiter zu befördern. Wenn Sie sich Ihrem Unterbewußtsein anvertrauen, gilt die gleiche Verhaltensregel. Zuerst muß eine scharf umrissene Idee oder eine kristallklare Vorstellung vorhanden sein. Sie dürfen auch nicht den geringsten Zweifel daran hegen, daß es einen Ausweg aus einem Problem oder eine Heilung gibt. Nur die unendliche Weisheit Ihres Unterbewußtseins kennt die Lösung. Sobald sich Ihr Bewußtsein zu dieser klaren Einsicht durchgerungen hat, haben Sie die richtige Einstellung gewonnen, und es geschieht Ihnen nach Ihrem Glauben.

Entspannung ist der Schlüssel zum Erfolg

Ein Hausbesitzer stellte einmal einen Heizungsmonteur zur Rede, warum er für eine Kesselreparatur 200 Dollar berechnet habe, obwohl er nur eine Schraube ersetzt hatte, die doch keinesfalls mehr als 5 Cents gekostet haben könne. Der Mechaniker erwiderte darauf: »Nun, für die Schraube habe ich auch nur 5 Cents berechnet. Die restlichen 199,95 Dollar sind für das Gewußt-wo.«

Auch Ihr Unterbewußtsein läßt sich mit einem meisterhaften Mechaniker vergleichen, der alle Mittel und Wege kennt, um Ihre Gesundheit wiederherzustellen und Ordnung in Ihre Angelegenheiten zu bringen. Fordern Sie Gesundheit, und Ihr Unterbewußtsein wird dafür sorgen. Nicht zu vergessen ist aber dabei: Entspannung ist der Schlüssel zum Erfolg. Verschwenden Sie keine Gedanken daran, auf welche Art und Weise wohl Ihr Wunsch Erfüllung finden werde, sondern betrachten Sie ihn – gleichgültig, ob es sich um Gesundheit, Finanzen oder

Anstellung handelt – als bereits im Begriff seiner Verwirklichung. Erinnern Sie sich noch an das selige, gelöste Gefühl, das
mit der Genesung von einer schweren Krankheit einhergeht?
Das Vorhandensein eben dieses Glücksgefühls ist nämlich der
Prüfstein für jede unterbewußte Reaktion. Ihr Wunsch muß
subjektiv an der Schwelle seine Verwirklichung vorgestellt und
empfunden werden.

Es gibt keinen Widerstand – vermeiden Sie deshalb jede geistige Gewaltanstrengung, und verlassen Sie sich auf Ihre Vorstellungsgabe!

Dem Einsatz Ihres Unterbewußtseins steht keinerlei Widerstand entgegen, und deshalb ist jeder Willenszwang überflüs-
sig. Es genügt, sich das ersehnte Ereignis oder den gewünschten Zustand vorzustellen. Zwar werden Sie die Erfahrung
machen, daß sich Ihre Vernunft gegen eine solche Einstellung
auflehnt. Lassen Sie sich aber dadurch nicht beirren, sondern
bewahren Sie sich einen einfachen, kindhaften und wunderwirkenden Glauben. Stellen Sie sich selbst als von dem Problem oder Leiden befreit vor. Versetzen Sie sich in das beglückte Gefühl, das sich bei einem erfüllten Herzenswunsch
einstellt. Vermeiden sie alle Umwege, alles Wenn und Aber.
Der geradeste und einfachste Weg ist immer der beste.

Die wunderwirkende Kraft der gesteuerten Phantasie

Um die gewünschte unterbewußte Reaktion herbeizuführen,
ist die Technik der gesteuerten oder wissenschaftlich gelenk-
ten Phantasie hervorragend geeignet. Wie schon mehrmals er-
wähnt, bauen die Kräfte des Unterbewußtseins Ihren Körper
auf und überwachen den Ablauf aller lebenswichtigen Funktionen.
    Die Bibel sagt: *»Worum ihr gläubigen Herzens bittet, das wird
euch gegeben werden.«* (Matthäus 21,22 u. a.) Glauben aber
heißt nichts anderes, als eine bestimmte Tatsache oder einen

gewünschten Zustand für wahr und verwirklicht zu halten. Wem es gelingt, in diesem Sinne gläubig zu denken und zu handeln, dessen Gebete werden auch erhört werden!

Die drei Bestandteile des erfolgreichen Gebetes

Meist führt die folgende Methode zum gewünschten Ziel:

1. Betrachten Sie Ihr Problem von allen Seiten.
2. Beauftragen Sie Ihr Unterbewußtsein, die nur ihm bekannte vollkommene Lösung zu finden.
3. Geben Sie sich der sicheren Überzeugung hin, daß Ihr Anliegen schnellstens und bestmöglich erledigt wird.

Wenn Sie sagen: »Ich möchte geheilt werden, aber das ist unmöglich.« – »Ich bemühe mich nach den besten Kräften.« – »Ich ringe mir jedes Gebet ab.« – »Ich setze meine ganze Willenskraft ein.« – dann liegt Ihr entscheidender Fehler eben in dieser bewußten Anstrengung. Versuchen Sie niemals, Ihrem Unterbewußtsein die gewünschte Vorstellung durch reine Willenskraft aufzuzwingen. Solche Versuche sind wirklich von vornherein zum Scheitern verurteilt.

Denken Sie nur einmal an folgende weitverbreitete Erscheinung: Sobald ein Student den ersten Satz seiner Prüfungsaufgabe liest, ist mit einem Schlag alles Gelernte scheinbar spurlos aus seinem Gedächtnis verschwunden. Im Kopf herrscht eine grauenhafte Leere, und er ist unfähig, sich auch nur auf eine einzige wichtige Tatsache zu besinnen. Je mehr er nun die Zähne zusammenbeißt und seine gesamte Willenskraft einsetzt, desto weniger fällt ihm ein. Kaum aber hat er die Tür des Prüfungssaales und damit den seelischen Druck hinter sich gelassen, da strömt die Erinnerung wie zum Hohn machtvoll zurück und er weiß alles. Der Grund des Versagens liegt hier wie in allen ähnlich gelagerten Fällen in dem verzweifelten Bemühen. Dieses Beispiel ist besonders geeignet, das Gesetz der umgekehrten Wirkung zu erhellen.

Der Widerstreit von Wunsch und Phantasie
muß aufgehoben werden

Wer glaubt, Gewalt anwenden zu müssen, rechnet von vornherein mit Widerstand. Sobald man sich aber ausschließlich darauf konzentriert, wie ein Problem zu meistern ist, wendet sich Ihre Aufmerksamkeit ganz von selbst von den Hindernissen ab.

In Matthäus 18,19 steht zu lesen: *»Wenn zwei von euch übereinstimmen auf Erden in irgendeiner Sache, um die sie bitten: es wird ihnen zuteil werden von eurem Vater im Himmel.«* Wovon ist hier die Rede, wenn nicht von der harmonischen Vereinigung und Übereinstimmung zwischen Ihrem Bewußtsein und Ihrem Unterbewußtsein hinsichtlich irgendeiner Idee, Sehnsucht oder geistigen Vorstellung? Sobald Bewußtsein und Unterbewußtsein sich nicht mehr im Widerspruch befinden, sondern völlig einig sind, wird Ihr Gebet erhört. Die zwei, von denen hier die Rede ist, können auch ausgelegt werden als Sie und Ihr Wunsch, Ihr Gedanke und Ihr Gefühl, Ihr Wunsch und Ihre Phantasie.

Jeder etwaige Konflikt zwischen Ihren Wünschen und Ihrer Phantasie wird dadurch vermieden, daß Sie sich in einen schlafartigen Zustand versetzen, in dem alle bewußten Anstrengungen weitestgehend ausgeschaltet sind. Im Schlaf oder in der Trance ist das Bewußtsein am wenigsten tätig. Deshalb sind gerade die Augenblicke unmittelbar vor dem Einschlafen und nach dem Erwachen am besten geeignet, das Unterbewußtsein nachhaltig zu beeinflussen, gerade dann stehen ja seine Türen am weitesten offen. In diesem Zustand tauchen die sonst geläufigen negativen Gedanken und Vorstellungen, die die Kraft des Wunsches aufzuheben vermögen, am seltensten auf. Sobald Sie sich kraft Ihrer Phantasie in die freudige Erregung, die die Erfüllung Ihres Wunsches begleitet, versetzen können, wird Ihr Unterbewußtsein für die Verwirklichung sorgen.

Sehr viele Menschen lösen alle ihre Probleme und Schwierigkeiten, indem sie ihre wissenschaftlich gesteuerte Phantasie zum Einsatz bringen, im vollen Wissen und Vertrauen, daß alles, was immer auch ihrem Gefühl und ihrer Vorstellungskraft als wahr erscheint, *unbedingt eintreten muß.*

Am folgenden Beispiel einer Bekannten wird ersichtlich, wie der Widerspruch zwischen Wunsch und Vorstellung zu überwinden ist. Sie ersehnte die friedliche Beilegung eines Rechtsstreits, ihre Phantasie jedoch erging sich andauernd in den Angstvorstellungen von Mißerfolg, Verlust, Konkurs und Armut. Es handelte sich um ein verwickeltes juristisches Problem, dessen Lösung von Mal zu Mal vertagt wurde, ohne daß ein Ende abzusehen war.

Auf meinen Vorschlag hin versetzte sie sich jede Nacht vor dem Schlafengehen in Trance und begann, sich möglichst lebendig in die Freude und Erleichterung einzuleben, die sie bei einem glücklichen Ausgang des Prozesses empfinden würde. Sie wußte, daß das Vorstellungsbild mit ihrem Herzenswunsch in Einklang stehen mußte. Immer vor dem Einschlafen sah sie sich in einem angeregten Gespräch mit ihrem Anwalt. Sie stellte ihm Fragen, die er entsprechend beantwortete. Und immer wieder ließ sie ihn im Gespräch die Worte sagen: »Die Angelegenheit hat eine allseits befriedigende Lösung gefunden und konnte auf gütliche Weise außergerichtlich bereinigt werden.« Sobald sie tagsüber wieder ihre alte Furcht befiel, pflegte sie sofort diesen geistigen Film anlaufen zu lassen. Bald war es ihr ein leichtes geworden, sich die Stimme, das Lächeln und die Gesten ihres Anwalts lebendig zu vergegenwärtigen. Diese Szene wiederholte sie so oft, bis sie sich unauslöschlich in Geist und Phantasie eingegraben hatte. Und tatsächlich rief nach einigen Wochen ihr Anwalt an, um ihr mitzuteilen, daß sich ihre subjektive Vorstellung verwirklicht habe.

Hier ist es Zeit, der Worte des Psalmisten zu gedenken: *»Mögen dir gefallen meines Mundes Worte und die Gedanken meines Herzens, Herr, mein Fels und mein Erlöser!«* (Psalm 19,15) – Ihre Gedanken und Ihre Gefühle sollen »gefallen«, und die Macht und Weisheit Ihres Unterbewußtseins kann Sie von Krankheiten, Knechtschaft und Leid erlösen.

ZUSAMMENFASSUNG

1. Jegliche Willensanstrengung ist die Folge von Angst und Furcht, die der gewünschten Lösung im Wege stehen. Erzwingen Sie nichts.

2. Sobald Sie sich geistig entspannt und von der Wahrheit eines Gedankens überzeugt haben, macht sich Ihr Unterbewußtsein an seine Verwirklichung.

3. Denken und planen Sie ohne Rücksicht auf die üblichen Methoden der Verwirklichung. Vergessen Sie nie: Es gibt immer eine Antwort, immer eine Lösung für jedes Problem!

4. Beschäftigen Sie sich nicht zu sehr damit, ob Ihr Herz richtig schlägt, Ihre Lungen tief genug atmen oder sonst Ihre organischen Funktionen normal verlaufen. Verlassen Sie sich ausschließlich auf Ihr Unterbewußtsein, und verkünden Sie sich selbst die frohe Botschaft, daß der göttliche Wille in Ihnen wirkt.

5. Wer sich gesund fühlt, wird gesund; wer sich reich fühlt, wird reich. Wie fühlen Sie sich?

6. Die Phantasie ist Ihr stärkster Trumpf. Stellen Sie sich nur Schönes und Gutes vor. Sie selbst und Ihr Schicksal sind identisch mit Ihren Gedanken und Vorstellungsbildern.

7. In einem schlafähnlichen Zustand ist der Widerstreit von Bewußtsein und Unterbewußtsein weitestgehend ausgeschaltet. Stellen Sie sich unmittelbar vor dem Einschlafen immer wieder voll Freude die Erfüllung Ihres Wunsches vor. Schlafen Sie in Frieden und erwachen Sie in Freude.

KAPITEL 9

Das Unterbewußtsein als Schlüssel zum Reichtum

Falls Sie mit finanziellen Schwierigkeiten zu kämpfen haben oder nicht wissen, woher Sie das Geld nehmen sollen, um notwendige Ausgaben zu bestreiten oder sich einen bestimmten Wunsch zu erfüllen, so läßt dies darauf schließen, daß Sie Ihr Unterbewußtsein nicht davon überzeugen konnten, Sie würden immer in Reichtum und Überfluß leben. Auch Sie kennen sicher Männer und Frauen, die nur wenige Stunden in der Woche arbeiten und trotzdem Unsummen verdienen. Dabei mühen sich die Betreffenden nicht im geringsten ab. Glauben Sie nicht, man könne allein durch harte Arbeit und im Schweiße seines Antlitzes zu Geld und Vermögen kommen. Genau das Gegenteil trifft zu: Die leichteste Lösung ist die beste. Tun Sie, wozu Ihr Herz Sie drängt, und tun Sie es aus reinem Vergnügen an der Sache.

Ich kenne einen leitenden Angestellten in Los Angeles, der ein Jahresgehalt von etwa 150 000 Dollar bezieht. Letztes Jahr unternahm er eine neunmonatige Reise und besuchte die schönsten Orte in aller Welt. Er erzählte mir, er habe sein Unterbewußtsein davon überzeugt, daß seine Arbeit so viel wert sei. Er meinte, daß viele seiner Arbeitskollegen, die im Monat nur 1000 Dollar verdienten, mehr vom Geschäft verstünden als er, daß es ihnen aber völlig an Ehrgeiz und schöpferischen Ideen mangele und sie sich nicht im geringsten für die wunderwirkenden Kräfte ihres Unterbewußtseins interessierten.

Reichtum ist eine Frage des Geistes

Reichtum ist nichts anderes als eine von den Betreffenden ge-
hegte unterbewußte Überzeugung. Natürlich werden Sie nicht
einfach dadurch Millionär, daß Sie sich vorsagen: »Ich bin ein
Millionär, ich bin ein Millionär!« Dieses Ziel werden Sie nur
dann erreichen, wenn Sie die richtige geistige Einstellung gewinnen, indem Sie den Gedanken an Reichtum und Wohlstand
einen dauernden Platz in Ihrem Denken und Fühlen sichern.

Ihre unsichtbaren Einkommensquellen

Der Fehler vieler Menschen ist es, daß sie über keine unsichtbaren Einkommensquellen verfügen. Völlig hilflos stehen sie
jedem Geschäftsrückgang, jedem Kurssturz, jedem Verlust ihrer Anlagen, jedem Verdienstausfall gegenüber. So aber reagiert nur jener, dem der Weg zu den unerschöpflichen Schätzen des Unterbewußtseins unbekannt ist.

Wer Armut fürchtet oder sich für arm hält, wird auch arm
werden. Wessen Denken aber auf Reichtum gerichtet ist, der
wird auch bald im Überfluß leben. Nirgends steht geschrieben,
der Mensch müsse sein Leben in Not und Elend fristen. Auch
Sie können reich sein und im Überfluß leben. Denn Ihre Worte
haben die Macht, Ihren Geist von falschen Vorstellungen zu
reinigen und sie durch die richtigen Gedanken zu ersetzen.

Die ideale Methode, die richtige geistige Einstellung zum Reichtum zu gewinnen

Vermutlich sagen Sie, während Sie dies lesen: »Ich möchte
auch Reichtum und Erfolg!« Sie brauchen nur folgendes zu tun:
Wiederholen Sie für sich drei- bis viermal am Tag jeweils fünf
Minuten lang: »Reichtum – Erfolg.« Diese Worte haben eine ungeheure Macht, denn sie verkörpern die unendliche Kraft des
Unterbewußtseins. Konzentrieren Sie Ihr Denken auf diese
ihre Kraft in Ihrem Inneren, und die von Ihnen gewünschten

Bedingungen und Umstände werden sich alsbald in Ihrem Leben einstellen. Sie sagen ja nicht: »Ich bin reich«, sondern lassen Ihr Denken nur bei den schöpferischen Kräften Ihres Geistes verweilen. Es kann also auch kein geistiger Widerstreit zwischen Verstand und Unterbewußtsein entstehen, sofern Sie nur das Wort »Reichtum« sagen. Außerdem wird Sie das Gefühl, reich zu sein, um so stärker und nachhaltiger durchdringen, je länger sich Ihre Gedanken mit der Vorstellung von Wohlstand und Überfluß beschäftigen.

Vergessen Sie niemals: Wer sich reich fühlt, wird reich. Ihr Unterbewußtsein ist wie eine Bank, ein Art Finanzierungsstelle für alle Wünsche. Was Sie auf dieses Konto an Gedanken und Wünschen einzahlen – ob sich diese nun um Reichtum oder Armut drehen –, wird sich mit Zins und Zinseszins, im Guten wie im Schlechten, vermehren. Wählen Sie deshalb Wohlstand und Überfluß!

Warum die feste Behauptung, reich zu sein, nichts nützte

Während der letzten 35 Jahre habe ich mit vielen Menschen gesprochen, deren meistgeäußerte Klage ist: »Wochen- und monatelang habe ich mir gesagt: ›Ich bin wohlhabend, ich bin reich‹, und nichts ist geschehen.« Bald hatte ich entdeckt, daß sie bei den Worten »Ich bin wohlhabend, ich bin reich« innerlich fühlten, daß sie sich in Wahrheit nur selbst belogen.

Ein Mann sagte mir: »Bis zum Überdruß habe ich wiederholt, ich sei reich und wohlhabend. Mittlerweile hat sich meine Lage nur noch verschlechtert. Ich wußte eben, daß meine Behauptung einfach nicht den Tatsachen entsprach.« Aus ebendiesem Grund wurde aber auch der Inhalt seiner Worte vom Unterbewußtsein abgelehnt, und das genaue Gegenteil dessen, was er nach außen hin behauptete, trat ein.

Feststellungen dieser Art können sich nur verwirklichen, wenn sie einen klarumrissenen Gedanken zum Ausdruck bringen und keinen inneren Widerstreit hervorrufen. Die Lebensumstände des obenerwähnten Mannes hatten sich nur deshalb verschlechtert, weil er im Grunde genommen immer an Armut dachte, wenn er von Reichtum sprach. Dem Unterbewußtsein prägen sich nämlich Ihre wirklichen Gedanken und echten Gefühle ein, nicht etwa nur leere Worte und Feststellungen bar jeden Glaubens. Das Unterbewußtsein richtet sich ausnahmslos nach der in Ihrer Vorstellung vorherrschenden Idee.

Wie man einen inneren Widerstreit vermeidet

Die folgende Methode ist vor allem für jene ideal, die leicht in einen inneren Konflikt geraten. Stellen Sie insbesondere vor dem Schlafengehen folgende Behauptung auf: »Bei Tag und Nacht werde ich in jeder Beziehung gefördert.« Diese Feststellung wird keinerlei Widerspruch erwecken, da sie ja nicht im Gegensatz zu Ihrer unterbewußten Überzeugung steht, minderbemittelt zu sein.

Einem Geschäftsmann, dessen Verkaufsziffern zurückgegangen waren und der in eine bedrohliche finanzielle Lage geraten war, riet ich, sich ruhig in sein Büro zu setzen und immer wieder die folgende Feststellung zu wiederholen: »Mein Verkaufserfolg wächst von Tag zu Tag.« Auf diese Weise gelang es ihm, sich der widerspruchslosen Unterstützung von Bewußtsein und Unterbewußtsein zu versichern, und das gewünschte Ergebnis ließ nicht lange auf sich warten.

Unterzeichnen Sie keine Blankoschecks!

Sie unterzeichnen Blankoschecks, sobald Sie zum Beispiel sagen: »Das wird ja nie ausreichen.« – »Ich bin zur Zeit etwas knapp.« – »Die Hypothek ist zu hoch; ich werde das Haus verlieren.« Auch wenn Sie angsterfüllt an die Zukunft denken, signieren Sie einen Scheck unbekannter Höhe und rufen das Unglück herbei. Ihr Unterbewußtsein hält nämlich Ihre Befürchtungen und negativen Feststellungen fälschlicherweise für einen Befehl und macht sich auf diese Weise daran, die »gewünschten« Hindernisse, Verzögerungen, Einschränkungen und Beeinträchtigungen herbeizuführen.

Ihr Unterbewußtsein zahlt mit Zins und Zinseszins

Wer sich reich fühlt, wird noch reicher werden. Wer sich arm fühlt, dem wird auch das wenige genommen, das er hat. Ihr Unterbewußtsein vergrößert und vermehrt alles, was Sie ihm anvertrauen. Beschäftigen Sie sich deshalb jeden Morgen beim Erwachen mit Gedanken an Fortschritt, Erfolg, Reichtum und Frieden. Lassen Sie Ihre Phantasie bei diesen Vorstellungen verweilen. Malen Sie sich die entsprechenden Bilder so oft wie möglich in den kräftigsten Farben aus. Denn diese konstruktiven Gedanken werden sich in Ihrem Unterbewußtsein verwurzeln und Reichtum und Überfluß hervorbringen.

Warum nichts geschah

Ich höre Sie sagen: »Oh, das habe ich alles getan, und nichts ist geschehen!« Dieser Mißerfolg ist mit größter Wahrscheinlichkeit darauf zurückzuführen, daß Sie schon zehn Minuten später wieder in Ihre negativen Denkgewohnheiten verfielen und somit die positive Wirkung der obigen Feststellung aufhoben. Wer senkt schon einen Samen in die Erde und gräbt ihn dann sofort wieder aus? Man muß ihn eben Wurzel schlagen und wachsen lassen.

Angenommen, Sie wollten sagen: »Das Geld für die nächste Rate bringe ich niemals auf«, dann brechen Sie den Satz spätestens bei dem Wort »Rate« ab und konzentrieren sich statt dessen auf eine positive Behauptung wie zum Beispiel: »Bei Tag und Nacht werde ich in jeder Beziehung gefördert.«

Die wahre Quelle des Reichtums

Ihrem Unterbewußtsein mangelt es nie an Ideen. Es ist eine unerschöpfliche Quelle von Einfällen, die nur darauf warten, in Ihr Bewußtsein zu treten und Ihnen die mannigfaltigen materiellen Vorteile zu verschaffen. In diesem geistigen Vorgang tritt niemals eine Pause ein, gleichgültig, ob nun die Aktienkurse

steigen oder fallen oder ob Dollar oder Euro an Kaufkraft ein-
büßen. Ihr Wohlstand hängt letzten Endes niemals von Aktien,
Pfandbriefen oder Bankkonten ab, denn diese sind in Wirklichkeit nur Symbole – nützliche und notwendige zwar, aber doch
nur Symbole.

Auch Sie werden zu jedem Zeitpunkt Ihres Lebens in der einen oder anderen Form Reichtum genießen – dank der Ihrem
Unterbewußtsein eingeprägten Überzeugung, daß der Wohlstand Ihnen zukommt.

Warum viele nicht mit ihrem Geld auskommen

Häufig hört man die Klage, das Geld reiche einfach nicht aus,
um alle Verpflichtungen und Wünsche zu erfüllen. Haben Sie
aber schon einmal darüber nachgedacht, um was für Leute es
sich hier regelmäßig handelt? Sind es nicht immer Menschen,
die grundsätzlich all jene verdammen, die erfolgreich sind und
sich in die Höhe gearbeitet haben? Typisch für diese Unzufrie-
denen sind Bemerkungen etwa der folgenden Art: »Das ist ja
nur ein Schwindler und Betrüger.« – »Der macht sein Geld auf
die krumme Tour.« – »Der geht über Leichen.« Abwertende Urteile dieser Art sind selten Ausdruck echter moralischer Ent-
rüstung, sondern fast immer nur von Neid und Habsucht dik-
tiert! Die schnellste und sicherste Methode aber, jeglichen
Wohlstand von sich abzuwenden ist es, andere, die reicher
sind, herabzusetzen und zu verleumden.

Ein häufiger Fallstrick auf dem Weg zum Reichtum

Armut und Mangel im Leben vieler Menschen haben – wie gar
mancher aus bitterer Erfahrung selbst lernen mußte – ihre Ursache häufig im Neid. Werden etwa auch Sie neidisch, falls Sie
Ihren Konkurrenten einen Ihre eigenen Möglichkeiten über-
steigenden Betrag auf sein Bankkonto einzahlen sehen? Überwinden Sie eine solche negative Anwandlung, indem Sie sagen:
»Das ist doch fabelhaft! Ich freue mich von Herzen über den

Erfolg dieses Mannes. Möge sein Wohlstand von Tag zu Tag wachsen!«

Neidvollen Gedanken nachzuhängen, hat verheerende Wirkungen. Sie setzen sich auf diese Weise selbst ins Unrecht und wenden durch Ihre negative Einstellung jeden Reichtum von sich ab, anstatt ihn anzuziehen. Sobald Sie sich versucht fühlen, den Erfolg oder Wohlstand eines Mitmenschen mit übelwollenden Worten zu kritisieren, geben Sie Ihren Gedanken unverzüglich eine neue Richtung: Wünschen Sie dem Betreffenden ehrlich und aus vollem Herzen in jedem Sinne das Beste! Damit wird die negative Wirkung Ihrer Gedanken aufgehoben und gleichzeitig Ihnen selbst nach dem Gesetz Ihres Unterbewußtseins der Reichtum beschert, der Ihnen zukommt.

Wir beseitigen eine geistige Schranke auf dem Weg zum Reichtum

Falls Sie voll Bitterkeit glauben feststellen zu müssen, einer Ihrer Mitmenschen sei nur durch Lug und Trug reich geworden, so überlassen sie den Betreffenden ruhig seinem Schicksal. Trifft Ihre Annahme nämlich wirklich zu, so mißbraucht der Betreffende das universelle Gesetz des Geistes, und dies wird sich entsprechend an ihm rächen. Jedenfalls müssen Sie aus den obengenannten Gründen jede Kritik sorgfältig vermeiden. Denken Sie immer daran: Einzig und allein Ihr Geist kann die Schranke aufrichten, die Sie vom Reichtum trennt. Diese Hindernisse können Sie aber nun ein für allemal beseitigen, indem Sie sich um eine positive Einstellung zu all Ihren Mitmenschen bemühen.

Wie man im Schlaf reich wird

Nachdem Sie sich zu Bett gelegt haben, wiegen Sie sich dadurch in Schlaf, daß Sie immer wieder in völliger Ruhe und mit viel Gefühl das Wort »Reichtum« wiederholen. Schlafen Sie ein mit dem Wort »Reichtum« auf Ihren Lippen, und Sie werden erstaunt sein über die Wirkung. Bald nämlich sollte dann der Wohlstand von allen Seiten überreichlich auf Sie zuströmen.

ZUSAMMENFASSUNG

1. Beschließen Sie, mit der unfehlbaren Hilfe Ihres Unterbewußtseins auf einfache Weise reich zu werden.

2. Durch harte Arbeit und im Schweiße Ihres Angesichts zu Reichtum zu kommen, ist eine zuverlässige Methode, Sie früh auf den Friedhof zu bringen. Es ist völlig unnötig, seine Kräfte auf diese Weise zu verschwenden.

3. Reichtum ist einzig und allein die Folge einer unterbewußten Überzeugung. Verleihen Sie der Vorstellung, wohlhabend zu sein, einen festen Platz in Ihrem Denken und Fühlen.

4. Der Fehler der meisten Menschen ist es, daß sie über keine unsichtbaren Einkommensquellen verfügen.

5. Wiederholen Sie vor dem Schlafengehen das Wort »Reichtum« etwa fünf Minuten lang ganz ruhig und mit Gefühl, und Ihr Unterbewußtsein wird Ihre Vorstellung alsbald verwirklichen.

6. Wer sich reich fühlt, wird reich. Behalten Sie diese Tatsache immer im Auge.

7. Bewußtsein und Unterbewußtsein müssen eines Sinnes und einer Überzeugung sein. Ihr Unterbewußtsein nimmt nur das an, was Sie wirklich für wahr halten. Es richtet sich immer nach dem vorherrschenden Gedanken, und deshalb müssen Sie Ihr Denken auf Reichtum und nicht auf Armut richten.

8. Einen etwaigen inneren Konflikt zwischen Bewußtsein und Unterbewußtsein in bezug auf die Wahrheit des behaupteten Reichtums können Sie am besten mit der Behauptung aufheben: »Bei Tag und Nacht werde ich in jeder Beziehung gefördert!«

9. Steigern Sie Ihren geschäftlichen Erfolg, indem Sie immerzu wiederholen: »Meine Verkaufsziffern steigen von Tag zu Tag. Ich erziele immer größere Fortschritte. Mein Reichtum nimmt täglich zu.«

10. Gewöhnen Sie es sich ab, Blankoschecks auszustellen: »Ich habe nicht genug Geld.« – »Das kann ich mir nicht leisten.« Solche »blank gezogenen« Feststellungen verschlechtern sowohl Ihre augenblickliche Lage als auch Ihre Zukunftsaussichten.

11. Vertrauen Sie Ihrem Unterbewußtsein die Vorstellung an, Sie seien wohlhabend und erfolgreich, und diese geistige »Kapitalanlage« wird reichen Zins und Zinseszins tragen.

12. Bleiben Sie in dem, was Sie behaupten, konsequent. Wenn Sie im nächsten Augenblick die Richtigkeit Ihrer Behauptung bezweifeln oder das Gegenteil behaupten, wird die positive Wirkung Ihrer Gedanken wieder aufgehoben.

13. Ihre Gedanken- und Vorstellungswelt ist die eigentliche Quelle allen Wohlstands. Ihre Ideen können Millionen wert sein. Ihr Unterbewußtsein wird Sie zuverlässig mit den nötigen Einfällen versorgen.

14. Neid und Habgier sind Fallstricke auf dem Weg zum Reichtum. Freuen Sie sich ehrlichen Herzens über das Glück und den Erfolg Ihrer Mitmenschen!

15. Ihr Geist allein kann die Schranke aufrichten, die Sie vom Reichtum trennt. Beseitigen Sie dieses Hindernis unverzüglich, indem Sie sich um eine positive Einstellung zu Ihren Mitmenschen bemühen.

KAPITEL 10

Ihr Recht auf Reichtum

Sie haben ein Anrecht auf Reichtum. Sie sind geboren, um ein sorgenfreies, glückliches Leben in Wohlstand und Sicherheit zu führen. Deshalb müßten Sie auch über die reichlichen Geldmittel verfügen, die zu einem so erfüllten Leben nötig sind.

Sie sind auf diese Welt gekommen, um sich körperlich, geistig und seelisch zu entfalten, und haben ein unbestreitbares Recht auf alles, was Ihnen den Sinn Ihres Lebens erfüllen hilft. Sie sollten sich mit Schönheit und Luxus umgeben können.

Warum wollen Sie sich mit dem Allernotwendigsten begnügen, wenn Sie die unerschöpflichen Reichtümer Ihres Unterbewußtseins ausschöpfen können? In diesem Kapitel lernen Sie, wie man sich das Geld zum Freund und ständigen Begleiter macht. Ihr Wunsch, reich zu sein, ist nichts anderes als die Sehnsucht nach einem erfüllteren, glücklicheren und schöneren Leben. Es handelt sich hier um einen kosmischen Instinkt. Ihr Streben ist deshalb nicht nur gut, sondern sogar sehr gut.

Geld ist ein Symbol

Geld ist ein symbolisches Tauschmittel. Sein Besitz bedeutet nicht nur Freiheit von Armut und Mangel, sondern Schönheit, Luxus, Überfluß und verfeinerte Lebensart. Es ist nicht mehr und nicht weniger als ein Symbol der wirtschaftlichen Gesundheit eines Landes. Solange das Blut ungehindert im Organismus kreist, ist der Mensch physisch gesund. Solange das Geld frei im Leben des einzelnen zirkuliert, ist dieser wirtschaftlich gesund. Sobald die Leute anfangen, ihr Geld aus Angst im Sparstrumpf zu horten, steht es schlecht um die Wirtschaft.

Im Wandel der Jahrhunderte und Kulturen hat es viele Tauschmittel gegeben, wie zum Beispiel Salz, Glasperlen oder andere kleinere Wertgegenstände. In der Frühzeit bemaß sich der Reichtum eines Menschen nach der Größe seiner Schaf- und Rinderherden. Heutzutage verwenden wir statt dessen Geld und Wertpapiere, und es ist wesentlich praktischer, Banknoten, Kredit- und Scheckkarten mit sich zu führen als Schafe und Ochsen.

Der bequeme und kürzeste Weg zum Reichtum

Der Weg zu Glück und Erfolg auf jedem Gebiet – sei dies nun seelisch, geistig oder materiell – steht dem offen, der mit den wunderwirkenden Kräften des Unterbewußtseins vertraut ist. Der Kenner der geistigen Gesetze glaubt felsenfest und weiß mit absoluter Gewißheit, daß er niemals Mangel leiden wird, und zwar ohne Rücksicht auf die wirtschaftliche Konjunktur, die Kurse an der Börse oder Krisen aller Art wie zum Beispiel Streiks oder Kriege. Sobald er nämlich seinem Unterbewußtsein die Vorstellung von Wohlstand eingeprägt hat, wird dieses ihn – wo immer er sich auch befinden mag – mit allem Nötigen reichlich versorgen. Er hat eben die unerschütterliche geistige Überzeugung gewonnen, daß das Geld zu jeder Zeit ungehindert in seinem Leben zirkulieren und er immer mehr als genug davon besitzen wird. Selbst wenn die Staatsbank morgen ihren Bankrott erklärte und der gesamte gegenwärtige Besitz des Betreffenden seinen Wert verlöre (wie dies bei der deutschen Währung bereits wiederholt der Fall war), so würde dieser Mensch trotzdem bald wieder reich sein, gleichgültig, wie das neue Wirtschaftssystem oder die neue Währung beschaffen sein mag.

Warum Sie nicht mehr Geld haben

Vielleicht sagen Sie bei der Lektüre dieses Kapitels: »Mir würde auch ein größeres Gehalt zustehen, als ich es im Augenblick beziehe.« – Meiner Meinung nach werden die Leistungen der meisten Menschen unterbewertet und zu niedrig entlohnt. In

vielen Fällen mag die Geldknappheit unter anderem daran liegen, daß die Betreffenden heimlich oder offen das Geld verdammen; sie bezeichnen es als »schmutzig« oder sagen: »Geld-
gier ist die Wurzel allen Übels.« Ein weiterer Grund, warum
sie wirtschaftlich keine Fortschritte erzielen, ist, daß irgendwo
in ihrem Geist der Aberglauben herumspukt, Armut sei tugendhaft und moralisch verdienstvoll. Diese unterbewußte
Einstellung geht meistens auf in der Jugend empfangene Lehren, häufig auch auf eine Mißdeutung mancher Bibelstellen
zurück.

Geld und ein ausgewogenes Leben

Jemand sagte mir einmal: »Ich bin pleite. Ich verabscheue das
Geld. Es ist die Wurzel allen Übels.« Nur ein neurotischer Wirr-
kopf kann dergleichen sagen. Ebenso verzerrt und einseitig ist
natürlich die Einstellung jener, deren Herz ausschließlich am
Geld hängt. Der Mensch muß seine Fähigkeiten weise einsetzen. Manche verzehren sich nach Macht, andere nach Geld.
Falls Ihr ganzes Sinnen und Trachten auf Geld gerichtet ist und
Sie sagen: »Geld ist alles, was ich will; ich werde mich voll und
ganz dem Ziel widmen, möglichst viel Geld anzuhäufen, alles
andere ist mir unwichtig!«, dann werden Sie zweifellos zu Geld
und Vermögen kommen. Nur übersehen Sie dabei, daß der
Mensch ein ausgewogenes Leben führen soll und auch sein
Verlangen nach Seelenfrieden, Harmonie, Liebe, Freude und
vollkommener Gesundheit stillen muß.

   Wer Geld zum ausschließlichen Lebensinhalt macht, hat
eine falsche Entscheidung getroffen. Bald nämlich wird er entdecken, daß der Mensch neben Geld noch viele andere Dinge
benötigt. Dazu gehören die Entdeckung und Entfaltung verbor-
gener Talente, das Streben, seinen Platz im Leben richtig aus-
zufüllen, die Sehnsucht nach Schönheit und die Freude, zum
Wohlergehen und Erfolg seiner Mitmenschen beitragen zu
können. Wer aber die Gesetze des Unterbewußtseins erkennt
und richtig einzusetzen weiß, wird nicht nur – falls ihm der
Sinn danach steht – Millionen besitzen, sondern darüber

hinaus auch noch innerliche und äußerliche Harmonie, strahlende Gesundheit und restlose Selbstverwirklichung genießen.

Armut hat auch eine geistige Ursache

Armut ist keineswegs etwas Tugendhaftes oder Verdienstvolles, sondern es handelt sich dabei oft um eine von vielen geistigen Fehlhaltungen. Falls Sie sich körperlich nicht wohl fühlten, würden Sie dies auf eine Erkrankung Ihres Organismus zurückführen. Sie würden alles unternehmen, um möglichst rasch Abhilfe zu schaffen. Nun ist aber auch dauernde Geldknappheit ein Symptom dafür, daß etwas in Ihrem Leben bedenklich in Unordnung geraten ist.

Das in jedem Menschen ruhende Lebensprinzip trachtet nach Wachstum, Erfüllung und reichem Überfluß. Sie sind nicht auf diese Welt gekommen, um in einer elenden Hütte zu hausen, sich in Lumpen zu hüllen und Hunger zu leiden. Das Gesetz des Lebens will, daß Sie glücklich, wohlhabend und erfolgreich sind.

Warum man niemals geringschätzig
von Geld sprechen darf

Befreien Sie Ihr Denken von all den weitverbreiteten seltsamen und abergläubischen Auffassungen von Geld. Betrachten Sie Geld niemals als etwas Böses oder Schmutziges – Sie würden es nur mit Gewalt von sich scheuchen. Denken Sie immer daran: Das Unterbewußtsein hält Ihnen alles vom Leib, was Sie mit Überzeugung ablehnen. Wie könnte es auch das anziehen, was Sie selbst zurückweisen?

Wie man die richtige Einstellung zum Geld gewinnt

Mit folgender einfacher Technik können Sie die Ihnen zur Verfügung stehenden Geldmittel vervielfachen. Wiederholen Sie
mehrmals am Tag: »Mir ist Geld von Herzen willkommen, ich
mag es, ich verwende es weise, überlegt und für gute Zwecke.
Ich gebe es gern mit vollen Händen aus, und es kehrt auf wundervolle Weise vermehrt zu mir zurück. Geld ist nicht nur etwas Gutes, sondern sogar etwas sehr Gutes. Geld strömt von allen Seiten im Überfluß auf mich zu. Mit seiner Hilfe werde ich
viel Gutes und Nützliches tun, weshalb ich auch dankbar bin
für meine materiellen und geistigen Schätze.«

Geld – vom wissenschaftlichen Standpunkt aus betrachtet

Angenommen, Sie stießen auf ein Vorkommen von Gold, Silber,
Blei, Kupfer oder Eisen. Würden Sie diese Metalle als etwas
Böses betrachten? Des Menschen Verblendung, Unwissenheit,
falsche Einstellung zum Leben und der Mißbrauch der unterbewußten Kräfte sind die einzige Quelle und Wurzel alles Bösen. Jedes Mineral – ob Uran, Blei oder Erdöl – könnte uns als
Tauschmittel dienen. Statt dessen verwenden wir Papier-
scheine und -schecks, Plastikkarten, Münzen aus Kupfer,
Nickel und Silber – lauter Stoffe, die wahrhaftig nichts Böses an
sich haben. Physiker und Chemiker wissen heute, daß der einzige Unterschied zwischen den Metallen in der Anzahl und Be-
schleunigung der Elektronen besteht, die um einen gemeinsamen Mittelpunkt kreisen. Mit Hilfe eines starken Zyklotrons
kann man heute ein Metall in ein anderes verwandeln, indem
man es mit Atomen beschießt. Unter gewissen Bedingungen
verwandelt sich auf diese Weise Gold in Quecksilber. Es dürfte
nicht mehr lange dauern, bis unsere modernen Wissenschaftler in ihren Laboratorien Gold, Silber und andere Metalle syn-
thetisch herzustellen wissen. Im Augenblick mag dies noch zu
teuer sein, unmöglich aber ist es nicht. Aus all den vorgenann-
ten Gründen sollte ein intelligenter Mensch in dieser Ansammlung von Elektronen, Neutronen, Protonen und Isotopen nichts

Böses sehen – sei es nun Metall oder Papier, Münze oder Papiergeld.

Wie man das nötige Geld an sich zieht

Vor vielen Jahren machte ich in Australien die Bekanntschaft eines Jungen, der Chirurg werden wollte, aber kein Geld hatte. Ich erklärte ihm, jedes in die Erde gesenkte Samenkorn besitze die Fähigkeit, alles, was zu seinem Gedeihen nötig sei, an sich zu ziehen. Diesen Vorgang müsse er zum Vorbild nehmen und die betreffende Idee in seinem Unterbewußtsein verankern. Um seinen Lebensunterhalt zu verdienen, reinigte der hervorragend begabte Junge Praxisräume, putzte Fenster und führte alle möglichen Gelegenheitsarbeiten aus. Er erzählte mir, daß er sich jede Nacht vor dem Einschlafen mit aller Deutlichkeit eine ärztliche Zulassungsurkunde ausmale, die in großen, klaren Buchstaben seinen Namen trug. Bei seinen Gelegenheitsarbeiten war ihm das Aussehen solcher Dokumente aufs beste vertraut geworden. Und deshalb war es ihm ein leichtes, sich das entsprechende Vorstellungsbild einzuprägen. Es dauerte etwa vier Monate lang, jede Nacht faszinierte ihn dieses geistige Wunschbild, da stellte sich der sichtbare Erfolg ein. Die weitere Lebensgeschichte dieses jungen Mannes ist sehr aufschlußreich. Einer der Ärzte fand großen Gefallen an dem Jungen. Er unterwies ihn, wie man Instrumente sterilisiert, Injektionen gibt, erste Hilfe leistet und andere in eine ärztlichen Praxis nötige Handreichungen ausführt. Schließlich stellte er ihn als medizinisch-technischen Assistenten an. Später ließ ihn derselbe Arzt auf eigene Kosten Medizin studieren. Mittlerweile ist aus dem Jungen ein berühmter Arzt, der in Montreal wirkt, geworden. Durch richtigen Einsatz seines Unterbewußtseins brachte er das uralte Gesetz der Anziehungskraft zur Wirkung, das da lautet: »Wer sein Ziel klar vor sich sieht, braucht nur die Mittel zu seiner Verwirklichung herbeizuwünschen.« In diesem Fall war das Ziel eine eigene ärztliche Praxis. Dem jungen Mann gelang es, sich in Wirlichkeit als Arzt vorzustellen, zu sehen und zu fühlen. Er lebte mit dieser Idee und erfüllte sie mit der ganzen Kraft seiner Liebe zum ärztlichen Beruf, bis sie vermöge seiner Phantasie tief im Unterbewußtsein zur festen Überzeugung wurde. So wurden gesetzmäßig alle Voraussetzungen für die Erfüllung seines Traumes geschaffen.

Warum manche Menschen niemals eine Gehaltsaufbesserung bekommen

Falls Sie für ein großes Unternehmen arbeiten und insgeheim voll Bitterkeit denken, Sie seien sowohl unterbezahlt wie unterbewertet und verdienten eigentlich mehr Anerkennung und eine bessere Bezahlung, dann haben sie sich innerlich bereits von Ihrem Arbeitgeber losgesagt. Sie lösen damit einen gesetzmäßigen Vorgang aus, und eines Tages wird Ihr Chef zu Ihnen sagen: »Wir müssen leider auf Ihre weiteren Dienste verzichten.« Im Grunde genommen aber hatten Sie vorher schon selbst Ihr Arbeitsverhältnis gelöst. Ihr Vorgesetzter war nur das Werkzeug zur Verwirklichung Ihrer eigenen negativen Einstellung. So will es das Gesetz von Wirkung und Gegenwirkung. Der erste Anstoß ging von Ihren Gedanken aus, und alles Folgende war nur das Ergebnis der unterbewußten Reaktion.

Hindernisse und Fallen auf dem Weg zum Reichtum

Sie selbst haben sicher auch schon Bemerkungen gehört wie beispielsweise: »Der ist auch nicht auf ehrliche Weise zu seinem Geld gekommen.« – »Das ist ein Schwindler.« – »Den habe ich gekannt, da war er noch ein Habenichts.« – »Mit solchen Ellenbogen ist es keine Kunst, erfolgreich zu sein.«

Betrachtet man sich darauf den Urheber einer solchen Beurteilung näher, so stellt sich meist heraus, daß er an Geldmangel oder einer körperlichen oder geistigen Krankheit leidet. Vielleicht erklommen seine Studienkollegen die Leiter des Erfolges schneller als er und erweckten damit seinen bitteren Neid. Diese Mißgunst ist aber gleichzeitig die eigentliche Ursache seines eigenen Mißerfolgs. Die negative Einstellung zu seinen früheren Freunden und ihrem Wohlstand macht nämlich den für sich selbst erflehten Reichtum unmöglich.

Genaugenommen bittet er um die Erfüllung zweier entgegengesetzter Wünsche. Einerseits sagt er: »Reichtum und Wohlstand strömen von allen Seiten auf mich zu«, und im nächsten Augenblick verkündet er: »Ich mißgönne diesem Mann seinen Reichtum.« Machen Sie es sich zur festen Gewohnheit, das Glück und den Erfolg Ihrer Mitmenschen mit echter Freude zu betrachten.

Schützen Sie Ihr Vermögen!

Falls Sie in Geldangelegenheiten Rat suchen oder sich wegen des Kurses Ihrer Aktien und Wertpapiere Sorgen machen, so stellen Sie voll Ruhe und Zuversicht die folgende Behauptung auf: »Die Allweisheit wacht über alle meine finanziellen Transaktionen und gibt mir die richtigen Entscheidungen ein, so daß alle meine Unternehmungen Gewinn abwerfen.« Wiederholen Sie dies häufig, und Sie werden feststellen, daß Ihre Geldanlagen weise gewählt sind und Sie dadurch auch vor Verlusten bewahrt werden.

Alles hat seinen Preis

In Kaufhäusern, Supermärkten und Einkaufszentren werden Hausdetektive eingesetzt, um Diebstähle zu verhindern. Jeden Tag fassen sie eine Reihe von Ladendieben, die auf diese Weise versuchen, etwas umsonst zu bekommen. Das Denken solcher Menschen ist bestimmt von der Furcht vor Mangel und der Notwendigkeit, sich einzuschränken. Sie bestehlen aber nicht nur andere, sondern berauben auch sich selbst des Seelenfriedens, der Harmonie, des Glaubens, der Ehrlichkeit, der Unbescholtenheit, des guten Willens und Vertrauens ihrer Mitmenschen. Darüber hinaus ziehen sie vielfältigen Verlust auf sich, nämlich den Verlust von Selbstachtung, gesellschaftlicher Stellung und innerer Ruhe. Diesen Leuten gebricht es am festen Glauben,

immer reichlich mit allem Nötigen versorgt zu sein, und an jedem Verständnis für die Wirkungsweise ihres Geistes. Wollten
sie die Kraft ihres Unterbewußtseins einsetzen und aus Überzeugung behaupten, es werde ihnen den Weg zu echter Selbstverwirklichung weisen, so fänden sie viel eher Arbeit und ein
geregeltes Einkommen. Durch Ehrlichkeit und Ausdauer würden sie alsbald in den eigenen Augen und jenen ihrer Mitmenschen als Vorbild dastehen.

Ihre unerschöpfliche Geldquelle

Die richtige Erkenntnis der Macht des Unterbewußtseins und
der schöpferischen Kräfte von Gedanken und Vorstellungsbildern ist der schnellste und sicherste Weg, allem inneren und
äußeren Mangel ein Ende zu setzen und für immer in Wohlstand zu leben. Nehmen Sie also das Geschenk des Reichtums
an, das Ihnen Ihr Unterbewußtsein bietet. Die richtige Einstellung zum Wohlstand und die feste Zuversicht, ihn bald verwirklicht zu sehen, lösen einen Prozeß aus, der seiner eigenen
Mathematik und Mechanik gehorcht. Sobald es Ihnen gelingt,
das Lebensgefühl eines wohlhabenden Menschen in sich zu erzeugen, werden Sie in den Besitz all dessen gelangen, was dazu
nötig ist.

Wiederholen Sie die folgende Feststellung jeden Tag und
schreiben Sie sich mit goldenen Lettern in Ihr Herz: »Ich bin
eins mit dem unendlichen Reichtum meines Unterbewußtseins. Ich habe ein Anrecht darauf, wohlhabend, glücklich und
erfolgreich zu sein. Das Geld strömt mir aus unversiegbaren
Quellen in reicher Fülle zu. Ich bin mir in jedem Augenblick
meines wahren Wertes bewußt. Was ich kann und besitze,
stelle ich gern in den Dienst meiner Mitmenschen, und ich bin
materiell aufs reichste gesegnet. Das Leben ist herrlich!«

ZUSAMMENFASSUNG

1. Scheuen Sie sich nicht, zu behaupten, daß Sie ein Recht auf Reichtum haben, und Ihr Unterbewußtsein wird diesen Anspruch honorieren.

2. Sie geben sich nicht nur mit dem Nötigsten zufrieden. Sie wollen über Summen verfügen, die es Ihnen ermöglichen, sich jeden Wunsch sofort zu erfüllen. Machen Sie sich mit dem unerschöpflichen Reichtum Ihres Geistes vertraut.

3. Wo Geld ungehindert zu- und abströmt, herrscht wirtschaftliche Gesundheit. Betrachten Sie das Geld als eine Erscheinung, die den Gezeiten gleicht: Ebbe und Flut folgen in stetem Wechsel. Herrscht Ebbe, dann steht die Flut mit unbedingter Sicherheit unmittelbar bevor.

4. Vertrautheit mit den Gesetzen des Unterbewußtseins wird Sie stets mit Reichtum umgeben, in welcher Form dieser auch in Ihr Leben treten mag.

5. Ein Grund, warum viele Menschen finanziell nur mit knapper Not über die Runden kommen und nie genug Geld haben, besteht darin, daß sie es verdammen. Was man aber verdammt, schreckt man vor sich ab.

6. Machen Sie das Geld nicht zu Ihrem Abgott. Es ist nur ein Symbol. Vergessen Sie nie: Der wahre Reichtum wohnt in Ihrem Geist. Sie sind geboren, um ein ausgeglichenes Leben zu führen – und dazu gehört auch genug Geld, um all Ihre Wünsche zu erfüllen, nicht aber Götzendienste.

7. Denken Sie nicht ausschließlich an das Geld. Erheben Sie auch Anspruch auf Gesundheit, Glück, Frieden, echte Selbstverwirklichung und Liebe und begegnen Sie Ihrerseits allen Ihren Mitmenschen voller Zuneigung und gutem Willen. All dies wird Ihnen nämlich Ihr Unterbewußtsein mit Zins und Zinseszins vergelten.

8. Armut als solche ist weder verdienstvoll noch tugendhaft. Ganz im Gegenteil – sie ist womöglich die Auswirkung einer geistigen Fehlhaltung, eines Leidens, von dem Sie sich sofort heilen müssen.

9. Sie sind nicht auf die Welt gekommen, um in einer Hütte zu hausen, sich in Lumpen zu hüllen und Hunger zu leiden. Sie sind dazu bestimmt, ein erfülltes Leben zu führen.

10. Sagen Sie niemals: »Der schmutzige Mammon!« oder: »Ich verachte Geld.« Was man geringschätzt, verliert man. Nichts ist an sich gut oder schlecht, erst unser Denken führt zu dieser oder jener Wertung.

11. Wiederholen Sie häufig: »Geld ist mir von Herzen willkommen. Ich verwende es weise und zum Nutzen meiner selbst und aller Mitmenschen. Ich gebe es freudig und mit vollen Händen aus, und es kehrt tausendfach vermehrt zu mir zurück.«

12. Geld ist nicht schlechter als Kupfer, Blei, Zinn oder Eisen, das die Erde birgt. Alles Böse entstammt einzig und allein der Unkenntnis und dem Mißbrauch der geistigen Kräfte.

13. Die bewußte und lebendige Vorstellung des erwünschten Endergebnisses führt eine zielführende Reaktion Ihres Unterbewußtseins herbei.

14. Alles hat seinen Preis. Versuchen Sie nicht, irgend etwas umsonst zu bekommen. Wenn Sie Ihren Zielen, Idealen und Unternehmungen genügende Beachtung schenken, wird Ihr Unterbewußtsein seine Kräfte in diesem Sinne einsetzen. Wer Reichtum sucht, muß sein Unterbewußtsein mit der lebendigen Vorstellung eines Lebens in Wohlstand und Überfluß erfüllen.

KAPITEL 11

Die Hilfe des Unterbewußtseins bringt Erfolg

Erfolg haben heißt erfolgreich leben. Auf menschlicher Daseinsebene ist ein langer Zeitraum ungetrübten Friedens, unbeeinträchtigter Freude und uneingeschränkten Glücks als großer Erfolg zu betrachten. Die unendliche Verherrlichung dieses Zustandes ist den Seligen in jenem ewigen Leben gegönnt, von dem Jesus sprach. Der wahre Reichtum und beglückende Inhalt des Lebens – in Frieden, Harmonie, Makellosigkeit, Sicherheit und Glück – sind alle geistigen Ursprungs. Sie entstammen dem tiefen Ich des Menschen. Die geistige Betrachtung macht diese himmlischen Seinszustände zum festen Bestandteil unseres Unterbewußtseins. Hier nämlich werden die Schätze verwahrt, »*wo weder Motte noch Rost sie verzehren und wo Diebe nicht einbrechen und stehlen*«. (Matthäus 6,20)

Die drei Schritte zum Erfolg

Es sind drei Schritte, die unfehlbar zum Erfolg führen. Der *erste Schritt* besteht darin, sich Klarheit darüber zu verschaffen, zu welcher Aufgabe man sich von ganzem Herzen hingezogen fühlt; diese müssen wir mit Freude übernehmen und erfüllen. Nur wer seine Arbeit liebt, hat darin auch Erfolg. Wer zum Beispiel Arzt werden will, darf sich nicht damit begnügen, die entsprechenden Prüfungen abzulegen, sondern muß vor allem das Wohl der Menschen zum Ziel haben, er muß sich stets auf dem laufenden halten, Kongresse besuchen und niemals müde werden, den menschlichen Organismus und seine Arbeitsweise zu studieren. Der erfolgreiche Arzt besucht immer wieder Kliniken und liest Fachzeitschriften, um sich begeistert mit den

neuesten Erkenntnissen auf seinem Gebiet vertraut zu machen. Mit anderen Worten: Er ist stets auf der Höhe der wissenschaftlichen Forschung und somit bestens vorbereitet, um
menschliches Leid zu lindern. Dem erfolgreichen Arzt muß,
wie gesagt, vor allem das Interesse seiner Patienten am Herzen
liegen.

Nun mag jemand einwenden: »Das ist alles schön und gut,
aber ich kann ja nicht einmal den ersten Schritt zum Erfolg
vollziehen, denn ich habe nicht die geringste Ahnung, zu welcher Tätigkeit ich wirklich berufen bin.« Leser, auf die dies zu-
trifft, tun gut daran, in etwa folgenden Worten um göttliche
Führung und Erleuchtung zu bitten: »Die Allweisheit meines
Unterbewußtseins wird mir meinen wahren Platz im Leben offenbaren.« Dieses Gebet muß voll Ruhe, Zuversicht und Gefühl
ständig wiederholt werden. Nach einiger Zeit werden Beharr-
lichkeit und gläubige Zuversicht mit einer Eingebung oder einer Neigung belohnt, die in eine ganz bestimmte Richtung
weist. Die so erflehte Antwort wird Ihnen das beseligende Gefühl völliger Klarheit und innerlicher Zuversicht schenken.

Der *zweite Schritt* zum Erfolg besteht in der Spezialisierung
auf ein bestimmtes Gebiet und dem Bemühen, darin besser Bescheid zu wissen als alle anderen. Hat zum Beispiel ein junger
Mensch erkannt, er sei zum Chemiker berufen, so sollte er sich
auf einen der vielen Zweige dieser Wissenschaft konzentrieren.
Diesem Spezialgebiet hat er dann seine ganze Zeit und Aufmerksamkeit zu widmen. Er muß mit Begeisterung an seine
Aufgabe herangehen und bestrebt sein, das erwählte Wissens-
gebiet bis zum letzten Winkel auszuloten und darin besser Bescheid zu wissen als jeder andere. Neben diesem brennenden
Interesse an seiner Aufgabe muß der Betreffende auch den ehrlichen Wunsch empfinden, der Menschheit zu dienen.

»Wer unter euch der größte ist, der soll euer Diener sein.«
Welch himmelweiter Unterschied besteht doch zwischen dieser Einstellung und jener eines Menschen, der nur seinem
Broterwerb nachgehen und eben so »durchkommen« will.
Wahrer Erfolg besteht keinesfalls im »Gerade-so-Durchkom-
men«. Die Tätigkeit eines Menschen muß von einem größeren,
edleren und uneigennützigeren Beweggrund inspiriert sein. Er

muß sich dem Dienst am Nächsten widmen, um nicht nur zu verdienen, sondern auch verdienstvoll zu wirken.

Der *dritte Schritt* aber ist der wichtigste. Sie müssen sich innerlich restlos darüber im klaren sein, daß die von Ihnen gewählte Tätigkeit nicht nur darauf abzielt, Ihren persönlichen Erfolg zu sichern und zu vergrößern. Sie dürfen sich keinesfalls von nur egoistischen Strebungen irreleiten lassen, Ihr Leitstern muß vielmehr der Wunsch sein, der Menschheit zu dienen. Ihr Denken, Fühlen und Streben muß wie ein Kreis in sich geschlossen sein. Ihr Gebet, die Allweisheit möchte Ihnen Augen und Herz für Ihre wahre Berufung öffnen, muß von dem Wunsch getragen sein, der Welt und Ihren Mitmenschen zu nützen. Der Segen dieser Einstellung wird Ihnen selbst hundertfach zugute kommen. Trachtet aber jemand nur nach seinem eigenen Vorteil, so würde eben dieser vollkommene Kreis nicht geschlossen sein und leicht ein Kurzschluß entstehen, der Krankheit und Not in das Leben des Selbstsüchtigen bringt.

Der wahre Maßstab des Erfolgs

Vielleicht wendet nun mancher ein: »Aber Herr Müller hat mit einer Schwindelfirma ein Riesenvermögen verdient.« Nun, auch Betrüger können dem äußeren Anschein nach durchaus eine Weile großen Erfolg haben – doch Unrecht Gut gedeiht nicht. Wenn wir einen anderen bestehlen, berauben wir uns selbst, denn eine solche Verhaltensweise verrät innere Unsicherheit und Unzufriedenheit, eine durchaus negative Einstellung, die sich zum Schaden unserer Gesundheit, unseres Familienlebens und unserer geschäftlichen Beziehungen auswirken wird. All unsere Gedanken und Gefühle verwirklichen sich ja und nehmen sichtbare Gestalt an. Wir schaffen das, woran wir glauben. Und selbst wenn ein Mensch durch Betrug vermögend geworden ist, kann man nicht von Erfolg sprechen. Wer nicht in Frieden lebt mit seinem Gewissen, kann seinen Scheinerfolg nicht genießen. Was hilft selbst märchenhafter Reichtum, wenn der Betreffende nachts nicht schlafen kann, krank ist oder von Gewissensbissen geplagt wird?

In London lernte ich einmal einen Mann kennen, der mir
seine Lebensgeschichte erzählte. Er war berufsmäßiger Taschendieb gewesen und hatte auf diese Weise ein beträchtli-
ches Vermögen angehäuft. Er besaß ein Landhaus in Frankreich und lebte auch in seinem eigenen Land auf großem Fuß.
Er gestand mir aber ein, er sei ständig von der Furcht verfolgt
worden, er könne in jedem Augenblick von einem Beamten
von Scotland Yard verhaftet werden. Er litt an einer Reihe von
Beschwerden, die zweifellos auf diesen dauernden Angstzu-
stand und sein schlechtes Gewissen zurückzuführen waren. Er
war sich der Unrechtmäßigkeit seiner Handlungsweise völlig
bewußt. Und eben dieses tiefe Schuldbewußtsein zog Leid und
Unglück geradezu an. Eines Tages stellte er sich freiwillig der
Polizei, legte ein umfassendes Geständnis ab und nahm ohne
Murren Gefängnisstrafe und Wiedergutmachung des Schadens
auf sich. Nach seiner Entlassung suchte er Rat und Hilfe bei
einem Nervenarzt und einem Geistlichen. Von innen heraus
völlig gewandelt, ergriff er einen Beruf und wurde zu einem
ehrlichen, loyalen Bürger. Er hatte eine ihm zusagende Beschäftigung gefunden und war zufrieden und glücklich.

Ein erfolgreicher Mensch liebt seine Arbeit und findet in ihr
einen Ausdruck seiner selbst. Zum Erfolg gehört mehr als nur
der Wunsch, Reichtümer anzusammeln. Nur derjenige ist erfolgreich zu nennen, der über ein tiefes seelisches und geistiges Verständnis verfügt. Viele leitende Männer der Wirtschaft
haben ihren Erfolg auf dem richtigen Einsatz ihres Unterbewußtseins begründet.

Vor etlichen Jahren erschien ein Zeitungsartikel über einen
Ölmagnaten namens Flagler. Der Interviewer ließ keinen
Zweifel darüber, daß er seine Erfolge der Fähigkeit zuschrieb,
sich in Gedanken ein geplantes Projekt als bereits verwirklicht
vorzustellen. Mit geschlossenen Augen sah er sich im Geist an
der Spitze eines Ölimperiums, hörte Güterzüge vorüberdon-
nern, begleitet vom schrillen Pfeifen der Lokomotiven. Sobald
er solchermaßen die Erfüllung seines Wunsches gesehen
hatte, war es bis zur Verwirklichung nur noch ein Schritt. Wenn
es Ihnen also gelingt, ein bestimmtes Ziel mit restloser Deutlichkeit vor Ihrem geistigen Auge erstehen zu lassen, so wer-

den von Ihrem Unterbewußtsein auf eine Weise, die sich unserem Verständnis entzieht, die nötigen Voraussetzungen geschaffen.

Bei der Betrachtung der drei Schritte zum Erfolg dürfen Sie niemals die allem Streben zugrunde liegende schöpferische Kraft Ihres Unterbewußtseins außer acht lassen; sie ist es nämlich, die die nötige Energie zur erfolgreichen Durchführung jedes Planes liefert. Ihr Denken ist eine schöpferische Macht. Sobald sich Ihre Gedanken und Gefühle zu einer Einheit verschmelzen, entsteht der subjektive Glaube. *»Euch geschehe nach eurem Glauben!«* (Matthäus 9,29)

Das Wissen um die Ihnen innewohnende unendliche Macht, die all Ihre Wünsche erfüllen kann, verleiht Ihnen unerschütterliches Selbstvertrauen und ruhige Zuversicht. Auf welchem Gebiet Sie auch tätig sein mögen, Sie dürfen nicht länger zögern, sich mit den Gesetzen Ihres Unterbewußtseins vertraut zu machen. Sobald Sie diese seelischen Kräfte anzuwenden verstehen, sobald Sie Ihr wahres Ich zu verwirklichen gelernt haben und Ihre Fähigkeiten im Dienst für den Nächsten einsetzen, sind Sie auf dem sicheren Weg zum wahren Erfolg. Wenn Sie nach Gottes Willen handeln, so wird die Hand Gottes Sie führen und schützen – und wer oder was sollte Ihnen da noch widerstehen können? Keine Macht auf dieser Welt kann dem seinen Erfolg streitig machen, der sich zu diesem tiefen Verständnis durchgerungen hat.

Wie er seinen Traum verwirklichte

Ein Filmschauspieler erzählte mir einmal, er habe schon als Junge auf dem väterlichen Bauernhof davon geträumt, ein Star der Leinwand zu werden, obwohl er wußte, daß es mit seinen Schulkenntnissen nicht weit her war. Nie – weder beim Mähen noch sogar beim Melken – ließ ihn dieser Gedanke los. Er sagte wörtlich: »Immer sah ich meinen Namen in großen, hell leuchtenden Lettern über dem Eingang eines Filmpalastes. Jahrelang hing ich diesem Traum nach, bis ich endlich von zu Hause fortlief. Ich nahm jede noch so unbedeutende Beschäftigung an, die mir in der Filmindustrie geboten wurde. Ich spielte in der Komparserie und avancierte vom Statisten zu immer größeren Sprechrollen, bis ich eines Tages in der Tat meinen Namen in eben dem hellen Licht erstrahlen sah, wie ich es mir als kleiner Junge erträumt hatte!« Er schloß mit den Worten: »Ich habe an mir selbst erfahren, daß zielstrebiges Wunschträumen Erfolg bringt!«

Seine Traumdrogerie wurde Wirklichkeit

Vor Jahren kannte ich einen jungen Drogisten, der sich wöchentlich 30 Dollar zusätzlich mit einer geringfügigen Verkaufsprovision verdiente. »In 35 Jahren«, sagte er zu mir, »bekomme ich meine Rente und setze mich zur Ruhe.«

Darauf erwiderte ich dem jungen Mann: »Warum wollen Sie nicht ein eigenes Geschäft gründen? Bleiben Sie hier doch nicht kleben! Stecken Sie sich größere Ziele! Denken Sie an die Zukunft Ihrer Kinder. Vielleicht will Ihr Sohn Medizin studieren, oder Ihre Tochter hat das Talent zu einer großen Pianistin.«

Seine Antwort war, er habe kein Geld. Immerhin aber hatte ihm diese Überlegung den Blick für völlig neue Möglichkeiten geöffnet und ihn stark beeindruckt.

Er ließ sich von mir die Art und Wirkungsweise der ungeheuren Kräfte seines Unterbewußtseins erklären. Dem folgte bald der zweite Schritt: die Erschließung dieser Kräfte. Nun fing er an, sich vorzustellen, er stehe in seinem eigenen Laden. Im Geiste richtete er ihn ein, ordnete die Regale, schrieb Bestellzettel aus, überwachte seine Angestellten, die die Kunden bedienten, und sah sein Bankguthaben phantastisch wachsen. Wie ein guter Schauspieler lebte er sich völlig in seine Rolle ein.

Handle, als ob es Wirklichkeit wäre, und es wird Wirklichkeit werden! Entsprechend diesem Grundsatz ging der junge Drogist völlig in der Vorstellung des selbständigen Geschäftsinhabers auf.

Sein weiteres Leben nahm eine interessante Entwicklung. Er

wurde aus seiner untergeordneten Beschäftigung entlassen, fand eine neue Stelle bei einer im ganzen Land verbreiteten Drogerie-Kette, wurde mit der Leitung einer Filiale und schließlich mit der Verwaltung eines ganzen Verkaufsbezirks betraut. In vier Jahren sparte er genug Geld, um die Anzahlung für ein eigenes Geschäft leisten zu können. Er nannte es seine »Traumdrogerie«.

»Das Geschäft«, so berichtete er mir, »entsprach bis ins kleinste meinen Traumvorstellungen.« Er war überaus erfolgreich und bewahrte sich stets die Liebe zu seiner Arbeit.

Der Einsatz des Unterbewußtseins im Geschäftsleben

Vor einigen Jahren hielt ich vor einer Gruppe von Geschäftsleuten einen Vortrag über die Macht der Phantasie und des Unterbewußtseins. Unter anderem wies ich darauf hin, daß auch Goethe in schwierigen Lagen Zuflucht zu seinem reichen Vorstellungsvermögen gesucht hatte.

Bekanntlich hatte er sich stundenlang mit Gesprächspartnern unterhalten, die nur in seiner Phantasie vorhanden waren. Auch wissen wir von seiner Gewohnheit, sich mit äußerster Lebendigkeit die Gegenwart, körperliche Erscheinung, Gesten und Stimme eines vertrauten und bewährten Freunds vorzustellen, der ihm die gewünschten Antworten gab und die besten Lösungen zeigte.

Unter meinen damaligen Zuhörern befand sich auch ein junger Börsenmakler. Er beschloß, es selbst einmal mit Goethes Technik zu versuchen. Er malte sich Unterhaltungen mit einem befreundeten, millionenschweren Bankier aus, der seinem klaren Blick für aussichtsreiche Kapitalanlagen und andere geschäftliche Möglichkeiten Beifall spendete. Diese imaginären Gespräche führte er so lange, bis Vorstellung und Wirklichkeit ineinander verschmolzen.

Die Selbstgespräche und die wissenschaftlich gesteuerte Phantasie dieses jungen Börsenmaklers befanden sich in vollem Einklang mit seinem Lebensziel, das darin bestand, das Geld seiner Klienten sicher und gewinnbringend anzulegen.

Noch heute läßt er sich in allen geschäftlichen Fragen von seinem Unterbewußtsein leiten und gilt als einer der scharfsinnigsten und erfolgreichsten Börsenmänner.

Ein Sechzehnjähriger verwandelt Fehlschläge in Erfolg

Ein Mittelschüler klagte mir einmal: »Ich bekomme lauter schlechte Noten. Mein Gedächtnis taugt nichts. Ich weiß nicht, was mit mir los ist.« Es dauerte nicht lange, und ich hatte die Wurzel des Übels entdeckt: Er begegnete einer Reihe seiner Lehrer und Klassenkameraden bestenfalls mit Gleichgültigkeit, vielfach sogar mit Neid und Feindseligkeit.

Meinem Rat folgend wiederholte er mehrere Male am Tag – insbesondere aber vor dem Einschlafen und nach dem Erwachen – aus tiefster Überzeugung die folgenden Feststellungen: »Ich weiß, daß mein Unterbewußtsein auch das Schatzhaus meiner Erinnerungen ist. Es hält alles fest, was ich in meinen Schulbüchern lese oder von meinen Lehrern höre. Ich besitze ein vollkommenes Gedächtnis, und die unendliche Weisheit meines Unterbewußtseins enthüllt mir jederzeit die Antwort auf alle Fragen, die mir in mündlichen und schriftlichen Prüfungen gestellt werden. Ich fühle mich zu allen meinen Lehrern und Mitschülern hingezogen, und meine Zuneigung wird von ihnen erwidert. Ich wünsche ihnen von ganzem Herzen Erfolg und alles Gute!« Der junge Mann war nach kurzer Zeit so frei von schulischen Sorgen wie noch nie zuvor und schnitt bei allen Prüfungen ausgezeichnet ab.

Wie man erfolgreich kauft und verkauft

Wer etwas kaufen oder verkaufen will, muß sich vor Augen halten, daß das Bewußtsein wie ein Anlasser und das Unterbewußtsein wie ein Motor wirkt. Um letzteren in Gang zu setzen, muß man zunächst einmal den Starter betätigen. Man könnte das Bewußtsein auch mit einem elektrischen Schalter vergleichen, der den Strom des Unterbewußtseins steuert.

Um dem Unterbewußtsein einen klar umrissenen Wunsch, einen bestimmten Gedanken oder ein deutliches Vorstellungsbild zu übermitteln, muß man sich – wie gesagt – innerlich und äußerlich entspannen und jede bewußte Anstrengung vermeiden. Locker und entspannt braucht man nicht zu befürchten, daß das vorgestellte Wunschbild gestört wird. Darüber hinaus wird jede schädliche Gewaltanstrengung vermieden, denn wir wissen ja: Der leichteste Weg ist immer der beste. Nur so gelingt es, sich sein Wunschbild als bereits verwirklicht vorzustellen.

Wollen Sie zum Beispiel ein Haus kaufen, so entspannen Sie sich und sagen Sie sich: »Neben seinen anderen unendlichen großen Kräften besitzt mein Unterbewußtsein auch die Gabe der Allweisheit. Es enthüllt mir nun, wo sich das ideale Haus befindet, das verkehrsgünstig und schön gelegen ist, allen meinen Vorstellungen und Ansprüchen genügt und meinem Einkommen entspricht. Ich betraue nunmehr mein Unterbewußtsein mit der Aufgabe, dieses Objekt zu finden, und weiß, daß es in diesem Sinne reagiert. Ich überantworte ihm diese Bitte mit der uneingeschränkten Zuversicht, daß sie erfüllt wird – mit dem gleichen Vertrauen, mit dem der Bauer sät und weiß, daß seine Saat Früchte tragen wird.«

Ihr Gebet kann in Form einer Zeitungsannonce, eines freundschaftlichen Hinweises oder der persönlichen Entdeckung des gesuchten Hauses Erhörung finden. Ihr Wunsch kann also auf vielfältige Weise in Erfüllung gehen. Das Wichtigste aber ist Ihre unerschütterliche Zuversicht, daß sich die Lösung Ihres Problems unfehlbar einstellen wird, wenn Sie der gesetzmäßigen Wirkungsweise Ihres Unterbewußtseins vertrauen.

Vielleicht aber wollen Sie ein Haus nicht kaufen, sondern verkaufen. Einigen Immobilienmaklern, die mich privat konsultierten, erzählte ich, auf welche Weise ich seinerzeit für mein Haus in der Orlando Avenue in Los Angeles einen Käufer fand. Meine Technik wurde seitdem oft und mit bemerkenswert raschem Erfolg angewandt. Ich stellte in meinem Garten vor meinem Haus ein Schild auf, mit der Inschrift: »Zu verkaufen, direkt vom Eigentümer.« Am Abend stellte ich mir unmit-

telbar vor dem Einschlafen die Frage: »Angenommen, du hät-
test einen Käufer gefunden – was würdest du tun?«

Ich antwortete mir selbst: »Ich würde das Hinweisschild entfernen und wegwerfen.« Darauf malte ich mir im Geiste aus,
wie ich den Pfosten mit dem Plakat faßte, aus dem Boden her-
auszog, das Ganze auf die Schulter nahm und mit den Worten
»Ich brauche dich nicht mehr!« in die Mülltonne warf. Und ein
Gefühl tiefer Befriedigung erfüllte mich. Mein Wunsch schien
bereits verwirklicht.

Bereits am nächsten Tag gab mir ein Interessent eine Anzahlung von 1000 Dollar und sagte mir: »Entfernen Sie doch das
Schild, ich werde mir unverzüglich den Rest der Kaufsumme
beschaffen.«

Sofort verfuhr ich mit meinem Hinweisplakat, wie ich es mir
bereits im Geist vorgestellt hatte – die äußere Handlung entsprach somit der innerlich bereits verwirklichten Vorstellung.
Daran ist absolut nichts Neues. _Wie drinnen, so draußen_ – das
heißt, das Ihrem Unterbewußtsein eingeprägte Bild drückt sich
auch in den äußeren Lebensumständen aus. Das Außen spiegelt das Innen wider. Die äußere Handlung folgt auf die innerlich bereits vollzogene Aktion.

Hier sei noch eine weitere erprobte Methode geschildert, die
beim Verkauf von Häusern, Grundstücken oder anderen Besitztümern angewendet wird. Stellen Sie bedachtsam, ruhig
und mit Gefühl die folgende Behauptung auf: »Die Allweisheit
führt mir den Käufer zu, der dieses Haus wünscht und in ihm
glücklich wird. Die unfehlbare, schöpferische Weisheit meines
Unterbewußtseins sendet ihn zu mir. Wie viele andere Häuser
er auch in Betracht ziehen mag, meines ist das einzige, das er
wirklich kaufen will, weil ihm die klare Einsicht seines eigenen
Unterbewußtseins diesen Entschluß eingibt. Ich weiß mit Sicherheit: Es ist der richtige Käufer, die richtige Zeit und der
richtige Preis. Alles an dieser Transaktion hat seine Richtigkeit.
Die göttliche Ordnung führt jenen und mich auf den Strömen
des Unterbewußtseins zusammen. Ich weiß, daß es so ist.«

Denken Sie immer daran, daß das, was Sie suchen, seinerseits zu Ihnen hinstrebt, und daß es für alles, was Sie verkaufen
wollen, immer auch jemand gibt, der es kaufen will. Durch den

richtigen Einsatz Ihres Unterbewußtseins befreien Sie Ihren Geist bei Kauf und Verkauf von aller Unruhe und jeglicher überflüssiger Angst vor Konkurrenten. In Kapitel 6 schilderte ich Ihnen auch bereits die mentale Film-Methode als »Verkaufshilfe«.

Wie sie bekam, was sie wollte

Eine junge Dame, die meine Kurse besuchte, brauchte, da sie mit dem Autobus fahren und dreimal umsteigen mußte, regelmäßig eineinhalb Stunden, um das Institut zu erreichen. Eines Tages erzählte ich ihr, wie ein junger Mann zu dem Auto gekommen war, das er zur Arbeit benötigte – und sie tat es ihm gleich.

Das Folgende ist ein Auszug aus ihrem Brief, in dem sie mir von ihrem Erfolg berichtete und den ich mit ihrer Erlaubnis hier veröffentliche:

»Lieber Dr. Murphy,

lassen Sie mich Ihnen erzählen, wie ich zu einem Auto kam – ich brauchte ja eines, um beweglicher zu werden. Ich suchte im Geist einen Autoverkäufer auf, und dieser lud mich zu einer Probefahrt ein. Nach einiger Zeit setzte ich mich selbst auf den Führersitz und steuerte den Wagen im stärksten Verkehr. Immer wieder stellte ich mir dies in allen Einzelheiten vor und lebte in der Überzeugung, dieses Auto gehöre mir.

Wie konnte ich wissen, daß ein entfernter Verwandter, von dem ich viele Jahre nichts gehört hatte, mir testamentarisch sein Auto vermachen würde? Er verstarb kürzlich, und mein Wunsch ging in Erfüllung.«

Eine von vielen hervorragenden Geschäftsleuten angewandte Erfolgstechnik

Es gibt eine große Anzahl prominenter Geschäftsleute, die viele Male am Tag still den abstrakten Begriff »Erfolg« so lange vor sich hinsagen, bis sie die vollkommene Überzeugung gewon-

nen haben, daß sie erfolgreich sind – dies im Bewußtsein, daß
die Vorstellung bereits alle wesentlichen Bestandteile des wirklichen Erfolgs enthält. Warum wollen nicht auch Sie sich das
Wort »Erfolg« voll Glauben und Zuversicht immer von neuem
einprägen? Ihr Unterbewußtsein wird daraufhin, von diesem
Gedanken durchdrungen, Ihnen unfehlbar den Weg zum Erfolg
weisen.

Jeder Mensch hat das Bedürfnis, seine subjektiven Meinungen, Eindrücke und Vorstellungen zu verwirklichen. Was verstehen nun Sie unter Erfolg? Zweifellos gehören dazu ein
glückliches Familienleben und gute Beziehungen zu Ihrer Umgebung. Auch werden Sie sicher in Ihrem Beruf Erfolg haben
wollen. Sie werden von einem schönen Haus und dem für die
sonstigen Annehmlichkeiten des Lebens notwendigen Geld
träumen. Letztlich ersehnen Sie ein glückliches geistiges Leben und die wirkungsvolle Anwendung der Kräfte Ihres Unterbewußtseins.

Nicht nur geschäftliche Probleme wollen gelöst werden,
auch Ihr Privatleben verlangt Lösungen. Werden Sie also in jedem Sinn ein Erfolgsmensch! Stellen Sie sich vor, Sie übten bereits Ihre Lieblingstätigkeit aus und besäßen alles, was Ihr
Herz begehrt. Bedienen Sie sich Ihrer Phantasie und versetzen
Sie sich in die Lage eines in Glück und Wohlstand lebenden
Menschen. Machen Sie sich diese Einstellung zur Gewohnheit.
Legen Sie sich jeden Abend in der tiefen Überzeugung schlafen, Sie würden von Glück und Erfolg verwöhnt – und es wird
nicht lange dauern, bis Ihr Unterbewußtsein von dieser Vorstellung durchdrungen ist. Glauben Sie fest daran, Sie seien
zum Erfolg geboren, und Ihre Gebete werden Wunder wirken!

ZUSAMMENFASSUNG

1. Erfolg haben bedeutet erfolgreich leben. Wenn Sie im Frieden mit sich selbst und der Welt leben, wenn Sie voll Glück
   und Frohsinn sind und Ihrer Lieblingstätigkeit nachgehen,
   dann sind Sie ein erfolgreicher Mensch.

2. Entdecken Sie Ihre innere Berufung und folgen Sie ihr. Ist Ihnen unbekannt, welcher Tätigkeitsbereich Ihnen die ideale Möglichkeit bietet, Ihr Wesen zu entfalten und Ihren Talenten Ausdruck zu verleihen, so beten Sie um Erleuchtung, und Sie werden einen Fingerzeig erhalten.

3. Wählen Sie ein Spezialgebiet und versuchen Sie, darin besser Bescheid zu wissen als jeder andere.

4. Ein erfolgreicher Mensch ist nicht selbstsüchtig. Er bleibt dem Dienst an der Menschheit verpflichtet.

5. Ohne inneren Frieden gibt es keinen wahren Erfolg!

6. Ein erfolgreicher Mensch besitzt großes psychologisches und emotionelles Einfühlungsvermögen.

7. Sobald Sie sich von Ihrem Ziel ein klares Bild machen können, wird die wunderwirkende Kraft Ihres Unterbewußtseins die nötigen Voraussetzungen zu seiner Verwirklichung schaffen.

8. Sobald Vorstellungs- und Gefühlswelt zu eine untrennbaren Einheit verschmelzen, entsteht daraus der subjektive Glaube. *»Euch geschehe nach eurem Glauben!«*

9. Die Macht des gezielt und beharrlich eingesetzten Vorstellungsvermögens erweckt die wunderwirksamen Kräfte des Unterbewußtseins.

10. Wer sich eine berufliche Verbesserung erträumt, sollte sich im Geiste vorstellen, wie ihn sein Arbeitgeber, Vorgesetzter oder Lebenspartner dazu beglückwünscht. Dieses Bild der Phantasie muß der Wirklichkeit so nahe kommen wie nur irgend möglich: Man muß die Stimme des Gratulanten deutlich hören, seine Gesten sehen und sich von dem Gefühl der Wirklichkeit dieser Szene durchdringen lassen. Werden Sie dieser Vorstellungen nicht müde, und Ihr Gebet wird erhört werden.

11. Ihr Unterbewußtsein ist gleichzeitig das Schatzhaus Ihrer Erinnerungen. Wer sein Gedächtnis vervollkommnen will,

muß sich die Überzeugung aneignen: »Die unendliche
Weisheit meines Unterbewußtseins enthüllt mir jederzeit
und überall alles, was ich wissen muß.«

12. Wollen Sie ein Haus oder anderes Besitztum veräußern, so
wiederholen Sie voll Ruhe und Gefühl immer wieder: Die
unendliche Weisheit führt mir den Käufer dieses Hauses
(oder was es sonst sei) zu, einen Interessenten, der sich von
Herzen danach sehnt und damit glücklich wird.« Halten Sie
an dieser Überzeugung fest, und Sie werden den idealen
Geschäftspartner finden.

13. Die Vorstellung des Erfolgs enthält alle seine wesentlichen
Bestandteile. Wiederholen Sie das Wort »Erfolg« zuversichtlich und gläubig, dann wird Ihnen Ihre innere Stimme den
sicheren Weg zum Ziel zeigen.

KAPITEL 12

Führende Wissenschaftler setzen ihr Unterbewußtsein ein

Vielen führenden Wissenschaftlern war und ist die bedeutende Rolle des Unterbewußtseins bekannt. Edison, Marconi, Kettering, Poincaré, Einstein und viele andere haben auf ihr Unterbewußtsein vertraut und es bewußt eingesetzt. Ihm sind die Einsichten und Methoden zu verdanken, die allen großen Neuerungen der modernen Wissenschaft und Industrie zugrunde liegen. Sorgfältige Nachforschungen erbrachten den Beweis, daß der Erfolg aller großen Wissenschaftler und Forscher aufs engste mit ihrer Fähigkeit verbunden war, die Kräfte des Unterbewußtseins zu entfalten.

Es ist nicht hinreichend bekannt, wie zum Beispiel der berühmte Chemiker Friedrich Kekulé von Stradonitz ein schwieriges naturwissenschaftliches Problem mit Hilfe des Unterbewußtseins löste. Lange schon hatte er sich vergeblich abgemüht, die je sechs Kohlenstoff- und Wasserstoffatome der Benzolformel in der richtigen Anordnung darzustellen. Immer wieder stand er jedoch vor unüberwindlichen Schwierigkeiten, und die verstandesmäßige Lösung blieb ihm versagt, so daß er schließlich das Problem seinem Unterbewußtsein anvertraute. Die blitzartige Erleuchtung kam ihm, als er, nicht lange danach, einen Londoner Omnibus bestieg. Er sah im Geiste eine Schlange, die sich in den Schwanz biß und wie ein Rad um die eigene Achse drehte. Sein Unterbewußtsein hatte die Lösung gefunden und ihm symbolisch die kreisförmige Anordnung der Atome gezeigt, die heute allgemein als der »Benzolring« bekannt ist. Eine andere Variante lautet, die sechseckige Ringformel sei ihm im Traum erschienen.

Wie ein hervorragender Naturwissenschaftler seine Erfindungen entwickelte

Nikola Tesla, dem wir eine Reihe von umwälzenden Erfindungen verdanken, war ein brillanter Forscher auf dem Gebiet der Elektrotechnik. Sobald ihm eine neue schöpferische Idee kam, pflegte er sie in seiner Phantasie weiterzuentwickeln und auszubauen, wohl wissend, daß sein Unterbewußtsein ihm alle zur praktischen Verwirklichung nötigen Einzelheiten eingeben würde. Indem er so die Erfindung völlig in seinem Geist ausreifen ließ, konnte er seinen Ingenieuren eine bis in die letzte Einzelheit vollkommene Konstruktion, die keiner Verbesserungen mehr bedurfte, anvertrauen.

Er selbst kommentierte seine Pioniertätigkeit: »Ohne jede Ausnahme haben meine Erfindungen in 20 Jahren restlos alle Erwartungen erfüllt, die ich und andere in sie gesetzt hatten.«

Wie ein berühmter Naturforscher sein Problem löste

Professor Agassiz, ein hervorragender amerikanischer Naturforscher, entdeckte an sich die unermüdliche Tätigkeit des Unterbewußtseins, während er selbst schlief. In der von seiner Witwe veröffentlichten Lebensbeschreibung des berühmten Mannes wird folgendes Erlebnis geschildert:

»Schon zwei Wochen lang hatte er sich bemüht, die unvollständige und äußerst verschwommene Versteinerung eines prähistorischen Fisches zu ergänzen. Müde und entmutigt legte er schließlich das Fossil beiseite und zwang sich, nicht mehr daran zu denken. Bald darauf wachte er mitten in der Nacht freudig erregt auf: Er hatte im Traum den Fisch in seiner Gesamtheit gesehen. Als er aber versuchte, dieses Bild festzuhalten, entschwand es ihm wieder. Trotzdem machte er sich in aller Frühe auf den Weg zum Jardin des Plantes (einem Tierpark mit angegliedertem zoologischen Institut), in der Hoffnung, dort irgend etwas zu sehen, was ihm sein Traumbild wieder ins Gedächtnis rufen würde. Es war jedoch vergebens – seine Erinnerung hatte ihn im Stich gelassen. In der nächsten

Nacht erschien ihm der Fisch abermals im Traum, ohne daß es ihm aber gelungen wäre, sich nachher der Einzelheiten erinnern zu können. In der Hoffnung, sein Erlebnis könne sich ein drittes Mal wiederholen, legte er in der darauffolgenden Nacht vor dem Schlafengehen einen Bleistift und ein Stück Papier griffbereit in seine Nähe.

Und tatsächlich – in den frühen Morgenstunden erschien das Abbild des Fisches wiederum, zu Anfang noch etwas undeutlich, schließlich aber mit so kristallener Klarheit, daß das geübte Auge des Zoologen selbst die winzigsten Details erkennen konnte. Halb noch in seinem Traum befangen, zeichnete er in völliger Dunkelheit das Fossil auf ein Stück Papier. Und am Morgen entdeckte er zutiefst überrascht in seiner Skizze gewisse biologische Merkmale, die er bei diesem prähistorischen Lebewesen niemals vermutet hätte. Er eilte zum Jardin des Plantes, und mit Hilfe der Zeichnung gelang es ihm, mittels eines feinen Meißels an verschiedenen Stellen die Oberschicht des Fossils so abzutragen, daß er aller Einzelheiten gewahr wurde. Der freigelegte Fisch stimmte aufs genaueste mit seinem Traumbild und der nach demselben gefertigten Skizze überein, so daß es ihm ein leichtes war, das Lebewesen richtig zu klassieren.«

Wie ein begnadeter Arzt das Heilmittel gegen die Zuckerkrankheit fand

Vor einigen Jahren wurde mir ein Zeitungsausschnitt zugesandt, der die Entdeckung des Insulins schilderte. Im folgenden gebe ich kurz die wichtigsten Tatsachen wieder, so wie sie sich meinem Gedächtnis eingeprägt haben:

Etwa um 1920 wandte sich Dr. Frederick Banting, ein hervorragender kanadischer Physiologe und Arzt, dem genauen Studium der verheerenden Auswirkungen der Zuckerkrankheit zu. In jener Zeit verfügte die Medizin noch über keinerlei Mittel, um dieser Krankheit Einhalt zu gebieten. Dr. Banting widmete jede freie Minute seinen Experimenten und der Lektüre internationaler Fachliteratur. Eines Nachts fielen ihm wieder einmal vor Erschöpfung die Augen zu, und er ging zu Bett. Im

Schlaf hatte er die Eingebung, einen Extrakt aus den verkümmerten Pankreasdrüsen von Hunden herzustellen. Aus dieser Substanz wurde das Insulin gewonnen, das seitdem Millionen von Menschen geholfen hat.

Es ist bemerkenswert, daß Dr. Banting sich bereits lange Zeit um die Lösung des Problems bemüht hatte, ehe ihm sein Unterbewußtsein den richtigen Weg zeigte.

Die Erleuchtung kommt eben keineswegs in jedem Fall bereits in der ersten Nacht. Bis sich die Antwort einstellt, kann durchaus geraume Zeit verstreichen. Lassen Sie sich aber deshalb nicht entmutigen, sondern überantworten Sie Ihrem Unterbewußtsein die betreffende Frage immer wieder vor dem Einschlafen, ganz als hätten Sie es noch nie vorher getan.

Die Verzögerung kann nämlich unter anderem darauf zurückzuführen sein, daß Sie – zu Recht oder zu Unrecht – die betreffende Frage als besonders verwickelt betrachten. Daraus ergibt sich dann der bewußte Glaube, eine Lösung könne unmöglich in kurzer Zeit gefunden werden. Ihr Unterbewußtsein ist weder zeitlichen noch räumlichen Begrenzungen unterworfen. Legen Sie sich also in der vollen Überzeugung schlafen, die Antwort sei bereits gefunden. Verursachen Sie nicht selbst eine unnötige Verzögerung, indem Sie die Lösung erst für irgendeinen zukünftigen Zeitpunkt erwarten. Vertrauen Sie sich voll Zuversicht Ihrem Unterbewußtsein an und lassen Sie sich von den vielen hier geschilderten Beispielen überzeugen, daß es für jede Ihrer Fragen und Probleme die richtige Antwort und eine vollkommene Lösung gibt.

Wie ein berühmter Physiker einem russischen Konzentrationslager entkam

Dr. Lothar von Blenk-Schmidt, ein Mitglied der Rocket Society (einer Vereinigung führender Raketenfachleute) und hervorragender Forscher auf dem Gebiet der Elektronik, gibt im folgenden eine kurze Zusammenfassung, wie es ihm mit Hilfe seines Unterbewußtseins gelang, dem sicheren Tod in einem russischen Kohlenbergwerk zu entgehen:

»Als Kriegsgefangener kam ich in ein russisches Straflager und mußte in einem Kohlenbergwerk arbeiten. Ringsum starben meine Kameraden. Wir wurden von erbarmungslosen Wächtern, hochmütigen Offizieren und nur an das Plansoll denkenden Kommissaren überwacht. Nach einer kurzen ärztlichen Untersuchung wurde jedem Gefangenen eine bestimmte Quote an Kohle, die täglich zu fördern war, auferlegt. Meine Quote belief sich auf 300 Pfund. Blieb ein Gefangener unter seinem Tagessoll, so wurde seine kärgliche Lebensmittelration zur Strafe verringert, und bald ruhte der Unglückliche auf dem Friedhof.

Ich richtete mein ganzes Denken auf die einzige Frage: Wie konnte ich rechtzeitig entkommen? Ich wußte, mein Unterbewußtsein würde irgendeinen Weg finden. Mein Zuhause und meine ganze Familie waren dem Krieg zum Opfer gefallen. Alle meine Freunde und früheren Kollegen waren entweder gefallen oder interniert.

In tiefster Not wurde mir folgende Eingebung zuteil: ›Ich will nach Los Angeles, und mein Unterbewußtsein wird mich dorthin bringen.‹ Ich hatte nämlich Bilder dieser Stadt gesehen und erinnerte mich sehr deutlich an einzelne Straßen und Gebäude.

Tag und Nacht stellte ich mir nun vor, ich ginge Arm in Arm mit einem amerikanischen Mädchen, das ich vor dem Krieg in Berlin kennengelernt hatte (sie ist jetzt meine Frau), den Wilshire Boulevard hinunter. Im Geiste pflegte ich in den Geschäften einzukaufen, mit dem Autobus zu fahren und in erstklassigen Restaurants zu essen. Jede Nacht beschäftigte ich meine Phantasie besonders intensiv mit der Vorstellung, ich sitze am Steuer eines Luxuswagens und fahre die breiten Prachtstraßen von Los Angeles auf und ab. Diese Bilder malte ich mir in allen Einzelheiten und mit größtmöglicher Lebensechtheit aus. Schließlich war mir diese erträumte Welt ebenso wirklich geworden wie der das Gefangenenlager umgebende Verhau.

Jeden Morgen ließ der Oberaufseher die Gefangenen in einer Reihe antreten und zählte sie ab. Er pflegte laut abzuzählen: ›Eins, zwei, drei ...‹, und jeder hatte nach Aufruf zur Gruppe der bereits Abgezählten zu treten. Eines Tages wurde der Oberaufseher während des Morgenappells, als er mich mit Nummer 17 bereits aufgerufen hatte, einen Augenblick wegge-rufen und setzte bei seiner Rückkehr die Zählung versehent-lich beim nächsten Mann nach mir nochmals mit der Nummer 17 fort. Dies war das Signal für meine Flucht. Ich wußte, meine Arbeitsgruppe würde am Abend bei der Rückkehr ins Lager für vollständig befunden und somit meine Abwesenheit lange Zeit unbemerkt bleiben.

Es gelang mir ›zu verschwinden‹. Ich marschierte ununter-brochen 24 Stunden lang und ruhte mich erst am folgenden Tag in einer menschenverlassenen, zerstörten Stadt aus. In der Folge lebte ich von Fischen und Wild und fuhr jeweils nachts als blinder Passagier auf den nach Polen rollenden Kohlengü-terzügen mit. So gelangte ich tatsächlich nach Polen, und von dort aus halfen mir Freunde weiter in die Schweiz.

Eines Abends unterhielt ich mich in Luzern im Palasthotel mit einem amerikanischen Ehepaar, das mich zu sich nach Santa Monica in Kalifornien einlud. Ich nahm an. Als ich in Los Angeles ankam, holte mich der Chauffeur meiner Freunde ab und fuhr mich über den Wilshire Boulevard und andere Prachtstraßen, die ich mir in den langen Monaten meiner Gefangenschaft in dem russischen Bergwerk so lebendig vorgestellt hatte. Ich erkannte die Gebäude wieder, die ich im Geiste hundertmal gesehen hatte, und hatte den Eindruck, als wäre ich in der Tat bereits einmal in Los Angeles gewesen. Ich hatte mein Ziel erreicht.«

Dr. Blenk-Schmidt schließt seinen Bericht mit der Versiche-rung, daß er »niemals aufhören werde, über die wunderwir-kende Kraft des Unterbewußtseins und dessen Mittel und Wege, die sich unserer Kenntnis und unserem Verständnis ent-ziehen, zu staunen«.

Wie Archäologen und Paläontologen unsere Vorzeit rekonstruieren

Die Vertreter dieser Wissenschaften sind geradezu angewiesen auf die Tatsache, daß ihr Unterbewußtsein die Erinnerung an alle früheren Ereignisse aufspeichert. Angesichts der meist nur spärlichen Hinweise anhand der Überreste alter Wohnstätten und prähistorischer Funde gelingt es ihnen nur mittels ihrer Phantasie und der Kraft des Unterbewußtseins, die Vergangenheit, ja sogar unsere vorgeschichtliche Urzeit, zu rekonstruieren. Was tot war, wird wieder lebendig und spricht zu uns. Der Untersuchung alter Tempel und Kunstgegenstände, uralter Werkzeuge und Haushaltsgeräte durch diese Wissenschaftler und ihren Eingebungen verdanken wir den Aufschluß über menschliche Entwicklungsstufen im Dämmer der Vorgeschichte, da sich unsere frühesten Vorfahren mit noch unartikulierten Lauten und Zeichen verständigten. Die scharfe Konzentration und gesteuerte Phantasie des Wissenschaftlers weckt die schlummernden Kräfte seines Unterbewußtseins, die vor seinem Auge die antiken Tempel wiedererstehen lassen, umgeben von Parkanlagen, Springbrunnen und Teichen. Der Paläontologe seinerseits sieht an den versteinerten Überresten prähistorischer Tiere Muskeln, Sehnen und Fleisch, bis ihr Abbild wirklichkeitstreu vor ihm steht. So wird aus der Vergangenheit lebendige Gegenwart, und wir sehen, daß der menschliche Geist Raum und Zeit überwindet. Sobald Sie gelernt haben, Ihre eigene Phantasie ebenso zu beherrschen und zu steuern, ist der Weg offen, daß Sie ebenbürtig neben die gelehrtesten und erleuchtetsten Geister aller Zeiten treten.

Wie man sich vom Unterbewußtsein leiten läßt

Sehen Sie sich einer sogenannten »schwierigen Entscheidung« oder einem scheinbar unlösbaren Problem gegenüber, so gehen Sie zunächst einmal der Frage mit bewußtem und konstruktivem Denken zu Leibe. Befreien Sie sich von Furcht und Angst, denn nur dann ist fruchtbare Denkarbeit möglich.

Mit folgender einfacher Technik können Sie sich in allen Fragen des Rats und der Hilfe Ihres Unterbewußtseins versichern: Sorgen Sie für völlige geistige und körperliche Ruhe. Befehlen Sie Ihrem Körper, sich zu entspannen, und er wird Ihnen gehorchen. Der menschliche Organismus verfügt ja weder über einen eigenen Willen noch über bewußte Einsicht. Man könnte ihn mit einem Diktier- oder Videogerät vergleichen, das Ihre Meinungen, Gedanken und Eindrücke aufzeichnet. Konzentrieren Sie sich ganz auf Ihr Problem und versuchen Sie, es bewußt zu lösen. Denken Sie, wie glücklich die richtige Lösung Sie machen würde. Fühlen Sie das Glück, das sich einstellte, wenn Sie die richtige Lösung gefunden hätten. Geben Sie sich eine Zeitlang diesem beglückenden Gefühl hin und schlafen Sie dann beruhigt ein. Falls Ihnen beim Aufwachen noch kein Ausweg einfällt, dann beschäftigen Sie sich mit etwas anderem. Mit größter Wahrscheinlichkeit wird sich Ihnen dann die Lösung völlig unerwartet in Form einer plötzlichen Erleuchtung bieten.

Wer sich von seinem Unterbewußtsein leiten lassen will, tut gut daran, auch hier den einfachsten Weg zu wählen. Lassen Sie mich zur Illustration ein eigenes Erlebnis schildern: Eines Tages stellte ich den Verlust eines wertvollen Ringes fest, der noch dazu ein unersetzliches Erbstück war. Vergeblich durchstöberte ich jeden Winkel. Am Abend vor dem Einschlafen sprach ich dann mein Unterbewußtsein mit folgenden Worten an, ganz als sei es ein echter Gesprächspartner: »Dir ist nichts verborgen, und deshalb weißt du auch, wo sich mein Ring befindet. Zeige mir nun also den Ort.«

Am Morgen darauf war es mir, als ob mich eine Stimme mit dem Ruf aus dem Schlaf weckte: »Frage Robert!«

Dieser Rat erschien mir sehr seltsam, da es sich bei Robert um meinen kleinen Jungen von 9 Jahren handelte. Trotzdem gehorchte ich meiner inneren Stimme.

Von mir befragt, sagte Robert: »Der Ring? O ja, den habe ich beim Spielen gefunden. Er liegt auf meinem Tisch im Kinderzimmer. Ich dachte, der ist nichts wert, und hab' deshalb auch niemandem davon erzählt.«

So hat das Unterbewußtsein auf seine Weise immer eine Antwort bereit, wenn Sie ihm nur vertrauen.

Sein Unterbewußtsein enthüllte ihm den
Aufbewahrungsort des väterlichen Testaments

Einer meiner jungen Zuhörer hatte folgendes Erlebnis: Sein Vater war gestorben, anscheinend ohne eine letztwillige Verfügung hinterlassen zu haben. Die Schwester des jungen Mannes erzählte ihm aber, der Vater habe ihr anvertraut, er habe ein Testament gemacht, in dem jeder gerecht bedacht sei. Aber alle Versuche, dieses Dokument zu finden, scheiterten.

Darauf richtete der junge Mann vor dem Einschlafen folgende Aufforderung an sein Unterbewußtsein: »Ich vertraue nunmehr das ganze Problem meinem Unterbewußtsein an. Ihm ist der Aufbewahrungsort des Testaments vertraut, und es wird ihn mir enthüllen.« Dann faßte er sein Anliegen in dem einzigen Befehl zusammen – »Antworte!« – und wiederholte dieses Wort, bis er einschlief.

Am nächsten Morgen suchte der junge Mann gleichsam unter einem inneren Zwang eine bestimmte Bank in Los Angeles auf, wo er in einem von seinem Vater gemieteten Schließfach das Testament vorfand.

Wer vor dem Einschlafen sein Denken auf einen bestimmten Gegenstand richtet, weckt auf diese Weise seine schlummernden seelischen Kräfte. Ob Sie nun Ihr Haus verkaufen, eine bestimmte Aktie erwerben, sich von Ihrem Teilhaber trennen, in eine andere Stadt umziehen, Ihr Arbeitsverhältnis lösen oder ein neues eingehen wollen – immer verfahren Sie am besten folgendermaßen: Sie setzen sich völlig ruhig an Ihren Schreibtisch im Büro oder in Ihren Sessel zu Hause. Rufen Sie sich die Tatsache des universellen Gesetzes von Ursache und Wirkung ins Gedächtnis. Ihr Gedanke stellt die auslösende Ursache dar, die Wirkung besteht in der Reaktion Ihres Unterbewußtseins, das seiner Natur nach als reines Reaktionsinstrument ausgebildet ist. Gemäß dem Gesetz von Aktion und Reaktion folgt Gutes oder Böses, Belohnung oder Strafe. Jede bewußte, verstandesmäßige Bemühung um die richtige Lösung führt deshalb völlig automatisch eine unbewußte Reaktion herbei, die sich Ihnen als Antwort oder Erleuchtung mitteilt.

Um sich also vom Unterbewußtsein leiten zu lassen, genügt

es, in Ruhe über die richtige Lösung nachzudenken, denn die spricht die Ihrem Unterbewußtsein innewohnende unendliche Weisheit an, bis Ihnen die richtige Antwort zuteil wird. Ist aber einmal Ihr Unterbewußtsein für Sie tätig, so werden Sie gar nicht anders können, als die besten Entscheidungen zu treffen und die richtigen Schritte zu tun. Sie handeln ja unter dem inneren Zwang des allwissenden und allmächtigen Unterbewußtseins und somit zwangsläufig richtig. Ich verwende den Ausdruck »Zwang« mit voller Absicht, da sich ja das Gesetz des Unterbewußtseins als unwiderstehlicher Zwang zum Guten auswirkt.

Das Geheimnis der inneren Erleuchtung

Das Geheimnis der inneren Erleuchtung und sicheren Führung durch das Unterbewußtsein besteht darin, sich so lange bewußt um die richtige Antwort zu bemühen, bis sie einem plötzlich eingegeben wird. Die Reaktion des Unterbewußtseins kann – wegweisend und zielführend – die Form einer Intuition, einer inneren Einsicht oder eines überwältigenden Dranges annehmen. Ist es eben einmal gelungen, den »Motor« des subjektiven Geistes in Gang zu setzen, so entwickelt dieser seine eigene Kraft und führt alles zum Besten. Wer sich von der Weisheit seines subjektiven Geistes leiten läßt, wird niemals einen Fehlschlag erleben oder einen falschen Schritt tun. Wer sich dieser Lebensleitung anvertraut, wird Glück, Erfolg und Frieden ernten.

ZUSAMMENFASSUNG

1. Denken Sie immer daran, daß alle Erfolge und bewunderungswürdigen Leistungen der Wissenschaft mit Hilfe des Unterbewußtseins zustande gekommen sind.

2. Sobald Sie sich bewußt um die Lösung eines schwierigen Problems bemühen, sammelt das Unterbewußtsein alle

nötigen Informationen und verarbeitet sie zur richtigen Antwort, die Ihnen dann als Intuition oder Erleuchtung bewußt wird.

3. Wer sich in einer schwierigen Lage befindet, muß zunächst einmal rein verstandesmäßig nach einem Ausweg suchen. Beschaffen Sie sich durch Lektüre oder Befragung geeigneter Fachleute die nötigen Auskünfte. Bietet sich trotzdem keine Lösung an, so überantworten Sie die Aufgabe vor dem Einschlafen Ihrem Unterbewußtsein, und mit unfehlbarer Sicherheit wird sich ein Ausweg finden.

4. Nicht immer kommt die Lösung über Nacht. Werden Sie deshalb nicht müde, Ihrem Unterbewußtsein das betreffende Anliegen anzuvertrauen, denn über kurz oder lang wird Ihnen das Licht der Erkenntnis zuteil.

5. Wer die Lösung von vornherein für schwierig oder langwierig hält, verzögert damit nur die Antwort des Unterbewußtseins. Für den subjektiven Geist gibt es keine Probleme, er hat Antwort auf alle Fragen.

6. Glauben Sie fest daran, daß Ihr Unterbewußtsein die gesuchte Antwort bereithält. Versetzen Sie sich in das befreite und beglückende Gefühl, das die Lösung Ihrer Probleme begleitet. Das Unterbewußtsein wird auf Ihre Gefühle reagieren.

7. Die wunderwirkende Kraft des Unterbewußtseins verwirklicht jedes Vorstellungsbild, das Sie gläubig und beharrlich entwerfen. Vertrauen Sie fest darauf, und die Wunder werden nicht ausbleiben.

8. Ihr Unterbewußtsein ist gleichzeitig das Schatzhaus Ihrer Erinnerungen. Es bewahrt getreulich alle Ihre Erlebnisse seit der frühesten Kindheit auf.

9. Wissenschaftler und Gelehrte, die sich mit den überlieferten Zeugnissen versunkener Kulturen beschäftigen, machten mit Hilfe ihres Unterbewußtseins die Vergangenheit lebendig.

10. Betrauen Sie vor dem Schlafengehen Ihr Unterbewußtsein mit der Lösung Ihrer Probleme. Setzen Sie Vertrauen in seine unendliche Macht, und die Antwort wird nicht ausbleiben. Es ist allwissend und allmächtig, nur dürfen Sie seine Kräfte nicht in Zweifel ziehen.

11. Ihre Gedanken bestimmen die Reaktion Ihres Unterbewußtseins. Weise Gedanken werden auch weise Entscheidungen und Maßnahmen zur Folge haben.

12. Das Unterbewußtsein spricht zu Ihnen mit der Stimme des Gefühls, der Intuition, der Eingebung. Das Unterbewußtsein ist ein innerer Kompaß – lassen Sie sich von ihm leiten!

KAPITEL 13

Das Unterbewußtsein und
die Wunder des Schlafs

Der Mensch verbringt etwa acht Stunden des Tages, also ungefähr ein Drittel seines Lebens, im Schlaf. Dieses Naturgesetz
gilt nicht nur für den Menschen, sondern erstreckt sich auch
auf das Tier- und Pflanzenreich. Es handelt sich hier um eine
göttliche Einrichtung, und es ist viel Wahres an dem Wort: *»Den
Seinen gibt's der Herr im Schlaf.«* (Psalm 127, 2)

Man stößt häufig auf die Ansicht, der Schlaf diene dazu, die
von den Anstrengungen des Tages erschöpften Kraftreserven
wieder aufzufüllen. Diese Ansicht trifft nur mit gewissen Einschränkungen zu. Auch im Schlaf setzen ja alle lebenswichtigen Organe wie Herz und Lunge ihre Tätigkeit fort. Vor dem
Schlafengehen verzehrte Speisen werden verdaut und verwer-
tet. Die Haut verdunstet weiterhin die Körperfeuchtigkeit, und
die Haare wachsen ebenso wie die Finger- und Zehennägel.

Das Unterbewußtsein kommt nie zur Ruhe. Es ist immer im
Einsatz und steuert alle lebenswichtigen Funktionen. Ja, im
Schlaf verläuft der Heilungsprozeß sogar noch schneller als im
Wachen, weil er nicht durch bewußtes Denken gestört wird.
Und wie viele Antworten sind den Menschen schon im Traum
gegeben worden!

Warum wir schlafen

Dr. John Bigelow, eine Kapazität auf dem Gebiet der wissen-
schaftlichen Erforschung des Schlafs und Autor des bei Harper
Brothers in New York und London erschienenen Buches *The
Mystery of Sleep* (Das Geheimnis des Schlafs), lieferte den
Nachweis, daß auch während des Schlafs sinnliche Wahrneh-

mungen möglich sind, da sowohl die Augen-, Ohren- und Geschmacksnerven als auch die Gehirnzellen uneingeschränkt tätig sind. Seiner Ansicht nach schläft der Mensch, »weil sich der edlere Teil seiner Seele durch Abstraktion mit seiner höheren Natur verbindet und somit an der Weisheit und den prophetischen Fähigkeiten der Gottheit Anteil nimmt«.

Dr. Bigelow stellt weiterhin fest: »Die Ergebnisse meiner Forschungen haben nicht nur meine Überzeugung verstärkt, daß die angebliche Befreiung von den Mühen des Tages nicht den alleinigen Endzweck des Schlafs darstellen, sondern ließen auch nicht den geringsten Zweifel darüber bestehen, daß kein Aspekt des menschlichen Lebens unersetzlicher für die harmonische und vollkommene Entwicklung der seelischen Kräfte ist als eben der Schlaf, der den Menschen von aller Ablenkung durch die Sinnenwelt befreit.«

Der Schlaf – eine Zwiesprache mit den göttlichen Mächten

Das menschliche Bewußtsein ist weit über Gebühr in Anspruch genommen, mit den Schwierigkeiten, Ärgernissen und Anforderungen des Alltags fertig zu werden. Deshalb ist es eine unbedingte Notwendigkeit, sich regelmäßig vor der überwältigenden Flut der Sinneseindrücke zu verschließen und stille Zwiegespräche mit der Allweisheit des Unterbewußtseins zu halten. Wer dabei um sichere Führung, Kraft und größere Einsicht in allen Dingen des Lebens betet, wird einen Ausweg aus allen Schwierigkeiten finden und die täglichen Probleme meistern können.

Umgekehrt könnte man ebenso das Gebet als eine Form des Schlafs definieren, denn es handelt sich auch hier um eine regelmäßige Einkehr bei sich selbst, die jenseits dieser Welt der Sinne und der Wirrnisse des Alltages die Seele der Macht und Weisheit des Unterbewußtseins öffnet.

Der Mensch braucht mehr Schlaf

Schlafmangel führt zu Reizbarkeit, Launenhaftigkeit und Depressionen. Dr. George Stevenson von der National Association for Mental Health (Gesellschaft zur Förderung der geistigen Gesundheit) sagt: »Es ist als erwiesen zu betrachten, daß zur Erhaltung der menschlichen Gesundheit ein Mindestmaß von sechs Stunden Schlaf nötig ist. Die meisten Menschen brauchen sogar mehr. Wer glaubt, mit weniger Schlaf auskommen zu können, betrügt sich nur selbst.«

Führende Mediziner, die sich der Erforschung des Schlafs und der Folgen des Schlafentzugs widmeten, entdeckten, daß schwere Schlafstörungen vielfach zu Nervenzusammenbrüchen führen. Der Schlaf füllt eben die seelischen Kraftreserven wieder auf und ist die Quelle der Lebenskraft und Lebensfreude.

Die verheerenden Wirkungen des Schlafentzugs

Robert O'Brien berichtet in einem in *Reader's Digest* veröffentlichten Artikel »Vielleicht brauchen Sie mehr Schlaf?« von einem Experiment:

»Während der letzten drei Jahre wurden im Walter Reed Militärkrankenhaus und Forschungszentrum in Washington mit mehr als 100 Soldaten und Zivilisten, die sich freiwillig zur Verfügung gestellt hatten, Schlafexperimente durchgeführt. Die Versuchspersonen wurden bis zu vier Tagen ununterbrochen wachgehalten. Tausende von medizinischen Tests hielten die Veränderungen ihres Verhaltens und ihrer Persönlichkeit fest. Die Wissenschaft gewann dabei überraschende Aufschlüsse über die Geheimnisse des Schlafs.

Wir wissen nun, daß das übermüdete Gehirn offensichtlich von einem so unwiderstehlichen Schlafbedürfnis befallen wird, daß es alles andere dafür opfert. Bereits nach wenigen Stunden fehlenden Schlafs traten drei- bis viermal pro Stunde Bewußtseinsstörungen auf, die auch als ›Mikro- oder Sekundenschlaf‹ bezeichnet werden. Wie beim echten Schlaf verlangsamte sich

dabei der Herzschlag, und die Augen fielen zu. Der Kurzschlaf
dauerte jedesmal nur den Bruchteil einer Sekunde und war
entweder von Traumbildern erfüllt oder hinterließ keinerlei
Erinnerung. Je länger die Versuchspersonen des Schlafs beraubt wurden, desto öfter und anhaltender traten die Bewußtseinsstörungen auf und dauerten schließlich bis zu zwei, ja drei
Sekunden. Selbst wenn die Versuchspersonen in einem schweren Gewitter ein Flugzeug gesteuert hätten, so hätten sie diesem überwältigenden Schlafbedürfnis nicht widerstehen können. Kein Mensch ist von dieser Schwäche ausgenommen.
Vielleicht wurden Sie selbst schon einmal im Auto kurze Sekunden vom Schlaf übermannt.

Auch auf den Verstand und das Wahrnehmungsvermögen
wirkte sich der Schlafentzug verheerend aus. Viele Versuchspersonen waren nicht einmal mehr dazu fähig, die Anweisungen zu befolgen, die ihnen während einer bestimmten Tätigkeit gegeben wurden. Völlig hilflos standen sie Situationen
gegenüber, in denen sie unter Berücksichtigung verschiedener
Faktoren die richtige Schlußfolgerung hätten ziehen und dementsprechend hätten handeln müssen. Als Kraftfahrer wären
sie also zum Beispiel nicht fähig gewesen, unter Berücksichtigung der eigenen Geschwindigkeit, der des auf sie zukommen-
den Wagens und der Fahrbahnbeschaffenheit einen Zusam-
menstoß zu vermeiden.«

Schlaf bringt Rat

Eine in Los Angeles arbeitende junge Dame erzählte mir einmal, ihr sei in New York eine doppelt so gut bezahlte Stellung
angeboten worden. Vor die Frage gestellt, ob sie das Angebot
annehmen sollte oder nicht, betete sie vor dem Einschlafen wie
folgt:»Mein Unterbewußtsein weiß, was am besten für mich ist.
Es fördert alles Gute und gibt mir die richtige Entscheidung
ein, die sich zu meinem Segen und dem aller Beteiligten auswirkt. Ich bin voll Dankbarkeit, denn ich weiß, daß mir mit Sicherheit die richtige Erleuchtung zuteil wird.«
Sie wiederholte dieses einfache Gebet immer wieder, bis sie

einschlief, und am Morgen darauf warnte sie eine innere Stimme nachdrücklich davor, nach New York zu gehen. Sie lehnte also das Angebot ab, und bald sollte es sich erweisen, wie gut sie daran getan hatte: Wenige Monate später meldete nämlich die Firma, die sie hatte einstellen wollen, den Konkurs an.

Der bewußte Verstand ist durchaus dazu fähig, aus bekannten Tatsachen eine richtige Entscheidung abzuleiten; dem Unterbewußtsein jedoch liegen viel tiefere und umfassendere Zusammenhänge offen, weshalb auch seine Ratschläge und Warnungen – wie in diesem Fall – sehr ernst genommen werden sollten.

Vor einer sicheren Katastrophe gerettet

Auch mein eigenes Leben bietet ein Beispiel dafür, wie uns das Unterbewußtsein hilft, im Zweifel die richtige Entscheidung zu treffen.

Vor vielen Jahren, noch vor dem Zweiten Weltkrieg, wurde mir eine sehr einträgliche Position im Fernen Osten angeboten, und ich erbat mit den folgenden Worten den Rat und die Hilfe des Unterbewußtseins: »Der in mir ruhenden Allweisheit ist nichts verborgen, und sie wird mir in Übereinstimmung mit der göttlichen Ordnung den richtigen Weg weisen. Ich werde die mir gegebene Antwort zu erkennen und zu deuten wissen.«

Dieses einfache Gebet wiederholte ich immer wieder, bis ich darüber einschlief. Im Traum bot sich mir eine äußerst lebendige Vision der Ereignisse, die erst drei Jahre später eintreten sollten. Ein Freund erschien und sagte zu mir: »Lies nur diese Schlagzeilen – geh nicht hin!« Ich warf einen Blick auf die Zeitung und las in großen Lettern: »Japanischer Angriff auf Pearl Harbour! Der Krieg ist erklärt!«

Wahrträume, wie auch ich sie gelegentlich habe, sind eine weitere Möglichkeit des subjektiven Geistes, sich uns verständlich zu machen. Bei der obenerwähnten Vision handelte es sich zweifellos um eine Dramatisierung der Lage durch das Unterbewußtsein, das seine Warnung in der Person eines vertrau-

enswürdigen und von mir hochgeachteten Mannes verkör-
perte. Bei anderen Menschen erscheint als warnende Gestalt
oft die Mutter, die von einer bestimmten Entscheidung abrät
und die Gründe nennt. Oft wählt das Unterbewußtsein zu seinen Mitteilungen auch die Stimme eines Menschen, dem man
im Wachzustand uneingeschränktes Vertrauen schenkt. Wir
kennen Fälle, in denen Passanten auf der Straße den War-
nungsruf eines geliebten Menschen zu hören glaubten, wie
versteinert stehenblieben und somit dem sicheren Tod durch
einen herabstürzenden Gegenstand entgingen.

Dr. Rhine, der Leiter der Abteilung für Psychologie an der
Duke-Universität, hat äußerst umfangreiches Beweismaterial
dafür gesammelt, daß viele Menschen in der ganzen Welt kommende Ereignisse vorausahnen oder in äußerst lebendigen
Träumen vor drohendem Unglück gewarnt werden und ihm
somit entgehen können.

Mein eigener obenerwähnter Traum zeigte mir mit äußerster
Klarheit eine Vision der Schlagzeilen der *New York Times*, die
von dem drei Jahre später durchgeführten japanischen Über-
fall auf Pearl Harbour berichteten. Auf diese Warnung hin sagte
ich sofort ab. Der Kriegsausbruch bewies die Zuverlässigkeit
meiner inneren Stimme.

Ihre Zukunft liegt in Ihrem Unterbewußtsein

Bedenken Sie immer, daß die Zukunft – also die Auswirkung
Ihrer Denkgewohnheiten – bereits in Ihrem Geist gegenwärtig
vorhanden ist, es sei denn, Sie ändern den Verlauf der Dinge
durch erfolgreiches Gebet. Ganz entsprechend dazu ist die Zukunft eines Landes bereits in seinem kollektiven Unterbewußtsein enthalten. Meine Traumvision, die mir in Form von
Schlagzeilen der New Yorker Zeitung den Ausbruch des Krieges schon Jahre voraus ankündigte, ist deshalb keineswegs so
außergewöhnlich, wie sie auf den ersten Blick erscheinen mag.
Die Unternehmungen dieses Krieges hatten ja bereits im Geiste stattgefunden, alle Angriffspläne waren bereits von jenem
Präzisionsinstrument aufgezeichnet worden, das wir als das

»kollektive Unterbewußtsein« bezeichnen. Genauso sind die Ereignisse des morgigen Tages bereits heute Ihrem Unterbewußtsein gewärtig, und von Menschen mit einem besonders hochentwickelten Ahnungsvermögen können auch fernere Zukunftsereignisse vorausgesehen werden.

Es gibt keine unabänderliche Vorherbestimmung. Ihre eigene geistige Einstellung bestimmt Ihr Schicksal. Mit Hilfe des wissenschaftlichen Gebets, das ja bereits in einem vorhergehenden Kapitel erläutert wurde, können Sie Ihrem zukünftigen Leben die gewünschte Richtung geben: *»Der Mensch erntet, was er gesät hat.«*

Im Schlaf 15 000 Dollar verdient

Vor drei oder vier Jahren schickte mir einer meiner Studenten einen Zeitungsbericht über einen Mann namens Ray Hammerstrom, der in einem Walzwerk der Jones & Laughlin Stahl AG in Pittsburgh arbeitete. Er hatte mit einem Traum 15 000 Dollar verdient.

Dem Artikel zufolge waren sämtliche Bemühungen der Betriebsingenieure vergeblich gewesen, eine schlecht funktionierende Weiche zu reparieren, mittels derer die glühenden Eisenblöcke zu den acht Walzbahnen gelenkt wurden. Ein gutes dutzendmal war ergebnislos bereits alles mögliche versucht worden. Hammerstrom stellte intensive Überlegungen an, wie die Zuverlässigkeit der Anlage verbessert werden könnte, aber auch er stieß zunächst auf unüberwindliche Schwierigkeiten. Mitten im Grübeln überraschte ihn eines Tages der Schlaf, und im Traum sah er eine bis in die letzte Kleinigkeit ideal durchdachte Weichenkonstruktion, die er sofort nach dem Erwachen in einer Werkzeichnung festhielt.

Dieses »visionäre Nickerchen« brachte Hammerstrom einen Scheck in Höhe von 15 000 Dollar ein, die größte Summe, mit der das Unternehmen je den Verbesserungsvorschlag eines Mitarbeiters belohnt hatte.

Wie ein berühmter Professor sein Problem im Schlaf löste

Dr. H. V. Helprecht, ordentlicher Professor der Assyriologie an der Universität von Pennsylvania, lieferte uns folgenden Bericht: »Eines Samstag abends brach ich wieder einmal erschöpft meine vergeblichen Versuche ab, die Herkunft zweier kleiner Achatfragmente zu enträtseln, die möglicherweise Bestandteil eines babylonischen Fingerringes gewesen waren.

Nachdem ich gegen Mitternacht schlafen gegangen war, hatte ich einen bemerkenswerten Traum. Ein hochgewachsener Priester von Nippur, seinem Aussehen nach etwa 40 Jahre alt, führte mich zur Schatzkammer des Tempels, einem kleinen niedrigen Raum ohne Fenster, auf dessen Boden Achat- und Lapislazuli-Splitter lagen. Hier wandte er sich um und sprach mich mit folgenden Worten an: ›Die zwei Ringfragmente, die Sie getrennt auf den Seiten 22 und 26 Ihres Buches veröffentlichten, waren niemals Teile eines Fingerrings, sondern der Ohrringe einer Götterstatue gewesen. Sie können die Richtigkeit meiner Angaben nachprüfen, indem Sie die Fragmente zusammenfügen.‹ Ich erwachte, untersuchte sofort die Fragmente und fand zu meiner größten Überraschung den Traum bestätigt. Das Problem war gelöst.«

Wir haben hier also wieder einmal einen klaren Beweis für die schöpferische Kraft des Unterbewußtseins, das auf alle Fragen eine Antwort hat.

Wie das Unterbewußtsein im Schlaf für einen berühmten Schriftsteller arbeitete

Robert Louis Stevenson widmet in einem seiner Bücher (dem Essay-Band *Across the Plains,* 1892) ein ganzes Kapitel seinen Traumerlebnissen. Seine Visionen zeichneten sich durch äußerste Lebendigkeit aus, und er hatte die feste Gewohnheit, seinem Unterbewußtsein jeden Abend vor dem Einschlafen genaue Anweisungen zu geben. Meistens erteilte er ihm den Auftrag, im Schlaf den Stoff für neue Veröffentlichungen zu entwickeln. Sobald Stevensons Bankkonto dringend eine Auffrischung nötig hatte, pflegte er seinem Unterbewußtsein etwa folgenden Befehl zu erteilen: »Liefere mir eine guten, spannenden Roman, der sich gut verkauft und mir viel Geld einbringt.« – Sein Unterbewußtsein ließ ihn nie im Stich.

Stevenson sagt: »Diese kleinen ›Heinzelmännchen‹ (also die schöpferische Kraft seines Unterbewußtseins) geben mir die gewünschte Geschichte Stück um Stück ein, wie einen Fortsetzungsroman, und lassen mich, den angeblichen Autor, bis zuletzt über das Ende im unklaren.« Er fügte hinzu: »Der Teil meiner Arbeit, den ich tagsüber erledige (also im Wachen und mit Hilfe des bewußten Verstandes), ist keineswegs uneingeschränkt als eigene Leistung zu bezeichnen, da vieles dafür spricht, daß die ›Heinzelmännchen‹ auch hier ihre Hand im Spiel haben.«

Schlafen Sie in Frieden ein, und erwachen Sie in Freude!

Wer an Schlaflosigkeit leidet, wird das folgende Gebet mit großem Erfolg anwenden können. Wiederholen Sie vor dem Schlafengehen ruhig und mit Gefühl: »Meine Zehen sind entspannt, meine Waden sind entspannt, meine Schenkel sind entspannt, meine Becken- und Gesäßmuskeln sind entspannt, meine Bauchmuskulatur ist entspannt, mein Herz und meine Lunge sind entspannt, mein Gehirn ist entspannt, mein Gesicht ist entspannt, meine Augen sind entspannt, mein ganzer Körper und mein ganzer Geist sind entspannt. Willig und gern vergebe ich allen alles und wünsche jedem Menschen aus ganzem Herzen Harmonie, Gesundheit, Frieden und alle Segnungen des Lebens. Ich bin in Frieden mit mir und der Welt, ich bin voll klarer und heiterer Ruhe. Ich befinde mich in Sicherheit und in Frieden. Eine große Stille überkommt mich, und eine tiefe Beruhigung erfüllt meine Seele, denn ich fühle die Nähe Gottes. Meine Gedanken sind von Liebe erfüllt und schenken mir Heilung. Ich hülle mich in den Mantel der Liebe und schlafe voll guten Willens für all meine Mitmenschen ein. Mein Friede bleibt ungestört die ganze Nacht hindurch, und am Morgen erwache ich voll Freude am Leben und voll Liebe. Rings um mich hat die Liebe einen schützenden Wall errichtet. (Psalm 23:) *Ich fürchte kein Unheil, denn du bist bei mir.‹* Ich schlafe in Frieden, ich erwache in Freude, und *›in ihm und aus ihm bin ich und lebe ich.‹*«

ZUSAMMENFASSUNG

1. Falls Sie zu verschlafen fürchten, so geben Sie Ihrem Unterbewußtsein die gewünschte Zeit zum Aufstehen an, und es wird Sie von selbst wecken. Es braucht keine Uhr. Verfahren Sie auf die gleiche Weise mit all Ihren Problemen, denn Ihr Unterbewußtsein meistert alle Schwierigkeiten.

2. Ihr Unterbewußtsein schläft nie. Es ist immer für Sie tätig. Es steuert alle Lebensfunktionen. Versöhnen Sie sich mit sich selbst und Ihren Mitmenschen vor dem Einschlafen, und alles wird gut.

3. Im Schlaf wird Ihnen Rat zuteil werden, vielleicht in der Form einer Traumvision. Auch durchströmen Sie die heilenden Kräfte im Schlaf ungehindert wie sonst nie, so daß Sie am Morgen erfrischt und verjüngt erwachen.

4. Falls Sie auch noch im Schlaf von den Ärgernissen und Schwierigkeiten des Tages verfolgt werden, so entspannen Sie Ihren Geist und wenden Sie Ihre Gedanken der Weisheit und der Einsicht Ihres Unterbewußtseins zu, das stets dazu bereit ist, auf Ihren Hilferuf zu reagieren. Dies wird Ihnen Friede, Kraft und Zuversicht schenken.

5. Der Schlaf ist von ausschlaggebender Bedeutung für den Frieden der Seele und die Gesundheit des Körpers. Mangel an Schlaf hat Reizbarkeit, Niedergeschlagenheit, Krankheitsrisiken und Störungen des geistig-seelischen Gleichgewichts zur Folge. Sie brauchen acht Stunden Schlaf.

6. Medizinische Forschungen haben erwiesen, daß Schlaflosigkeit häufig der Auftakt zu Nervenzusammenbrüchen ist. Der Schlaf ist die Quelle der Lebenslust und Lebenskraft.

7. Das übermüdete Gehirn empfindet ein so unwiderstehliches Schlafbedürfnis, daß es ihm alles andere opfert. Viele, die am Steuer ihres Wagens eingeschlafen sind, können dies bestätigen – falls sie es überlebt haben!

8. Schlafmangel führt häufig zu Gedächtnisschwäche und mangelhafter körperlicher Kondition und Widerstandskraft. Wer aber übermüdet ist, der ist keines klaren Gedankens mehr fähig.

9. Schlaf bringt Rat. Prägen Sie sich vor dem Einschlafen ein, daß die Allweisheit Ihres Unterbewußtseins Sie in allen Dingen leiten und führen wird. Achten Sie dann sorgfältig auf den Fingerzeig, der Ihnen vielleicht bereits beim Erwachen gegeben wird.

10. Setzen Sie volles Vertrauen in Ihr Unterbewußtsein. Vergessen Sie nie, daß es immer den guten Kräften des Lebens dient. Gelegentlich spricht es zu Ihnen durch einen Wahrtraum oder eine Vision. Oft warnt das Unterbewußtsein auf diese Art einen Menschen, so wie es auch der Verfasser dieses Buches erlebt hat.

11. Ihre gewohnten Gedanken und Gefühle enthalten bereits in sich Ihre Zukunft. Glauben Sie fest und sagen Sie sich voller Zuversicht, daß die Allweisheit Sie in allen Dingen führt und leitet, daß Ihnen die Segnungen des Lebens in reichem Maße zuteil werden, und Ihre Zukunft wird von Glück überstrahlt sein. Glauben Sie dies unbeirrbar und nehmen Sie es als erwiesene Tatsache hin. Erwarten Sie immer das Beste, und das Beste wird Ihnen geschehen.

12. Falls Sie schöpferisch tätig sind, so sprechen Sie Ihr Unterbewußtsein vor dem Einschlafen an und behaupten Sie voll Zuversicht, daß seine Weisheit, Einsicht und schöpferische Kraft Ihnen vollkommene Lösungen bieten werden. Wunder werden an dem geschehen, der mit so gläubiger Zuversicht betet.

KAPITEL 14

Das Unterbewußtsein und Eheprobleme

Mangelnde Kenntnis der eigentlichen Funktion und der wahren Kräfte des Geistes liegt vielen ehelichen Schwierigkeiten zugrunde. Durch den richtigen Einsatz des geistigen Prinzips können alle Reibungsflächen zwischen Eheleuten beseitigt werden. Wer gemeinsam betet, bleibt auch zusammen. Die Orientierung an hohen Idealen, das Studium der Gesetze des Lebens, die Verfolgung eines gemeinsamen Plans und gemeinsam gesteckter Ziele sowie der Genuß verantwortlicher Freiheit schaffen die Voraussetzungen für eine ideale Ehe, jenes eheliche Glück und Gefühl der Zusammengehörigkeit, das zwei Menschen unzertrennlich vereinigt.

Eine Scheidung wird am besten frühzeitig verhindert, nämlich bereits vor der Eheschließung! Man kann niemandem einen Vorwurf machen, wenn er sich aus einer untragbaren Situation befreit. Warum aber soll man es überhaupt so weit kommen lassen? Wäre es nicht besser, von vornherein den eigentlichen Ursachen ehelicher Schwierigkeiten Aufmerksamkeit zu schenken, also das Übel an der Wurzel zu packen?

Wie alle anderen menschlichen Probleme sind auch Scheidungen, Trennungen und die damit verbundenen seelischen Leiden und endlosen Rechtsstreitigkeiten auf die mangelnde Kenntnis der zwischen Bewußtsein und Unterbewußtsein bestehenden Wechselbeziehungen zurückzuführen.

Die Grundlage einer jeden Ehe

Die echte und dauerhafte Ehe ruht auf einer geistigen Grundlage. Sie muß eine Sache des Herzens sein, und das Herz ist der Kelch der Liebe. Ehrlichkeit, Aufrichtigkeit, Güte und persönliche Integrität sind zugleich Voraussetzungen und Ausfluß der

Liebe. Wer eine Frau beispielsweise nur wegen Geldes, ihrer gesellschaftlichen Stellung oder als Mittel zur Selbstbestätigung heiratet, schließt keine echte Ehe. Eine solche von Unaufrichtigkeit und Unehrlichkeit zeugende Handlungsweise verrät jeglichen Mangel an wahrer Liebe. Eine solche Ehe bleibt, was sie schon beim Abschluß war: ein Betrug, eine Farce, hohle Maskerade.

Wenn andererseits eine Frau sagt: »Ich bin es leid, einem Beruf nachzugehen, und möchte heiraten, um ein gesichertes Leben führen zu können«, dann geht sie ebenso von falschen Voraussetzungen aus. Sie wendet die Gesetze des Geistes falsch an und kann damit nicht glücklich werden. Kein Mensch, der die in diesem Buch behandelten Methoden richtig anzuwenden weiß, wird je über Armut oder einen schlechten Gesundheitszustand zu klagen haben. Eine Frau ist in ihrem Streben nach Gesundheit, Friede, Freude, Erleuchtung, sicherer Führung, Liebe, Reichtum, Sicherheit und Glück keineswegs auf die Erfolge des Ehemannes (oder eines männlichen Partners) angewiesen. Nur muß auch die Frau die in ihr schlummernden Kräfte und die Gesetze ihres eigenen Geistes kennen – als die einzig verläßliche Grundlage für eine geborgene und befriedigende Existenz.

Wie man den idealen Mann an sich zieht

Sie haben aufgehört, eine ahnungslose Frau zu sein, die mit der Arbeitsweise Ihres Unterbewußtseins nicht vertraut ist. Sie wissen, daß in Ihrem Leben alles sichtbare Gestalt annimmt, was Sie Ihrem Unterbewußtsein einprägen. Erfüllen Sie es also mit der lebhaften Vorstellung all jener Eigenschaften und Charakterzüge, mit denen Sie Ihren Mann ausgestattet wünschen.

Es gibt keinerlei Grund zu resignieren. Es gilt vielmehr zu handeln – heute noch! Setzen Sie sich am Abend in einen bequemen Sessel, schließen Sie die Augen, vergessen Sie die Müdigkeit und Sorgen des Tages, entspannen Sie sich und versetzen Sie sich in eine friedvolle Stimmung. Sie sind völlig passiv und aufnahmebereit. Nun sprechen Sie Ihr Unterbewußtsein mit etwa diesen Worten an: »Ich spüre, wie sich mir ein Mann zuwendet, der ehrlich, aufrichtig, loyal, treu, friedlich, zärtlich und wohlhabend ist. Alle diese Vorzüge prägen sich tief meinem Unterbewußtsein ein. Während ich mich ihrer geistigen Betrachtung hingebe, werden sie Teil meines Ichs und nehmen im Unterbewußtsein Gestalt an. Ich weiß, es gibt ein unwiderstehliches Prinzip der Anziehung, und im Vertrauen darauf rufe ich nunmehr den Mann, der meinen unterbewußten Überzeugungen entspricht. Ich bin unerschütterlich davon überzeugt, daß sich alles verwirklicht, woran mein Unterbewußtsein glaubt. Ich weiß, ich kann zum Frieden und Glück jenes Mannes beitragen. Wir haben dieselben Ideale. Er will mich so, wie ich bin, und auch ich möchte ihn nicht ändern. Wir werden verbunden durch das Gefühl der Liebe, der Freiheit und gegenseitiger Hochschätzung.«

Üben Sie diese Sätze ein, bis sie Ihnen zur festen Gewohnheit geworden sind. Sie werden die große Freude erleben, daß eben der Mann in Ihr Leben tritt, der die von Ihnen erträumten Eigenschaften und Charakterzüge aufweist. Die Weisheit Ihres Unterbewußtseins wird Sie beide zusammenführen. Erwecken Sie in sich selbst Ihr Bestes, das Sie zu geben haben: alle Liebe und Hingabe, deren Sie fähig sind. Und die Liebe, die Sie schenken, wird Ihnen tausendfach vergolten werden.

Wie man die ideale Frau an sich zieht

In gleicher Weise gilt es für den Mann zu handeln, und er wird sich ähnlicher Worte bedienen:»Ich spüre, wie sich mir die Frau zuwendet, die mich in schönster und vollkommenster Harmonie ergänzt. Zwischen ihr und mir wird ein inniges geistiges Band geschlungen, und unsere gegenseitige Zuneigung wird zum Gefäß der göttlichen Liebe. Ich weiß, ich kann dieser Frau Herzenswärme, Frieden, Glück und Freude schenken. Ich kann das Leben dieser Frau mit allem Schönen erfüllen. Ich sehe sie vor mir. Sie weist folgende Eigenschaften und Vorzüge auf: Sie ist sensibel, gütig, treu, offen und liebevoll. Sie ist harmonisch, friedvoll und glücklich. Wir fühlen uns unwiderstehlich zueinander hingezogen. Wir werden in Liebe, Wahrheit und Schönheit miteinander leben. Mir wird der ideale Lebensgefährte zuteil.«

Während Sie so ruhig und konzentriert über die Wesenszüge des von Ihnen ersehnten Lebensgefährten nachdenken, werden eben jene Vorzüge Teil Ihrer eigenen geistigen Persönlichkeit. Die kommunizierende Kraft des Unterbewußtseins wird Sie und die Frau Ihrer Liebe nach göttlichem Willen zusammenführen.

Wozu einen dritten Fehler begehen?

Vor kurzem sagte mir eine Lehrerin: »Nun war ich schon dreimal verheiratet, und meine Partner waren durchweg passiv, nachgiebig und bar jeder Initiative. Warum nur falle ich immer wieder ausgerechnet auf den Typ des ›schlappen‹ Mannes herein?«

Meine Gegenfrage war, ob sie denn ihren zweiten Mann schon von vornherein als wenig markante Persönlichkeit erkannt habe, und sie erwiderte: »Natürlich nicht, sonst hätte ich ihn ja niemals geheiratet!« Offensichtlich hatte sie aus ihrem ersten Fehler nichts gelernt. Das Unglück beruhte auf ihrer eigenen Persönlichkeitsstruktur. Sie war eine eher männliche Natur – energisch und herrschsüchtig. Unbewußt ersehnte sie sich einen Menschen, der passiv und nachgiebig genug war, um ihr die Führungsolle zu überlassen. Ihr Verhalten war also unterbewußt motiviert, und so konnte es nicht ausbleiben, daß sich ihre geheimen Vorstellungsbilder verwirklichten. Sie mußte lernen, durch richtiges Beten diese Kette von Ursache und Wirkung zu zerbrechen.

Wie sie sich von ihrer negativen Einstellung befreite

Zunächst lernte die nicht mehr ganz junge Frau eine einfache Wahrheit: Wer glaubt, seinen Idealpartner an sich ziehen zu können, wird ihn alsbald in sein Leben treten sehen. Um sich aus ihrer negativen Vorstellungswelt zu befreien und den wirklich idealen Lebensgefährten zu finden, sprach sie das folgende Gebet: »Ich präge meinem Geist die Wesenszüge des Mannes ein, nach dem ich mich zutiefst sehne. Mein idealer Gefährte ist eine starke und originelle Persönlichkeit. Er ist männlich-liebevoll, initiativ, ehrlich, loyal und treu. Bei mir findet er Liebe und Glück. Voll Freude folge ich ihm, wohin immer er will. Ich weiß, er begehrt mich, und ich begehre ihn. Ich bin ehrlich, aufrichtig, liebevoll und gütig. Ich habe ihm viel Schönes zu schenken: meinen besten Willen, ein frohes Herz und einen gesunden Körper. Das gleiche schenkt auch er mir; alles ist gegenseitig, ich gebe und empfange. Die göttliche Weisheit kennt diesen Mann und weiß, wo er ist. Das Unterbewußtsein führt uns zusammen, und wir erkennen einander sofort. Ich vertraue meinem Unterbewußtsein und weiß mich der Erfüllung nahe. Ich danke schon jetzt von ganzem Herzen für die vollkommene Lösung!«

Dieses Gebet sprach sie jeden Morgen und jeden Abend, durchdrungen von der Wahrheit des Gesagten und wohl wissend, daß die dauernde geistige Beschäftigung mit ihrem Wunschbild gleichsam spiegelbildlich ihr eigenes Wesen sympathisch wandelte.

Die Erhörung ihres Gebets

Mehrere Monate vergingen. Obwohl sie einen großen Bekanntenkreis hatte und sich viel in Gesellschaft aufhielt, lernte sie niemanden kennen, der ihren Erwartungen entsprochen hätte. Sobald aber ihr Glaube ins Wanken geriet und sie an der glückstiftenden Wirksamkeit der unterbewußten Kräfte zu zweifeln begann, rief sie sich ins Gedächtnis, daß eben das Unterbewußtsein seine eigenen, aber unbedingt zuverlässigen Methoden hat, jedes Problem zu lösen. Kurz nachdem ihre Scheidung rechtskräftig geworden war, nahm sie die Stellung einer Sprechstundenhilfe an. Wie sie mir später erzählte, wußte sie schon auf den ersten Blick, daß ihr neuer Arbeitgeber der Mann ihrer Träume war. Offensichtlich ging es ihm ähnlich, denn schon nach einer Woche gemeinsamer Arbeit machte er ihr einen Heiratsantrag, und seitdem leben beide in einer glücklichen Ehe. Dieser Arzt war eben nicht ein passiver oder weichlicher Typ, sondern ein kraftvoller Mensch, ein hervorragender Sportler und dabei ein geistig hochstehender und trotz der Liberalität seines Denkens ein religiös veranlagter Mann.

Ihr Traum war Wirklichkeit geworden. Sie hatte ihr Wunschbild ihrem Unterbewußtsein so lange eingeprägt, bis sie geistig und gefühlsmäßig mit ihrer Vorstellung eins geworden war – so wie die Nahrung, die wir zu uns nehmen, Teil unseres Organismus wird.

Soll ich mich scheiden lassen?

Die Frage einer Scheidung ist immer ein individuelles Problem, das sich jeder Verallgemeinerung entzieht. In manchen Fällen war die Heirat schon von vornherein ein schwerwiegender Irrtum, in anderen bietet die Trennung ebensowenig eine Lösung, wie die Heirat ein Patentrezept gegen Einsamkeit ist. Bald erscheint die Scheidung als der einzige Ausweg, bald wieder würde sie die Lage nur verschlimmern. Eine geschiedene Frau kann durchaus aufrichtiger, anständiger und edelmütiger sein als irgendeine Geschlechtsgenossin, deren Eheleben nur noch eine Lüge ist.

Ich unterhielt mich zum Beispiel einmal mit einer Frau, deren Mann nicht nur ein vorbestrafter Drogensüchtiger war, sondern auch keinen Cent zum Lebensunterhalt beitrug und seine Frau noch dazu aufs schwerste mißhandelte. Sie hatte sich nie ganz von der Ansicht befreien können, Scheidung sei eine Sünde. Nun setzte ich ihr auseinander, daß die Heirat eine Sache des Herzens sei. Nur wenn zwei Herzen sich in aufrichtiger Harmonie und Liebe vereinen, kommt die ideale Ehe zustande. Und jede aus einem reinen Herzen kommende Handlung ist eine Tat der Liebe.

Nachdem sie dies begriffen hatte, stand ihr Entschluß fest. Im tiefsten Grunde ihres Herzens hatte sie ja immer gewußt, daß kein göttliches Gesetz sie zwang, sich seelisch und körperlich

mißhandeln zu lassen, nur weil dies seitens des legitim ange-
trauten Ehegatten geschah.

Falls Sie sich im unklaren sind, was zu tun ist, so beten Sie
um Erleuchtung. Sie wird Ihnen unfehlbar zuteil werden. Folgen Sie dem Fingerzeig Ihres Unterbewußtseins – es weist
Ihnen den Weg des Friedens.

Wie man an den Rand der Scheidung gerät

Vor kurzem beschloß ein erst seit wenigen Monaten verheira-
tetes junges Paar, die Scheidung einzureichen. Es stellte sich
heraus, daß der junge Mann in der dauernden Furcht lebte,
seine Frau könne ihn verlassen. Er fühlte sich anderen gegenüber von vornherein zurückgesetzt und war von der Untreue
seiner Frau überzeugt. Diese Gedanken verfolgten ihn Tag und
Nacht, bis sie zur fixen Idee wurden. In seinem Mißtrauen hatte
er sich geistig völlig auf den Gedanken an eine Trennung ein-
gestellt. Auch seiner Frau gelang es immer seltener, ihm liebevoll zu begegnen, da sie seine Ablehnung instinktiv fühlte. Im
Bannkreis dieser negativen Gedanken- und Vorstellungswelten
verschlechterte sich das gegenseitige Verhältnis zusehends.
Wir haben hier wieder einmal ein Beispiel für das uns bereits
wohlbekannte Gesetz von Ursache und Wirkung, von Aktion
und dementsprechender Reaktion. Der Gedanke ist die Ursache und die Reaktion des Unterbewußtseins die Auswirkung.

Die junge Frau verließ eines Tages die gemeinsame Woh-
nung und verlangte die Scheidung, womit sich die schlimmsten
Befürchtungen ihres Mannes bestätigten.

Die Scheidung beginnt im Geist

Jede Scheidung nimmt ihren Ausgang im Geist der Betroffenen
– die juristische Formalität des Scheidungsprozesses ist nur die
spätere, sichtbare Folge. Die Herzen dieser beiden jungen
Menschen waren erfüllt von gegenseitiger Furcht, Mißtrauen,
Eifersucht und Zorn. Eine solche Einstellung schwächt und er-

schöpft Geist und Körper. Nun aber mußten sie an sich erfahren, daß der Haß trennt und die Liebe verbindet. Es begann ihnen bewußt zu werden, welche geistigen Fehler sie begangen hatten. Keiner von ihnen hatte je zuvor vom universellen Gesetz geistiger Ursache und Wirkung gehört, so daß sie den Mißbrauch ihrer Geisteskräfte und die daraus resultierenden unheilvollen Folgen nicht erkannten. Auf meinen Vorschlag hin machte das junge Paar einen letzten Versuch, seine Ehe zu retten. Ich riet ihnen zur Gebetstherapie.

Sie begannen, sich gegenseitig in jeder erdenklichen Weise Liebe, guten Willen und Verständigungsbereitschaft zu beweisen. Noch sind sie nicht am Ende ihres Weges, aber bereits heute gestaltet sich ihre Ehe von Tag zu Tag schöner und befriedigender.

Die unzufriedene Frau

Oft beginnt eine Frau nur deshalb zu nörgeln, weil sie sich unbeachtet fühlt und mehr Liebe und Aufmerksamkeit ersehnt. Zeigen Sie also Ihrer Frau mehr Interesse und würdigen Sie ihre vielen guten Wesenszüge und Eigenschaften so rückhaltslos, wie sie es verdienen. Bei anderen Frauen ist das Meckern auf ihr Bemühen zurückzuführen, den Mann nach ihrem Willen umzuformen. Aber es gibt auf der ganzen Welt wohl kaum eine sicherere und schnellere Methode, seinen Mann loszuwerden, als diese!

Eheleute dürfen nicht dauernd auf der Lauer liegen, um sich nur ja nicht den geringsten Fehler des anderen entgehen zu lassen. Jeder Ehepartner muß dem anderen Dank und Lob wissen für all das Gute, das er an ihm und durch ihn findet.

Der grollende Ehemann

Sobald ein Mann anfängt, seiner Frau zu grollen und über alles nachzubrüten, was sie ihm angeblich durch Wort oder Tat angetan hat, begeht er in einem gewissen Sinn Ehebruch. Denn wie der in der Liebe untreue Mann geht auch er eine negative, zerstörend wirkende Bindung ein. Wer seine Frau im Herzen ablehnt und ihr dominant, aggressiv und feindselig gegenübersteht, ist untreu. Er bricht nämlich sein Ehegelöbnis, mit dem er versprach, sie zu lieben, zu umsorgen und zu ehren alle Tage seines Lebens.

Wer dazu neigt, über echtes oder eingebildetes Unrecht voll Bitterkeit nachzubrüten, tut am besten daran, seinen Zorn und Unwillen zu überwinden, bei sich selbst Einkehr zu halten und sich nach besten Kräften zu bemühen, jederzeit rücksichtsvoll, gütig und höflich gegenüber seiner Frau zu sein. Es wird ihm nicht schwerfallen, Meinungsverschiedenheiten aus dem Weg zu gehen. Die Beachtung und Würdigung der positiven Seiten seines Ehepartners wird den zu bitterem Brüten neigenden Mann von seiner zersetzenden Gewohnheit befreien. Sobald er sich aber zu einer positiven Geisteshaltung durchgerungen hat, werden sich nicht nur die Beziehungen zu seiner Ehefrau, sondern auch zu allen anderen Mitmenschen befriedigender gestalten. Sorgen Sie für innere Harmonie, und Sie werden unfehlbar mit sich und aller Welt in Frieden leben.

Der größte Fehler

Den größten Fehler begeht derjenige, der seine Eheprobleme mit Bekannten und Verwandten erörtert.

»Fritz gibt mir nie genug Geld. Er behandelt meine Mutter abscheulich, betrinkt sich regelmäßig und wird mir gegenüber immer ausfälliger und beleidigender.« – Wer kennt nicht eine Frau, die so oder ähnlich ihren Mann vor anderen Menschen heruntergesetzt hat?

Besprechen Sie Eheprobleme nur mit erfahrenen Eheberatern und wirklich berufenen Personen! Warum wollen Sie, daß eine unüberschaubare Anzahl von Menschen schlecht über Ihre Ehe denkt? Ganz abgesehen davon, daß die Erörterung der Fehler und Schwächen des Ehepartners die gleichen negativen Wesenszüge auch Ihrem eigenen Wesen einverleibt. Denn wer spricht diese negativen Gedanken aus, wer denkt sie, wer fühlt sie? Sie sind es! Und wie man denkt und fühlt, so ist man auch.

Verwandte wissen meistens keinen guten Rat, da ihnen eine Ehekrise in der Regel persönlich nahegeht und sie von vornherein für die eine oder andere Partei voreingenommen sind. Man tut gut daran, sich ins Gedächtnis zu rufen, daß auch in den besten Ehen gelegentliche Spannungen, Meinungsverschiedenheiten und Zeiten einer gewissen Entfremdung auftreten. Behalten Sie solche Streitigkeiten für sich und geben Sie Ihren Freunden und Bekannten niemals Einblick in die Schattenseiten Ihres Ehelebens. Vermeiden Sie es um jeden Preis, Ihren Ehepartner zu kritisieren und herunterzusetzen.

Versuchen Sie nicht, Ihre Frau von Grund auf zu ändern!

Ein Ehemann, der seine Frau zu einer »zweiten Ausgabe« seiner selbst machen will, handelt unklug und setzt seine Ehe aufs Spiel. Die Frau wird nämlich den Versuch, sie in vieler Hinsicht von Grund auf zu ändern, als eine Vergewaltigung ihres Wesens empfinden. Das Verhalten des Mannes zerstört ihren Stolz und ihre Selbstachtung, weckt den Geist des Widerspruchs. Kein Wunder also, daß dadurch die Ehe einer ernsten Belastungsprobe ausgesetzt wird.

Selbstverständlich ist es nötig, daß sich die Partner aufeinander einstellen. Wer aber einmal ehrlich in sein Inneres geblickt hat, um seinen eigenen Charakter und sein eigenes Verhalten zu prüfen, wird dabei auf so viele Fehler und Schwächen gestoßen sein, daß er sein Leben lang genug damit zu tun hat, zunächst bei sich selbst reinen Tisch zu machen. Wer sagt: »Ich möchte meinen Partner nach meinen eigenen Vorstellungen umgestalten«, bringt sich in Schwierigkeiten und seine Ehe in Gefahr. Es wird ihm kaum die harte Lehre erspart bleiben, daß jeder Mensch vornehmlich die Pflicht hat, sich selbst zu vervollkommnen.

Drei Schritte, die Segen bringen

Der erste Schritt: Legen Sie kleine Reibereien und Mißstimmungen möglichst bald, jedenfalls aber noch am gleichen Tag bei. Versäumen Sie niemals, Ihrem Ehegatten noch vor dem Schlafengehen aus vollem Herzen zu verzeihen. Beten Sie sofort beim Erwachen, daß die Allweisheit Sie den ganzen Tag über in allen Dingen leiten möge. Gedenken Sie voller Frieden, Harmonie und Liebe Ihres Ehepartners, aller Familienmitglieder und der ganzen Menschheit.

Der zweite Schritt: Beten Sie beim Frühstück vielleicht gemeinsam ein stilles Tischgebet. Danken Sie sowohl für die wohlschmeckenden und reichlichen Speisen als auch für die vielen anderen Ihnen zuteil gewordenen Segnungen des Lebens. Vermeiden Sie es, sich bei Tisch über irgendwelche Probleme, Sorgen oder strittigen Punkte zu unterhalten – dies gilt natürlich für alle gemeinsam eingenommenen Mahlzeiten. Sagen Sie zu Ihrer Frau oder Ihrem Mann: »Ich bin dankbar für alles, was du für mich tust, und werde den ganzen Tag über in Liebe an dich denken.«

Der dritte Schritt: Mann und Frau sollten jeden Abend abwechselnd beten. Nehmen Sie die Anwesenheit Ihres Ehepartners nicht als eine Selbstverständlichkeit hin. Zeigen Sie ihm Ihre Liebe und Hochschätzung. Denken Sie nach, wie Sie Ihren Partner durch Wort und Tat erfreuen können, anstatt an ihm herumzunörgeln, ihn herunterzusetzen und zu kritisieren. Die sicherste Grundlage eines glücklichen Familien- und Ehelebens sind Liebe, Schönheit, Harmonie, gegenseitige Achtung und der Glaube an Gott und alles Gute im Menschen. Lesen Sie den 23., 27. und 91. Psalm, das 11. Kapitel des Briefes an die Hebräer, das 13. Kapitel des ersten Briefes an die Korinther und andere Herz und Sinn mit Reichtum erfüllenden Bibelstellen, ehe Sie zu Bett gehen.

Wer sich an diese Regeln hält, wird sehen, daß sich seine Ehe von Jahr zu Jahr segensreicher gestaltet.

ZUSAMMENFASSUNG

1. Unkenntnis der geistig-seelischen Gesetze ist die Ursache aller verunglückten Ehen. Wer gemeinsam betet, wird zusammenbleiben.

2. Scheidungen verhindert man am besten schon vor der Eheschließung. Wer richtig beten lernt, wird auch den geeigneten Partner finden.

3. Die Ehe vereint Mann und Frau durch Liebe. Einigkeit und Gemeinsamkeit ist ihre Bestimmung und ihr Glück.

4. Die Ehe ist nicht für sich allein schon eine Quelle des Glücks. Erst im Wissen um die ewigen Wahrheiten und die geistigen Werte können Mann und Frau einander Glück und Freude schenken.

5. Den geeigneten Lebenspartner findet man durch Meditation über die erwünschten Eigenschaften und Wesenszüge. Das Unterbewußtsein führt die Partner zusammen.

6. Das Ihrem Geist vorgestellte Ebenbild des idealen Ehepartners wandelt auch Ihr eigenes Wesen. Wer einen ehrlichen, aufrichtigen und liebevollen Lebensgefährten finden will, muß selbst ehrlich, aufrichtig und liebevoll sein.

7. Man sollte aus seinen Fehlern lernen und nicht auf ihnen beharren. Wer fest davon überzeugt ist, seinen Idealpartner zu finden, dem wird nach seinem Glauben geschehen. Glauben heißt etwas für wahr annehmen.

8. Machen Sie sich keine Gedanken darüber, wie, wann oder wo Sie den ersehnten Partner oder die ersehnte Partnerin finden werden. Vertrauen Sie der Weisheit Ihres Unterbewußtseins. Es kennt alle Mittel und Wege dazu.

9. Wer seinem Ehepartner mit kleinlicher Nörgelei, Böswilligkeit und Ablehnung begegnet, ist geistig bereits von ihm geschieden. Halten Sie, was Sie mit Ihrem Ehegelöbnis versprachen: Ihren Ehepartner alle Tage Ihres Lebens zu lieben, zu achten und zu umsorgen.

10. Geben Sie sich in Bezug auf Ihren Partner keinen negativen Vorstellungen hin. Strahlen Sie Liebe, Frieden, Harmonie und guten Willen aus, und Ihre Ehe wird von Jahr zu Jahr schöner und glücklicher werden.

11. Gedenken Sie einander in Liebe, Frieden und gutem Willen. Ihre Strahlung auf das Unterbewußtsein schafft Vertrauen, Zuneigung und Achtung.

12. Wenn Ihre Frau zu Kritiksucht neigt – versuchen Sie Ihrer Aufmerksamkeit und Wertschätzung Ausdruck zu geben. Meistens sehnt sie sich nach mehr Liebe und Wärme. Heben Sie also ihre vielen guten Wesenszüge hervor und zeigen Sie ihr, daß Sie sie lieben und schätzen.

13. Wer seine Frau liebt, wird sie weder in Worten noch in Taten verletzen. Liebe ist, was Liebe tut.

14. Lassen Sie sich in Ehefragen grundsätzlich nur von berufenen Menschen beraten. Sie würden ja auch nicht zu einem Tischler gehen, um sich einen Zahn ziehen zu lassen. Ebenso ungeeignet ist in ehelichen Problemen der Rat von Verwandten oder Freunden.

15. Versuchen Sie niemals, Ihre Frau oder Ihren Mann von Grund auf zu ändern. Solche Versuche sind immer verfehlt und eine Gefahr für Ihre Ehe. Sie sind höchstens geeignet, den Stolz und das Selbstgefühl des Partners zu zerstören und den Geist des Widerspruchs zu wecken.

16. Beten Sie gemeinsam, und Sie werden zusammenbleiben. Das wissenschaftliche Gebet löst alle Probleme. Stellen Sie sich im Geist Ihre Frau so fröhlich, glücklich, gesund und schön vor, wie sie sein soll. Sehen Sie Ihren Mann so, wie er Ihrem Ideal entspricht: stark, zuverlässig, liebevoll, ausgeglichen und gütig. Machen Sie sich diese Gedanken und Vorstellungen zur Gewohnheit, und Sie werden die Erfahrung machen, daß Ehen nicht nur »im Himmel geschlossen« sind, sondern auch der »Himmel auf Erden« sein können.

KAPITEL 15

Das Unterbewußtsein und Ihr Glück

William James, der Vater der amerikanischen Psychologie, sagte einmal, die größten Entdeckungen des 19. Jahrhunderts seien nicht auf dem Gebiet der Naturwissenschaften gemacht worden. Die umwälzendste Erkenntnis sei vielmehr die der in jeder Hinsicht ungeheuren Macht gewesen, die das von einem unerschütterlichen Glauben geleitete Unterbewußtsein entfalten kann.

Wahres und unzerstörbares Glück wird an jenem Tag in Ihr Leben treten, an dem Sie mit voller Klarheit erkennen, daß Sie mit Hilfe Ihres Unterbewußtseins jede Ihrer Schwächen besiegen und alle Ihre Probleme lösen können, daß es den Körper heilt und Ihre kühnsten Erwartungen von Glück und Erfolg bei weitem übertrifft.

Vielleicht glaubten Sie den Augenblick Ihres größten Glücks zu erleben, als Sie Ihr Schlußexamen ablegten oder einen 1. Preis gewannen, als Sie sich verheirateten oder als Ihnen Ihr erstes Kind geboren wurde. Bei anderen mag vielleicht der Tag der Verlobung als Höhepunkt ihres Lebens gelten, und man könnte noch vieles anführen, was das Herz eines Menschen beseligt. Doch so unvergleichlich solche Erlebnisse auch sein mögen, sie schenken nicht das wahre, dauernde Glück – denn sie sind vergänglich.

Die einzig wirklich gültige Antwort finden wir in der Bibel, im Buch der Sprüche, wo es heißt: »*Glücklich ist, wer dem Herrn vertraut.*« Denn sobald Sie sich uneingeschränkt und in allen Dingen der Ihrem Unterbewußtsein immer gegenwärtigen Führung Gottes anvertrauen, werden Sie allen Problemen des Lebens ausgeglichen und heiter begegnen. Erfüllt von Liebe, Frieden und gutem Willen werden Sie somit die sichere Grundlage für ein Glück schaffen, das Sie alle Tage Ihres Lebens begleiten wird.

Sie müssen das Glück wählen!

Glück ist eine Frage der geistigen Einstellung. Wie das Bibelwort sagt: *»Erwählet euch an diesem Tage den, dem ihr dienen
wollt«*, steht es Ihnen frei, das Glück zu wählen. Dies mag überraschend einfach klingen – und ist es auch. Vielleicht scheitern
viele Leute aus eben diesem Grund bei ihrer Suche nach dem
Glück, denn sie können einfach nicht glauben, daß sich das Tor
zum Glück so einfach öffnen läßt. Doch alle wahrhaft großen
Dinge des Lebens sind einfach, dynamisch und schöpferisch;
sie alle schaffen Wohlbefinden und Glück.

Der Apostel Paulus enthüllt uns mit den folgenden Worten,
wie man sich in ein Leben voll dynamischer Kraft und Glückse-
ligkeit hineindenken kann: *»Im übrigen, Brüder, was wahr ist,
was ehrbar ist, was gerecht, was rein, was liebenswert, was entsprechend ist, was es an Tugend und löblichen Dingen gibt, darauf richtet euren Sinn!«* (Philipper 4,8)

Wie man das Glück erwählt

Lernen Sie noch heute, sich für das Glück zu entscheiden. Die
Methode ist denkbar einfach. Sobald Sie am Morgen die Augen
öffnen, sagen Sie zu sich: »Der göttliche Wille ordnet mein
Leben heute und jederzeit. Alles wendet sich heute zu meinem Besten. Heute beginnt ein neuer und wunderschöner
Tag, glücklicher als je einer zuvor. Die göttliche Weisheit lenkt
mich auf meinem Weg, und der göttliche Segen ruht auf allem,
was ich heute beginne. Die göttliche Liebe umgibt und
beschützt mich, und ich schreite ins Licht. Sobald meine
Gedanken von dem abzuschweifen beginnen, was gut und konstruktiv ist, werde ich mich sofort zur Ordnung rufen und mich
wiederum ausschließlich auf das Schöne und Gute konzentrieren. Ich bin ein geistiger und seelischer Magnet, der Glück
und Segen an sich zieht. Alle meine heutigen Unternehmungen werden sich zu außerordentlichen Erfolgen entwickeln.
Ich werde den ganzen Tag über uneingeschränkt glücklich
sein.«

Beginnen Sie jeden Tag auf diese Weise, dann werden Glück und Frohsinn Sie begleiten.

Er machte sich das Glück zur Gewohnheit

Vor mehreren Jahren verbrachte ich etwa eine Woche in einem Bauernhaus in Connemara an der Westküste Irlands. Jeden Tag, den Gott gab, sang und pfiff der Bauer vor sich hin und war strahlendster Laune. Als ich ihn nach dem Grund seines Frohsinns fragte, antwortete er: »Ich bin es gewöhnt, glücklich zu sein. Jeden Morgen, wenn ich erwache, und jeden Abend, ehe ich die Augen schließe, segne ich meine Familie, die Äcker, die Felder und das Vieh und danke Gott für die reiche Ernte.«

40 Jahre lang hatte er sich dies zur täglichen Gewohnheit gemacht. Dieser einfache irische Bauer hatte also das auf der Funktion des Unterbewußtseins beruhende Geheimnis entdeckt, daß Glück nichts anderes ist als Gewohnheit und die Folge positiven Denkens.

Sie müssen ehrlich wünschen, glücklich zu sein

Wer das Glück sucht, muß eine wichtige Vorbedingung erfüllen: Er muß es von ganzem Herzen ersehnen. Manche Menschen haben sich so lange ihrer Niedergeschlagenheit und Traurigkeit hingegeben und diese geradezu »kultiviert«, daß sie bei einer plötzlichen guten und freudigen Nachricht, anstatt glücklich zu sein, genauso wie jene Frau reagieren, die einmal zu mir sagte: »Es ist sündhaft, so glücklich zu sein!« Menschen dieser unglücklichen Art haben sich so sehr an ihre negativen Denkmodelle gewöhnt, daß sie mit dem Glück nichts mehr anzufangen wissen! So unglaublich es klingt, sie sehnen sich direkt nach ihrer zur lieben Gewohnheit gewordenen Depression.

In England kannte ich einmal eine Frau, die schon seit vielen Jahren an Rheumatismus litt. Sie pflegte ihr Knie zu tätscheln und zu sagen: »Heute ist mein Rheuma aber wieder schlimm!

Ich kann keinen Schritt vors Haus tun. Ach, was habe ich doch unter diesem Rheumatismus zu leiden!«

Die ständigen Klagen der alten Dame erregten das Mitleid ihres Sohnes, ihrer Tochter und der Nachbarn, so daß sie von allen Seiten mit Aufmerksamkeiten überschüttet wurde. Deshalb war ihr der Rheumatismus eigentlich höchst willkommen. Sie kostete ihre angeblichen »Leiden« sichtlich aus. Im Grunde genommen wollte diese Frau gar nicht gesund sein.

Ich schlug ihr eine sicher wirkende Heilmethode vor. Ich schrieb ihr einige Bibelverse auf und sagte ihr, eine entsprechende Konzentration auf diese Wahrheiten würde zweifellos ihre geistige Einstellung ändern, ihre Lebenszuversicht von neuem erwecken und Heilung bringen. Sie zeigte aber nicht das geringste Interesse. Viele Menschen haben eben einen sonderbaren und krankhaften Hang zur Selbstzerfleischung und Selbstbemitleidung. Elend und Traurigkeit sind ihre liebsten Begleiter.

Warum das Unglück wählen?

Nicht wenige Leute stehen ihrem Glück selbst im Weg, weil sie etwa folgenden Gedanken nachhängen: »Heute ist ein schwarzer Tag; alles wird schiefgehen!« – »Heute gelingt mir ja doch wieder nichts!« – »Jeder ist gegen mich!« – »Das Geschäft geht immer schlechter!« – »Ich komme doch immer zu spät !« – »Ich bin eben ein Pechvogel!« – »Er kann sich alles leisten, und ich nichts!«

Wer seinen Tag mit solchen Gedanken beginnt, der kann kein Glück haben und muß unglücklich sein. Marc Aurel, der römische Kaiser, Philosoph und Weise, sagte: »Die Gedanken sind es, die das Leben des Menschen glücklich oder unglücklich gestalten.« Der große amerikanische Philosoph Ralph Waldo Emerson drückte sich so aus: »Der Mensch ist, was er den ganzen Tag über denkt.« Denkgewohnheiten zeitigen also, wie wir bereits aus anderen Zusammenhängen wissen, alsbald die ihnen entsprechenden Ergebnisse und bestimmen so die Geschehnisse.

Vermeiden Sie deshalb um jeden Preis negative Gedanken und ebenso alle mutlosen und unfreundlichen Stimmungen. Rufen Sie sich immer wieder ins Gedächtnis, daß Ihnen nichts widerfahren kann, was nicht in Ihrem eigenen Geist seinen Ursprung genommen hat.

Wenn ich eine Million besäße, wäre ich glücklich

In psychiatrischen Heilanstalten habe ich immer wieder Menschen angetroffen, die – obwohl sie vermögend waren – behaupteten, völlig verarmt zu sein. Sie waren aufgrund psychotischer, paranoider und manisch-depressiver Leiden eingewiesen worden. Reichtum allein macht nicht glücklich. Andererseits aber ist es keineswegs so, daß Reichtum mit Glück unvereinbar ist. Viele versuchen heutzutage, indem sie teure Reisen machen oder Konsumgüter, Computer, Fernsehgeräte, Autos, ein Haus, einen Landsitz, eine Jacht, einen Swimmingpool erwerben, ihr Glück zu finden. Aber das sind nur Ersatzbefriedigungen; das Glück ist nicht käuflich.

Nur der richtigen Geisteshaltung erwächst das Glück. Allzu viele legen ihr Glücksstreben rein äußerlich fest: »Wenn ich zum Bürgermeister gewählt würde, dann wäre ich glücklich!«

Sind Sie aber, wenn sie dann wirklich Bürgermeister, Geschäftsführer, Generaldirektor sind, glücklicher? Glück ist ein geistiger und seelischer Zustand. Stärke, Freude und Glück des Menschen bestehen darin, das dem Unterbewußtsein innewohnende dynamische Gesetz der göttlichen Ordnung und des rechten Handelns zu entdecken und in allen Lebensbereichen zu verwirklichen.

Für ihn war Glück die Frucht innerer Ruhe

Als ich vor mehreren Jahren in San Francisco eine Vortragsreihe hielt, suchte mich ein Mann auf, der äußerst unglücklich über den Gang seiner Geschäfte war. Er war Prokurist und lehnte sich innerlich voll Bitterkeit gegen den Generaldirektor und dessen Stellvertreter auf. Er behauptete, die beiden legten ihm alle möglichen Hindernisse in den Weg. Diese innere Abneigung beeinträchtigte seine Leistung und den Geschäftsgang, und er erhielt weder Leistungsprämien noch Gewinnanteile.

Er löste dann sein berufliches Problem mit der uns bekannten Methode. Er gewöhnte sich an, gleich beim Aufwachen voll unerschütterlichem Vertrauen festzustellen: »Alle meine Mitarbeiter und Vorgesetzten sind aufrichtig, hilfsbereit, loyal und guten Willens allen anderen gegenüber. Sie bilden die wichtigsten geistigen und seelischen Glieder einer Kette, die zum Wachstum, Wohlergehen und Erfolg dieses Unternehmens beiträgt. In all meinen Gedanken, Worten und Taten bekunde ich gegenüber meinen Vorgesetzen und sämtlichen Mitarbeitern Liebe, Verständnisbereitschaft und guten Willen. Auch der Generaldirektor und sein Stellvertreter werden von der göttlichen Weisheit gelenkt. Die allumfassende Einsicht meines Unterbewußtseins inspiriert alle meine Entscheidungen. Unsere sämtlichen geschäftlichen Transaktionen und menschlichen Beziehungen sind geprägt durch das Bestreben, das Rechte und Richtige zu tun. Meinem Gang ins Büro sende ich bereits Gedanken des Friedens, der Liebe und des guten Willens voran. Ausgeglichenheit und Verständnisbereitschaft walten – wie in mir – im Geist aller dort Beschäftigten. Voller Vertrauen und zuversichtlichem Glauben an das Gute beginne ich nun diesen neuen Tag!«

Der Prokurist wiederholte gefühlsinnig diese wohlüberlegte Meditation an jedem Morgen dreimal. Sobald sich tagsüber angstvolle und ärgerliche Gedanken regten, sagte er zu sich: »Friede, Harmonie und Ausgeglichenheit herrschen den ganzen Tag über in meinem Herzen und in meinem Geist!«

Nachdem er sich einige Zeit lang dieser geistigen Disziplin unterworfen hatte, blieben seine früheren schädlichen Gedanken aus, und nichts mehr vermochte seine auf innerem Frieden beruhende Seelenruhe zu beeinträchtigen. Diese neue verinnerlichte Einstellung trug reiche Früchte.

Wie er mir schrieb, riefen ihn nämlich nach einiger Zeit die beiden leitenden Direktoren zu sich und sprachen ihm ihre Anerkennung für seine Arbeit und seine neuen konstruktiven Vorschläge aus. Sie hatten in ihm einen fähigen Mitarbeiter erkannt, er aber hatte entdeckt, daß der Mensch sein Glück nur in sich selbst finden kann.

In Wirklichkeit gibt es gar kein Hindernis

Vor einigen Jahren las ich in der Zeitung von einem Pferd, das beim Anblick eines Baumstumpfes am Straßenrand plötzlich scheute. Dies wiederholte sich von da an jedesmal, wenn es daran vorbei mußte. Darauf grub der Bauer den alten Baumstumpf aus, verbrannte ihn und ebnete den Boden ein. Doch noch 25 Jahre später scheute das Pferd jedesmal, wenn es an diese Stelle kam. Seine Reaktion wurde also ausschließlich durch die Erinnerung ausgelöst.

Auch auf dem Weg zu Ihrem Glück befinden sich keine Hindernisse außer denen, die Sie in Ihrer eigenen Denk- und Vorstellungswelt errichten Werden Sie durch Furcht oder Sorgen geschreckt? Furcht ist nur ein Gedanke. Noch in diesem Augenblick können Sie alle Hemmnisse mit Stumpf und Stiel ausrotten, indem Sie an ihre Stelle den Glauben an Ihren Erfolg, Ihre Leistungsfähigkeit und Ihren Sieg über alle Probleme setzen.

Ich kannte einmal einen gescheiterten Geschäftsmann. Dieser sagte mir:»Ich habe Fehler gemacht, aus denen ich viel gelernt habe. Jetzt gründe ich ein neues Unternehmen, das ich zu großem Erfolg führen werde.« Er hatte den Mut gehabt, das Hindernis in seinem eigenen Geist ins Auge zu fassen. Er verschwendete keine Zeit auf unnütze Klagen, sondern »grub den Baumstumpf aus«: er verbannte seine als abträglich erkannten Depressionen kraft unerschütterlichen Glaubens an seine innerlichen Kräfte. Gewinnen Sie Selbstvertrauen, und Sie werden Glück und Erfolg haben!

Die glücklichsten Menschen

Am glücklichsten ist, wer immer und überall sein Bestes gibt. Glück und Tugend sind untrennbar miteinander verbunden. Die besten Menschen sind nicht nur die glücklichsten, sondern die glücklichsten sind meist auch die besten in der Kunst erfolgreich zu leben. Das Höchste und Beste in Ihnen ist Gott. Bringen Sie daher mehr von Gottes Liebe, Licht, Wahrheit und Schönheit zum Ausdruck, und Sie werden zu einem der glücklichsten Menschen der Welt.

Epiktet, der griechische Philosoph der stoischen Schule, sagte: »Nur ein Weg führt zum Glück und zu innerer Ruhe. Er besteht darin, niemals – sei es am frühen Morgen, wenn du erwachst, sei es den ganzen Tag über oder wenn spät sich der Schlaf auf deine Lider senkt – einen Gedanken auf Besitz und alle Äußerlichkeiten des Lebens zu verschwenden, sondern dies alles und sein ganzes Leben Gott anzuvertrauen.«

ZUSAMMENFASSUNG

1. William James sagte, die größte Entdeckung des 19. Jahrhunderts sei die Erkenntnis der ungeheuren Macht des vom Glauben inspirierten Unterbewußtseins gewesen.

2. In Ihnen wohnt eine unendliche Macht. Das Glück wird in Ihr Leben treten, sobald Sie lernen, auf diese inneren Kräfte zu vertrauen. Bald werden sich dann Ihre Träume verwirklichen.

3. Sie können siegreich jedes Problem, jede Schwäche überwinden und sich alle Wünsche Ihres Herzens erfüllen durch die wunderwirkenden Kräfte Ihres Unterbewußtseins. Dies nämlich ist die – die geistigen Gesetze des Unterbewußtseins erweisende – Bedeutung des Bibelwortes: »*Glücklich ist, wer dem Herrn vertraut.*«

4. Sie müssen sich für das Glück entscheiden. Glück ist eine Gewohnheit. Es ist empfehlenswert, sich immer wieder

die folgenden Worte ins Gedächtnis zu rufen: »*Im übrigen, Brüder, was wahr ist, was ehrbar ist, was gerecht, was rein, was liebenswert, was ansprechend ist, was es an Tugend und löblichen Dingen gibt, darauf richtet euren Sinn!*« (Philipper 4,8)

5. Sagen Sie beim Erwachen: »Heute entscheide ich mich für das Glück! Heute entscheide ich mich für den Erfolg! Heute entscheide ich mich für die rechte Handlungsweise! Heute entscheide ich mich für die Liebe und guten Willen allen meinen Mitmenschen gegenüber! Heute entscheide ich mich für den Frieden!« Erfüllen Sie diese Entscheidungen mit Leben, Liebe und Interesse, und Sie haben das Glück gewählt!

6. Sagen Sie mehrere Male am Tag Dank für die Ihnen zuteil gewordenen Segnungen. Beten Sie darüber hinaus für den Frieden, das Glück und das Wohlergehen aller Mitglieder Ihrer Familie, Ihrer Kollegen und aller Menschen in der ganzen Welt.

7. Sie müssen das Glück ehrlich ersehnen. Ohne echte Sehnsucht kommt nichts zustande. Die Sehnsucht ist ein Wunsch, der von Phantasie und Glaube beflügelt wird. Stellen Sie sich die Erfüllung Ihres Wunsches vor, glauben Sie an seine Verwirklichung, und er wird wahr werden. Das Glück, das Ihnen erwächst, sind erhörte Gebete.

8. Wer andauernd Gedanken der Furcht und des Zorns, des Hasses und des Mißerfolges nachhängt, wird sich unweigerlich zutiefst niedergeschlagen und unglücklich fühlen. Denken Sie immer daran: Ihr Leben wird von Ihrem Denken gestaltet.

9. Man kann Glück mit allem Geld der Welt nicht erkaufen. Manche Millionäre sind sehr glücklich, andere sehr unglücklich. Viele Menschen mit geringen irdischen Besitztümern sind sehr glücklich, andere sehr unglücklich. Manche Verheiratete sind glücklich, andere sehr unglücklich. Manche Ledige sind glücklich und andere wieder sehr unglück-

lich. Glück ist vielmehr das Ihre Gedanken und Gefühle leitende »Regime«.

10. Glück ist die Frucht innerer Ruhe. Konzentrieren sie Ihr
Denken auf Frieden, Ausgeglichenheit, Sicherheit und göttliche Führung, und Ihr Geist wird zur Glücksquelle.

11. Es gibt kein Hindernis auf dem Weg zum Glück. Äußerlichkeiten vermögen nichts, sind niemals Ursache. Lassen Sie
sich von dem Ihnen innewohnenden schöpferischen Prinzip
leiten. Jeder Gedanke ist eine Ursache, und jede neue Ursache schafft eine neue Wirkung. Entscheiden Sie sich für das
Glück.

12. Am glücklichsten ist, wer immer sein Bestes verwirklicht
und gibt. Gott ist das Höchste und Beste in jedem Menschen,
und das Reich Gottes ist in jedem von uns bereitet.

KAPITEL 16

Das Unterbewußtsein und harmonische Beziehungen zur Umwelt

Bei der Lektüre dieses Buches haben Sie gelernt, das Unterbewußtsein als eine Art von Speichergerät zu betrachten, das alle Eindrücke getreulich festhält. Dies ist auch einer der zwingendsten Gründe, warum wir in unseren Beziehungen zu unseren Mitmenschen die »Goldene Regel« beachten müssen:

»Alles nun, was ihr wollt, daß euch die Menschen tun sollen, das tut ihnen auch!« (Matthäus 7,12)

Dieser Satz stellt nicht nur eine rein praktische Verhaltensregel dar, sondern hat eine tiefere Bedeutung. In bezug auf das Unterbewußtsein ist er nämlich folgendermaßen zu interpretieren: Wie Sie wollen, daß die Menschen über Sie denken, genauso sollten Sie über die anderen denken. Was Sie wollen, daß die Menschen es in bezug auf Sie fühlen, das sollen ebenso Sie in bezug auf die anderen fühlen. Wie Sie wollen, daß die Menschen sich Ihnen gegenüber verhalten, so sollen ebenso Sie sich den anderen gegenüber verhalten.

Vielleicht zeigen Sie sich einem Arbeitskollegen gegenüber in seiner Gegenwart freundlich und höflich und finden ihn gar nicht unsympathisch, kaum aber dreht er Ihnen den Rücken, so gewinnt Ihre ablehnende Haltung wieder die Oberhand. Vermeiden Sie dies um jeden Preis! Negative Gedanken schaden Ihnen selbst am meisten und führen zur Selbstvergiftung. Sie schädigen Ihr Denken derart, daß Sie Ihrer ganzen Lebenslust, Begeisterung, Kraft, inneren Einsicht und Verständnisbereitschaft beraubt sind. Diese Gedanken und Gefühle sinken in Ihr Unterbewußtsein ab und führen – zerstörerisch, wie sie sind – alle möglichen Schwierigkeiten und Leiden herbei.

Der goldene Schlüssel zum Herzen der Mitmenschen

»Richtet nicht, damit ihr nicht gerichtet werdet. Denn mit dem Urteil, mit dem ihr richtet, werdet ihr gerichtet werden, und mit dem Maß, mit dem ihr meßt, wird euch gemessen werden.« (Matthäus 7,1-2)

Wer die tiefe Wahrheit dieser Bibelstelle erkannt hat und sie in seinem Leben beherzigt, hat den goldenen Schlüssel zum Herzen seiner Mitmenschen gefunden. Urteilen ist ja ein gedanklicher Prozeß, der zu einer bestimmten Schlußfolgerung in bezug auf einen Menschen oder einen Umstand führt. Ihr Urteil über Ihre Umwelt ist aber die Leistung Ihres eigenen Denkens, weil Sie selbst ja das Urteil fällen. Nun besitzen Gedanken jedoch eine dynamisch-schöpferische Kraft, die in Ihnen selbst all das verwirklicht, was Sie über andere denken und fühlen. Ebenso beeinflußt, da ja Ihr Geist ein schöpferisches Medium ist, auch alles, was Sie einem anderen suggerieren, Sie selbst.

Darum also heißt es: *»Denn mit dem Urteil, mit dem ihr richtet, werdet ihr gerichtet werden.«* Wer mit diesem Gesetz und der Wirkungsweise des Unterbewußtseins vertraut ist, wird stets größte Sorge dafür tragen, in bezug auf seine Mitmenschen nur das Rechte zu denken, zu fühlen und zu tun. Gleichzeitig aber enthüllt Ihnen dieses Bibelwort das Geheimnis, auf welche Weise viele menschliche Probleme befriedigend gelöst werden können.

»Und mit dem Maß, mit dem ihr meßt, wird euch gemessen werden.«

Was Sie an ihren Mitmenschen Gutes tun, wird Ihnen in gleichem Maß vergolten werden, und dasselbe geistige Gesetz will es, daß sich auch alle Übeltaten am Urheber rächen. Wer einen Mitmenschen arglistig täuscht und betrügt, begeht diese Täuschung und diesen Betrug letzen Endes an sich selbst. Das Bewußtsein der eigenen Schuld wird nämlich das Denken des Betreffenden in negative Bahnen lenken und früher oder später allerlei Unangenehmes herbeiführen, da das Unterbewußtsein jeden geistigen Vorgang registriert und in voller Übereinstimmung mit dem jeweiligen Motiv reagiert.

Ihr Unterbewußtsein ist überpersönlich und unveränderlich. Es handelt ohne jede Rücksicht auf Person, Religion oder Stellung. Es kennt weder Mitleid noch Rache. Die Art und Weise, wie Sie Ihren Mitmenschen gegenüber denken, fühlen und handeln, bestimmt letztlich den Verlauf Ihres eigenen Lebens.

Die Schlagzeilen der Tagespresse machten ihn krank

Beginnen Sie von nun an, sich selbst zu beobachten und Ihre Reaktionen auf Menschen, Umstände und Tatsachen zu prüfen. Welchen Eindruck hinterlassen die Ereignisse und Neuigkeiten des Tages auf Sie? In diesem Zusammenhang ist es völlig gleichgültig, ob Ihre Ansichten berechtigt oder die einzig richtigen sind oder nicht. Falls nämlich irgendeine Nachricht geeignet ist, Sie zu erregen, so ist sie schon allein deshalb abzulehnen, weil derartige Gefühle jeder Art Ihr auf innerem Frieden beruhendes Gleichgewicht stören.

Eine Dame schrieb mir einmal, ihr Mann gerate regelmäßig in Zorn, wenn er in der Tageszeitung die Schlagzeilen und die Artikel eines bestimmten Journalisten lese. Sie fügte hinzu, dieser dauernde Ärger und die jeweils nur mühsam unterdrückte Wut hätten bei ihrem Mann zu Magengeschwüren geführt, so daß der Hausarzt dringend eine entsprechende psychotherapeutische Behandlung empfohlen habe. Ich bat den Betreffenden, mich aufzusuchen, setzte ihm die Wirkungsweise des menschlichen Geistes auseinander und öffnete ihm die Augen dafür, wie unreif es sei, sich über von seiner Meinung abweichende Zeitungsartikel so zu erregen.

Bald sah er ein, daß er einem jeden Journalisten die Freiheit zugestehen müsse, seiner Meinung Ausdruck zu verleihen, auch wenn diese im Widerspruch zu seinen eigenen Ansichten stand. Andererseits räume ihm ja die betreffende Zeitungsredaktion ebenso selbstverständlich die Freiheit ein, in einem Leserbrief eine Gegendarstellung zu geben. Mein Patient mußte lernen, daß man durchaus anderer Meinung sein kann, ohne deshalb ausfallend zu werden. Schließlich ging ihm die ebenso grundlegende wie einfache Wahrheit auf, daß es für ihn nicht auf die Worte oder Taten von wem immer ankommt, sondern einzig und allein auf seine eigene Reaktion.

Aufgrund dieser Einsicht war mein Patient geheilt, und bald gehörten seine morgendlichen Tobsuchtsanfälle der Vergangenheit an. Später erzählte mir seine Frau, er nehme jetzt die betreffenden Artikel mit Humor hin und belustige sich selbst in Erinnerung seiner sinnlosen Wutanfälle. Der früher so verhaßte Journalist vermochte ihn nicht mehr zu reizen. Und bald nachdem mein Patient infolge dieser geistigen Umstellung sein inneres Gleichgewicht wiedergefunden hatte, verschwanden auch seine Magengeschwüre.

»Ich mag Frauen nicht, mir sind nur Männer sympathisch.«

Eine Sekretärin stand mit einigen ihrer Arbeitskolleginnen auf dem Kriegsfuß, da diese ständig über sie klatschten und angeblich Lügen verbreiteten. Sie gab mir gegenüber offen zu, daß sie Frauen nicht leiden könne. Ihre eigenen Worte waren: »Ich mag Frauen nicht, mir sind nur Männer sympathisch.« Ich entdeckte auch, daß sie gegenüber den ihr unterstellten Mitarbeiterinnen einen sehr hochmütigen, herrschsüchtigen und gereizten Ton anschlug. Sie rechtfertigte diese Verhaltensweise damit, daß ihre Mitarbeiterinnen ihre größte Freude darin fänden, ihr das Leben schwerzumachen. Andererseits aber hatte sie ganz allgemein eine Art an sich, die geeignet war ihre Umgebung gegen sie aufzubringen. Falls auch Ihnen Ihre Arbeitskolleginnen und -kollegen im Büro oder im Betrieb auf die Nerven gehen, wäre es da nicht möglich, daß die Spannungen und Unverträglichkeiten vornehmlich auf die von Ihnen selbst ausgehende seelische Strahlung, nämlich auf eine unterbewußte Ablehnung Ihrerseits zurückzuführen sind?

Manche Lebewesen, insbesondere Hunde, haben eine feine Witterung für tierfeindlich gesinnte Menschen und reagieren mit entsprechender Gereiztheit. Nicht nur Tiere, sondern auch viele Menschen besitzen eine Art sechsten Sinn für seelische Schwingungen dieser Art.

Ich empfahl der ihren Geschlechtsgenossinnen gegenüber so ablehnenden Sekretärin, es mit dem wissenschaftlichen Gebet zu versuchen. Außerdem erklärte ich ihr, die Erkenntnis und Anwendung der grundlegenden Wahrheiten des Lebens würden sehr bald ihr gesamtes Wesen, ihre Sprechgewohnheiten und alles sonst an ihrer Verhaltensweise ändern und ihren Unwillen gegenüber Frauen zum Verschwinden bringen. Sie zeigte sich sehr überrascht zu hören, daß sich Haß in den Worten, Handlungen, Schriftzügen und allen anderen Lebensäußerungen eines Menschen verrät. Darauf erdachte sie eine Gebetsübung, der sie sich regelmäßig, systematisch und gewissenhaft unterzog.

Ihr Gebet lautete wie folgt: »Ich denke, spreche und handle voll Liebe, Ruhe und Frieden. Von nun an begegne ich allen Mitarbeiterinnen, die mich kritisieren und über mich klatschen, mit Sympathie, Verständnisbereitschaft und Güte. Mein Denken richtet sich ausschließlich auf innere und äußere Ausgeglichenheit, auf Verständnisbereitschaft und Eintracht. Sobald ich mich zu einer negativen Reaktion versucht fühle, rufe ich mich streng zur Ordnung – nach dem Grundsatz: ›Ich werde immer und überall auf der Grundlage des mir innewohnenden Prinzips der Harmonie, der Gesundheit und des Friedens denken, sprechen und handeln.‹ Die schöpferische Allweisheit führt und leitet mich aller Wege.«

Nachdem sie sich dieses Gebet zur täglichen Gewohnheit gemacht hatte, vollzog sich in ihrem Leben eine völlige Wandlung, und alle Kritik sowie alle Reibereien nahmen ein Ende. Ihre früheren »Untergebenen« wurden zu echten Mitarbeitern und Freundinnen. All dies verdankte sie der umwälzenden Entdeckung, daß man niemand anderen als sich selbst zu ändern hat.

Sein innerer Monolog verhinderte die Beförderung

Eines Tages suchte mich ein Vertreter auf und erzählte mir von seinen Schwierigkeiten mit dem Leiter der Verkaufsabteilung. Obwohl er schon zehn Jahre lang für das Unternehmen tätig war, sei er nie befördert worden, noch habe man seine Arbeit mit der geringsten Anerkennung gewürdigt. Anhand seiner Verkaufsziffern zeigte er mir, daß er vergleichsweise mehr Abschlüsse getätigt hatte als mehrere seiner Kollegen. Er war davon überzeugt, der Verkaufsleiter habe etwas gegen ihn, er werde ungerecht behandelt, ja, sein Vorgesetzter lehne von ihm kommende Vorschläge grundsätzlich ab und mache sich bei Konferenzen höchstens noch darüber lustig.

Ich erklärte ihm, daß zweifellos ein Großteil der Schuld auch bei ihm selbst liege und das Verhalten das Verkaufsleiters nichts anderes sei als die unbewußte Reaktion auf die negative Einstellung seines Mitarbeiters. *»Mit dem Maß, mit dem ihr meßt, wird euch gemessen werden.«* In der Einschätzung – oder nach dem »Maß« – meines Besuchers war der Verkaufsleiter ein engstirniger und streitsüchtiger Mensch, demgegenüber er von Bitterkeit und Feindseligkeit erfüllt war. Schon auf dem Weg zur Arbeit pflegte der Vertreter einen hitzigen inneren Monolog zu führen, in dem sich seine Argumente, Vorwürfe und Anklagen gegen den Verkaufsleiter entluden.

Die verheerende Rückwirkung dieser negativen Einstellung ließ nicht lange auf sich warten. Der Vertreter war sich dessen nicht bewußt, daß sein innerer Monolog und die in ihm zum Ausdruck kommenden starken Haßgefühle sich seinem Unterbewußtsein einprägten und somit zur Ursache nicht nur der feindseligen Einstellung seines Vorgesetzten wurden, sondern auch ihm selbst eine ganze Reihe von körperlichen und emotionalen Störungen verursachten.

Er machte sich folgendes Gebet zur täglichen Gewohnheit: »Ich bin der Denker meiner eigenen Welt. Ich allein entscheide und bin dafür verantwortlich, was ich über meinen Vorgesetzten denke. Ich kann dem Verkaufsleiter nicht meine eigene Denkungsart zum Vorwurf machen. Hiermit spreche ich jedem Menschen, jedem Ort, jedem Ding, jedem Umstand das Recht

und die Macht ab, mich irgendwie innerlich zu treffen. Ich
wünsche meinem Vorgesetzten Gesundheit, Erfolg, inneren
Frieden und Glück. Ich wünsche ihm aus ehrlichem Herzen alles Gute und weiß, daß jeder seiner Schritte von Gott gelenkt
ist.«

Ich riet ihm, sich seinen Geist als Garten vorzustellen, in dem
jeder ihm anvertraute Samen entsprechende Frucht trägt, und
empfahl ihm, vor dem Einschlafen in seiner Phantasie wie in
einem Film zu sehen, wie der Direktor der Verkaufsabteilung
ihm mit herzlichen Worten zu seinen hervorragenden Leistungen, seinem unermüdlichen Arbeitseifer und der außerordentlich guten Zusammenarbeit mit der Kundschaft gratuliert. – In
diese Szene lebte sich der Vertreter so stark ein, daß er den
Handschlag zu spüren, die Stimme seines Gegenübers zu
hören und sein Lächeln zu sehen vermeinte. Nacht für Nacht
ließ er diesen Film vor seinem geistigen Auge ablaufen, da er
wußte, daß sein Unterbewußtsein das Geschehen wie auf einer
fotografischen Platte festhalten würde.

Aufgrund des im Unterbewußtsein sich abspielenden Vorgangs, den man als seelisch-geistige Osmose bezeichnen kann,
trat die erwartete Wirkung ein, und aus Phantasie wurde
Wirklichkeit. Eines Tages nämlich rief ihn der Leiter der Verkaufsabteilung zu sich nach San Francisco, sprach ihm seine
Anerkennung aus und beförderte ihn gleichzeitig unter bedeu-
tender Aufbesserung seines Gehalts zum Abteilungsleiter, dem
mehr als 100 Mitarbeiter unterstellt waren. Die veränderte innere Einstellung zu seinem Chef hatte auch bei letzterem einen entsprechenden Gesinnungswandel bewirkt.

Der Weg zur emotionalen Reife

Die Worte oder Handlungen eines anderen besitzen – außer im
von Ihnen selbst zugestandenen Maß – keinerlei Macht, Sie zu
treffen oder zu reizen. Für jede negative Reaktion ist nämlich
einzig und allein Ihre eigene Denkweise verantwortlich. Wer
sich ärgert, muß die folgenden Stadien eines Denkprozesses
durchlaufen: Man denkt über das Gehörte nach. Man sieht An-

laß zum Ärger und versetzt sich selbst in Wut. Die Wut drängt zum Handeln, und man entscheidet sich, dem Gegner heimzuzahlen. Alle diese Vorgänge aber – der Anlaßgedanke, die Gefühlserregung, die Reaktion hierauf und der Entschluß zum Gegenangriff – nehmen ihren Ursprung ausschließlich in Ihrem eigenen Geist.

Ein emotional gereifter Mensch jedoch reagiert auf Kritik oder Angriffe seiner Mitmenschen nie negativ. Wer sich nämlich hinreißen läßt, mit gleicher Münze heimzuzahlen, sinkt ganz automatisch auf die seelisch-geistige Stufe seines inferioren Gegners herab. Verlieren Sie nie Ihr Lebensziel aus den Augen, und gestatten Sie es keinem Menschen, noch irgendeinem Lebensumstand, Sie Ihres inneren Friedens, Ihrer Ausgeglichenheit und Gesundheit zu berauben.

Die Bedeutung der Liebe für harmonische menschliche Beziehungen

Sigmund Freud, der berühmte österreichische Begründer der Psychoanalyse, sagte, daß die menschliche Persönlichkeit ohne Liebe verkümmert und abstirbt. Zur Liebe gehören Verständnis, Aufnahmebereitschaft und Achtung für das Göttliche, das in jedem Mitmenschen wohnt. Je mehr Liebe und guten Willen man ausstrahlt, um so mehr strömt einem von allen Seiten zu.

Wer das Selbstgefühl und die Selbstachtung eines anderen verletzt, wird ihn niemals zum Freund gewinnen. Vergessen Sie nie, daß sich jeder Mensch danach sehnt, geliebt, geschätzt und geachtet zu werden. Denken Sie immer daran, daß sich Ihr Gegenüber seines wahren Wertes bewußt ist, und ganz wie Sie selbst von dem Bewußtsein der Würde durchdrungen ist, eine individuelle Verkörperung jenes einen großen Lebensprinzips zu sein, das alle Menschen beseelt. Wer seinen Nächsten aus diesem Blickwinkel betrachtet und behandelt, wird dessen Selbstbewußtsein stärken und mit Liebe und gutem Willen belohnt werden.

Er haßte das Publikum

Ein Schauspieler erzählte mir einmal, das Publikum habe ihn bei seinem ersten Auftreten ausgepfiffen. Er fügte hinzu, daß es sich um ein schlechtes Stück gehandelt und auch er selbst seine Rolle nicht besonders glanzvoll gespielt habe. Er gestand offen ein, das Theaterpublikum sei ihm noch nach Monaten von Grund auf verhaßt gewesen – als eine Ansammlung von Dummköpfen, Ignoranten, Besserwissern und Banausen. Völlig angewidert gab er seine Bühnenlaufbahn auf und arbeitete ein Jahr lang als Verkäufer in einer Drogerie.

Eines Tages lud ihn ein Freund ein, in der Stadthalle von New York einen Vortrag zum Thema »Wie man sich mit sich selbst verträgt« zu besuchen. Was er dort hörte, gab seinem Leben eine neue Richtung. Er wandte sich wieder der Bühne zu und begann, aufrichtigen Herzens für sich und seine Zuhörer zu beten. Jeden Abend vor seinem Auftritt gedachte er des Publikums voll Liebe und gutem Willen. Damit schlug er von der Bühne herab seine Zuschauer in Bann, und seine Strahlung löste ein entsprechendes Echo aus. Heute ist er ein großer Schauspieler, der die Menschen liebt und achtet. Seine positive Einstellung teilte sich den anderen mit und wird von ihnen erwidert.

Wie man schwierige Menschen behandelt

Bedauerlicherweise gibt es auf dieser Welt viele schwierige Menschen, deren geistiger Blickwinkel sehr verzerrt ist. Mangelnde Hilfsbereitschaft, Unfreundlichkeit, ja Streitsucht oder Verbitterung dem Leben und den Mitmenschen gegenüber sind nichts anderes als Anzeichen einer kranken, leidenden Seele. Psychische Schäden dieser Art gehen in vielen Fällen bereits auf traumatische Kindheitserlebnisse zurück, während andere wieder ererbt oder später entstanden sind. Kein vernünftiger Mensch würde einem anderen deshalb Vorwürfe machen, weil er an Tuberkulose leidet. Ebenso unangebracht ist es, einen geistig oder seelisch Kranken zu verachten oder zu verurteilen. Kein Mensch haßt oder verachtet zum Beispiel Krüppel; es gibt leider aber auch viele Menschen, die geistig verkrüppelt sind. Ihnen muß man mit Mitleid und Verständnisbereitschaft begegnen. *Alles verstehen heißt alles verzeihen.*

Unglück liebt Gesellschaft

Der von Haß, Neid oder anderen negativen Gefühlen beherrschte Mensch ist krank an Geist und Seele und setzt sich in Widerspruch zur Harmonie des Universums. Gerade die Friedvollen, Glücklichen und Fröhlichen sind es, die sein Mißfallen erregen. Gewöhnlich werden gerade jene, denen er Gutes verdankt, kritisiert und verleumdet. Es hapert an der Grundeinstellung. Warum – so sagt sich so ein Unglücklicher – sollen die anderen glücklich sein, wenn es mir selbst schlecht geht? Er würde am liebsten alle ihm gleichmachen. Unglück liebt Gesellschaft. Sobald Sie diesem Umstand Rechnung tragen, wird es Ihnen leichtfallen, eine solche Einstellung zu vermeiden und eventuellen Angriffen dieser Art mit unerschütterlicher Ruhe zu begegnen.

Die Bedeutung des Einfühlungsvermögens für die zwischenmenschlichen Beziehungen

Vor kurzem besuchte mich eine junge Frau, die mir gestand, sie habe einmal eine Kollegin geradezu gehaßt, und zwar weil jene nicht nur hübscher, glücklicher und reicher als sie gewesen, sondern auch noch die Frau des Chefs geworden sei. Eines Tages aber – so fuhr sie fort – sei das Töchterchen der verhaßten Rivalin im Büro erschienen. Das Kind stammte aus deren erster Ehe und war verkrüppelt. Dieses Mädchen legte nun die Arme und den Hals der Mutter und sagte: »Mutti, Mutti, ich liebe meinen neuen Vati! Schau nur, was er mir gegeben hat!« Dabei zeigte es glückstrahlend ein wundervolles neues Spielzeug.

Meine Besucherin fuhr fort: »Plötzlich öffnete sich mein Herz
für das kleine Mädchen mit den strahlenden Augen. Ich versetzte mich in die Lage der anderen Frau und verstand, wie
glücklich sie sein mußte. Da wurde mir warm ums Herz, ich
ging zu meiner Kollegin hinüber und wünschte ihr voll ehrli-
cher Zuneigung alles Gute.«

Was die junge Dame hier an den Tag legte, nennen die Psychologen »Empathie« oder Einfühlungsvermögen; das ist ganz
einfach die Fähigkeit, sich an die Stelle eines anderen versetzen zu können. Die junge Frau hatte versucht, die Lage aus
dem Blickwinkel der unmittelbar Beteiligten zu sehen. So war
es ihr tatsächlich gelungen, sich nicht nur mit dem Denken und
Fühlen der anderen Frau, sondern auch mit dem des Kindes zu
identifizieren. Sie war der Stimme der Liebe gefolgt und hatte
Klarheit gewonnen.

Sobald Sie sich versucht fühlen, schlecht von einem Mitmenschen zu denken oder ihn durch Wort oder Tat zu verletzen, überprüfen Sie Ihr Verhalten im Geiste der Zehn Gebote. Wer zu Neid, Eifersucht oder Zorn neigt, tut gut daran,
sein Verhalten im Sinne Jesu Christi zu überprüfen, und sein
Herz wird sich öffnen für die tiefe Wahrheit der Worte: *»Liebet
einander.«*

Nachgiebigkeit lohnt sich nicht

Erlauben Sie andererseits aber auch niemandem, Sie irgend-
wie auszunutzen und seinen Willen mit Zornausbrüchen,
Weinkrämpfen oder angeblichen Herzanfällen durchzusetzen.
Menschen dieser Art sind Tyrannen, die versuchen, Sie zum
Sklaven ihrer Launen zu machen. Weigern Sie sich freundlich,
aber entschieden, nachzugeben. Nachgiebigkeit lohnt sich
nicht. Geben Sie sich nicht dazu her, Selbstsucht, Besitzwut
und Unbeherrschtheit solcher Menschen zu unterstützen. Tun
Sie immer das Rechte. Sie sind auf diese Welt gekommen, um
Ihre besten Anlagen zu verwirklichen und den ewigen Wahrheiten und geistigen Werten des Lebens treu zu bleiben. Räumen Sie keinem Menschen das Recht ein, Sie von Ihrem Le-

bensziel abzubringen, das darin besteht, Ihre verborgenen Talente zu entwickeln, der Menschheit zu dienen und allen gegenüber von Tag zu Tag umfassenderes Zeugnis abzulegen von der Weisheit, Wahrheit und Schönheit Gottes. Bleiben Sie Ihrem Ideal treu. Halten Sie sich immer, unbeirrbar und uneingeschränkt die Wahrheit vor Augen, daß alles, was Ihrem eigenen Frieden, Ihrem eignen Glück und Ihrer eigenen Selbstverwirklichung dient, sich notwendigerweise zum Segen aller auswirkt, die auf dieser Erde wohnen. Die Harmonie des Teils ist die Harmonie des Ganzen, denn das Ganze ist im Teil gegenwärtig und der Teil im Ganzen. *»Alles, was wir unseren Mitmenschen schulden, ist Liebe«*, sagt der Apostel Paulus, und Liebe ist die Erfüllung des Gesetzes der Gesundheit, des Glücks und des inneren Friedens.

ZUSAMMENFASSUNG

1. Ihr Unterbewußtsein gleicht einem Speichergerät, das Ihre gewohnten Gedanken getreulich aufzeichnet und festhält. Denken Sie gut von Ihrem Nächsten, und Sie denken dadurch letztlich gut von sich selbst.

2. Jeder haß- oder neiderfüllte Gedanke ist geistiges Gift. Denken Sie nichts Böses von Ihrem Nächsten, denn sonst denken Sie Böses von sich selbst. Sie sind der Denker Ihrer eigenen Welt, und dynamisch entfalten Ihre Gedanken ihre schöpferische Kraft.

3. Ihr Geist ist ein schöpferisches Medium. Was Sie in bezug auf andere denken und fühlen, verwirklicht sich deshalb auch in Ihrem eigenen Leben. Dies ist die psychologische Bedeutung der »Goldenen Regel«. Wie Sie wollen, daß Ihre Mitmenschen über Sie denken, so müssen auch Sie über Ihren Nächsten denken.

4. Einen anderen zu täuschen, zu betrügen oder zu berauben bringt dem Schuldigen nur Unheil und Verlust. Das Unterbewußtsein zeichnet nämlich alle Gedanken, Gefühle und Beweggründe getreulich auf. Sind die Motive negativer Art,

so lösen sie eine entsprechend schädliche Wirkung aus. Es ist nicht daran zu rütteln: Was Sie Ihrem Nächsten tun, tun Sie sich selbst.

5. Jede Freundlichkeit, jeder Liebesdienst, jeder Beweis des guten Willens wird Ihnen auf hundertfache Weise vergolten.

6. Sie sind der Denker Ihrer eigenen Welt. Sie allein entscheiden und verantworten, was Sie über Ihre Mitmenschen denken. Denken sie immer daran: Die Verantwortung für Ihre eigene Denkweise können Sie nicht anderen anlasten. Ihre Gedanken und Gefühle fallen auf Sie selbst zurück. Und was denken Sie von Ihrem Nächsten?

7. Reagieren Sie auch in Ihrem Gefühlsleben als reifer Mensch. Gestehen Sie den Mitmenschen das Recht auf eine von der Ihren abweichende eigene Meinung zu. Das gleiche Vorrecht können auch Sie für sich selbst beanspruchen. Man kann nämlich durchaus seinen Standpunkt wahren, ohne deshalb grob zu werden oder unhöflich zu erscheinen.

8. Tiere haben ein feines Gespür für Abneigung und reagieren darauf widerspenstig oder angriffslustig. Wer Tieren mit Liebe begegnet, wird niemals angegriffen werden. Viele Menschen haben für Gefühlsstrahlungen einen ähnlichen sechsten Sinn.

9. Vorstellungen, die Sie von anderen hegen, und Gespräche, die Sie im Geist mit ihnen führen, lösen bei den Betroffenen die entsprechenden Reaktionen aus.

10. Wünschen Sie den Mitmenschen, was Sie sich selbst wünschen. Dies ist der Schlüssel zu harmonischen zwischenmenschlichen Beziehungen.

11. Wandeln Sie Ihre Einstellung zu Ihrem Chef. Denken und fühlen Sie, daß er nach der »Goldenen Regel« lebt und dem Gesetz der Liebe gehorcht. Die günstige Reaktion wird nicht lange auf sich warten lassen.

12. Worte und Taten Ihrer Mitmenschen können Sie nur dann treffen, wenn Sie selbst ihnen Macht einräumen. Ihr Denken hat schöpferische Kraft – segnen Sie also Ihren Nächsten. Es steht Ihnen immer frei, dem, der Sie beschimpft zu antworten: »Shalom – Friede sei mit dir!«

13. Der Geist der Liebe löst alle Probleme zwischenmenschlicher Beziehungen. Liebe heißt aber nichts anderes als Verständnisbereitschaft, Gutwilligkeit und Achtung vor dem Göttlichen im Nächsten.

14. Ein Buckliger oder ein Krüppel würde in Ihnen niemals Haß, sondern nur Mitleid auslösen. Zeigen Sie Menschen, deren Geist verkrüppelt und deren Seele verkümmert ist, das gleiche Mitgefühl. Alles verstehen heißt alles verzeihen.

15. Freuen Sie sich über den Erfolg, den Gewinn, die Beförderung Ihres Mitmenschen. Diese Gesinnung öffnet das Tor zum eigenen Glück.

16. Lassen Sie sich in Ihren Entscheidungen niemals durch Szenen oder Krokodilstränen beeinflussen. Nachgiebigkeit lohnt sich nicht. Geben Sie sich nicht als Fußabstreifer für andere her. Lassen Sie sich nicht vom rechten Weg abbringen. Halten Sie an Ihren Idealen fest, denn nur eine positive Weltsicht verbürgt Frieden, Glück und Freude. Was für Sie selbst ein Segen ist, beglückt auch jeden anderen Menschen.

17. Alles, was Sie Ihrem Nächsten schuldig sind, ist Liebe. Und Liebe besteht in nichts anderem als darin, jedem dasselbe zu wünschen, was Sie selbst sich erträumen: Gesundheit, Glück und alle Segnungen des Lebens.

KAPITEL 17

Wie man mit Hilfe des Unterbewußtseins Vergebung erlangt

Das Leben kennt keine Günstlinge, Gott ist das Leben, und dieses Lebensprinzip durchströmt jeden Menschen immer und überall. Der Mensch ist nach der Bestimmung Gottes zu einem Leben in Harmonie, Frieden, Schönheit, Freude und Reichtum berufen. Dies ist es, was wir Gottes Willen oder die Tendenz des Lebens nennen.

Wer sich in den freien Fluß des Lebensstroms verbarrikadiert, verursacht Störungen des Unterbewußtseins und setzt sich dem Unheil aus. Gott ist nicht der Urheber von Leid und der Verworrenheit dieser Welt. Der Mensch hat all sein Unglück dem eigenen destruktiven Denken zuzuschreiben. Deshalb wäre es völlig verfehlt, für Heimsuchungen durch Krankheit oder Unheil Gott verantwortlich machen zu wollen.

Und doch gibt es viele Menschen, die für alle Sünden, Krankheiten und Leiden der Menschen, für ihre eigenen Schmerzen, Unglücksfälle und alle persönlichen Schicksalsschläge, kurz für alle Unbilden des Lebens die Urheberschaft oder zumindest die Verantwortung auf Gott abwälzen.

Ein solch negativer Gottesbegriff rächt sich ganz von selbst durch eine entsprechend negative Reaktion des Unterbewußtseins. Die Betreffenden wissen leider nicht, daß sie sich selbst bestrafen. Ehe Sie ein gesundes, glückliches und schöpferisches Leben führen können, müssen Sie zuerst einmal die Wahrheit erkennen, Selbstbefreiung finden und sich jeglicher Verurteilung, jeglicher Bitterkeit und jeglichen Zorns enthalten. Sobald aber Denken und Fühlen von der Vorstellung eines Gottes der Liebe beherrscht werden, sobald der Mensch einen liebenden Gott erkennt, der über ihm waltet, der für ihn sorgt, ihn leitet, erhält und stärkt, wird sich diese Gotteskonzeption dem Unterbewußtsein einprägen und die Quelle unzähliger Segnungen werden.

Das Leben verzeiht immer

Das Leben verzeiht Ihnen, wenn Sie sich in den Finger schneiden. Der vom Unterbewußtsein gesteuerte Heilprozeß setzt ein; neue Zellen entstehen und schließen die Wunde. Nimmt jemand verdorbene Speisen zu sich, wird der Organismus veranlaßt, das Ungenießbare wieder von sich zu geben. Verbrennt man sich die Hand, so werden die zerstörten Gewebe ersetzt und eine neue Haut gebildet. Das Leben ist nachsichtig und nicht nachtragend. Es ist immer bereit zu vergeben. Die Segnungen des Lebens sind Gesundheit, Vitalität, Ausgeglichenheit und Frieden – vorausgesetzt, der Mensch lebt in Einklang mit der Natur.

Wie er sich von seinem Schuldgefühl befreite

Ich kannte einen Herrn, der mit unermüdlichem Eifer täglich, genauer: nächtlich bis in die frühen Morgenstunden hinein durcharbeitete. Seiner Frau und seinen zwei Jungen konnte er kaum noch Beachtung schenken, da ihn seine Geschäfte zu sehr in Anspruch nahmen. Als ich ihn kennenlernte, hatte er einen Blutdruck von über 200. Mir war klar, daß er von starken Schuldgefühlen heimgesucht sein mußte und sich unbewußt mit harter Arbeit und dem völligen Verzicht auf ein Familienleben bestrafte. Ein normaler Mann würde nie so handeln, sondern ließe auch seine Frau an seinem Leben Anteil haben und müßte sich für seine Jungen und ihre Entwicklung interessieren.

Ich erklärte ihm den Grund seines übermenschlichen Fleißes: »Irgend etwas nagt an Ihnen, sonst würden Sie nicht so handeln. Sie bestrafen sich und müssen lernen, sich selbst zu verzeihen.« Es stellte sich heraus, daß er in der Tat einem Bruder gegenüber ein tiefes Schuldgefühl hegte.

Ich setzte ihm auseinander, daß nicht Gott ihn bestrafe, sondern er selbst sich quäle. »Jeder Verstoß wider die Gesetze des Lebens«, so sagte ich ihm, »bringt eine entsprechende Strafe mit sich. Wer einen heißen Gegenstand berührt, verbrennt sich. Die Kräfte der Natur sind völlig neutral – allein der Gebrauch, den der Mensch von ihnen macht, bestimmt, ob sie Gutes oder Böses bewirken. Feuer ist weder gut noch schlecht: Man kann damit ein Haus entweder erwärmen oder verbrennen. Die einzige Sünde ist die Unkenntnis der Lebensgesetze, und die einzige Strafe besteht in der automatisch negativen Reaktion, die sich als Folge jeder Nichtbeachtung der Lebensgesetze zwangsläufig einstellt. Wer gegen die Grundsätze der Chemie verstößt, kann eine verheerende Explosion herbeiführen. Wer gegen einen Felsen anrennt, verletzt sich. Beide Auswirkungen stellen die Vergeltung für eine Mißachtung gesetzmäßiger Zusammenhänge dar.«

Meine Erläuterungen öffneten dem Mann die Augen. Er sah ein, daß seine »Fron« und das damit verbundene Leid keineswegs gottgewollt oder gottgefällig waren, sondern nur die Reaktion seines Unterbewußtseins auf seine destruktive Denkweise darstellte. Und der Anlaß dazu? Obwohl bereits viele Jahre vergangen waren, konnte er es sich nicht verzeihen, seinen mittlerweile verstorbenen Bruder einmal hintergangen zu haben.

Ich fragte ihn: »Würden Sie Ihren Bruder auch heute noch hintergehen?«

»Nein.«

»Glaubten Sie damals, für Ihre Verhaltensweise einen guten Grund zu haben?«

»Ja.«

»Würden Sie aber dasselbe heute noch einmal tun?«

Er schüttelte den Kopf und sagte: »Keineswegs. Heute gilt mein tägliches Bemühen, anderen zu helfen, mit dem Leben fertig zu werden.«

»Sie verfügen jetzt eben über mehr Erfahrung und tiefere Einsicht. Um Verzeihung zu erlangen, muß man sich zuerst einmal selbst verzeihen. Vergebung bedeutet ganz einfach, sich in die göttliche Harmonie einzufügen. ›Hölle‹ – die Hölle auf Erden – ist Selbstzerfleischung. Der ›Himmel‹ aber ist Harmonie, ist Frieden, ist vergebende Güte.«

Unter dem Eindruck dieser neuen Sicht gelang es dem Mann, sich von seinen Schuldgefühlen und Selbstvorwürfen völlig zu befreien. Bei einer später erfolgten ärztlichen Untersuchung erwies sich sein Blutdruck wieder als völlig normal: Das Heil der Seele hatte das Heil des Körpers bewirkt.

Ein Mörder lernte, sich selbst zu verzeihen

Vor vielen Jahren besuchte mich ein Mann, der seinen Bruder ermordet hatte. Er lebte in dauernder entsetzlicher Angst vor der göttlichen Strafe. Wie er mir erklärte, hatte er seinen Bruder mit seiner Frau überrascht und ihn in blinder Empörung niedergeschossen. Jenen Affektmord hatte er vor etwa 15 Jahren in Europa begangen. Mittlerweile hatte er in Amerika wieder geheiratet und drei Kinder. Er hatte sich von Grund auf gewandelt und nutzte seine einflußreiche Stellung, um möglichst vielen Menschen Gutes zu tun.

Ich erklärte ihm, daß der Mann, der seinen Bruder erschoß, weder physisch noch psychisch mit ihm identisch sei. Es ist wissenschaftlich erwiesen, daß im Laufe von einigen Jahren jede Zelle unseres Körpers abstirbt und durch eine neue ersetzt wird. Ganz abgesehen davon sei er aber auch geistig und seelisch ein neuer Mensch, wie dies seine Liebe und Hilfsbereitschaft gegenüber seinen Mitmenschen beweise. Derjenige, der vor mehr als 15 Jahren getötet habe, sei geistig und seelisch tot. Wenn er sich trotz seiner völligen Wandlung heute noch Vorwürfe mache, so beschuldige er damit einen völlig Unbeteiligten!

Diese Erklärung verfehlte nicht ihre Wirkung und nahm ihm eine schwere Last von der Seele. Ihm hatte sich die eigentliche Bedeutung der Bibelworte enthüllt: *»Dann kommt, und wir wollen verhandeln‹, spricht der Herr. ›Wenn eure Sünden blutrot sind, sollen sie doch weiß werden wie Schnee, und wenn sie rot sind wie Scharlach, sollen sie doch weiß werden wie Wolle.«* (Jesaja 1,18)

Wenn Sie wollen, kann Kritik Ihnen nur nützen

Eine ratsuchende Lehrerin erzählte mir, eine Kollegin habe einen von ihr gehaltenen Vortrag kritisiert mit der Behauptung, sie spreche so schnell, undeutlich, leise und eintönig, daß die Wirkung ihrer Worte völlig verlorengehe. Im Gespräch mit ihr mußte ich erkennen, wie sehr diese Vorwürfe sie getroffen und erbittert hatten. Andererseits aber räumte sie auf meine Fragen hin bereitwillig ein, daß der Tadel im Grunde genommen durchaus berechtigt war. In diesem Licht besehen, fand sie ihre eigene Reaktion kindisch und die Kritik der Kollegin als einen wertvollen Ansporn zur Selbstverbesserung. Unverzüglich machte sie sich daran, ihre Sprachtechnik durch den Besuch eines Rhetorik-Kurses zu verbessern. Sie schrieb ihrer Kollegin einen Brief, in dem sie sich für ihre Interessenahme und ihre konstruktive Kritik bedankte, die ihr den Weg gewiesen habe, die störenden Fehler abzulegen.

Wie man Verständnis beweist

Angenommen, die an dem Vortrag der Lehrerin geübte Kritik wäre völlig unberechtigt gewesen. Es wäre dann keinesfalls verborgen geblieben, daß Anlaß zur Kritik nicht die Art, sondern der Inhalt des Gesagten war. Bei Kritikern dieses Schlages handelt es sich regelmäßig um geistig und seelisch unausgeglichene Menschen, deren geistige Beschränktheit und Voreingenommenheit sie zu unsachlicher Kritik verleiten, mit der sie sich eine Art Selbstbestätigung verschaffen wollen. Kein Grund also, sich deswegen verletzt zu fühlen.

In solchen Fällen heißt es Verständnis zu beweisen. Der nächste logische Schritt besteht darin, für den Seelenfrieden und die Verständnisfähigkeit des anderen zu beten. Wer sich selbst als den Meister seines Denkens und Fühlens erkennt und anerkennt, kann von keinem anderen verletzt werden. Ihre Gefühle entsprechen Ihren Gedanken. Denkend haben Sie daher die Macht, alles aus Ihrem Geist zu verbannen, was Ihr inneres Gleichgewicht stören könnte.

Am Altar verlassen

Vor einigen Jahren wurde ich zu einer Trauung gebeten. Der Bräutigam ließ aber auf sich warten, und nach zwei Stunden vergeblichen Wartens trocknete die enttäuschte Braut ihre Tränen und sagte zu mir: »Ich habe Gott gebeten, alles nach seinem Willen zu lenken. Sicher ist dies nun die Antwort auf mein Gebet. Gott verläßt uns nie.«

Das also war ihre Reaktion – Ergebung und Vertrauen in Gottes Ratschluß. Ihre Worte bewiesen, daß in ihrem Herzen keine Spur von Bitterkeit zurückgeblieben war: »Offensichtlich hätte sich dieser Schritt nicht zu unser beider Segen ausgewirkt, denn ich hatte Gott gebeten, uns den rechten Weg zu zeigen.«

In ähnlicher Lage hätte so manche andere junge Frau, der es an einer derart tiefen Einsicht mangelt, einen Nervenzusammenbruch erlitten, Beruhigungsmittel oder sogar ärztliche Hilfe gebraucht.

Hören Sie auf die Stimme der Ihnen innewohnenden unendlichen Weisheit und schenken Sie ihrem Rat dasselbe Vertrauen wie als Kind den Worten Ihrer Mutter. So wird Ihnen jene innere Ausgeglichenheit zuteil, die geistige und seelische Gesundheit verbürgt.

Ohne Vergebung keine Genesung

Anderen zu verzeihen ist die unabdingbare Voraussetzung für die eigene geistige und körperliche Gesundheit. Wer völlig glücklich und gesund sein will, muß zuerst jedem vergeben, der ihm je Böses zugefügt hat:

»Und wenn ihr steht und betet, so vergebt, wenn ihr etwas gegen jemanden habt ...« (Markus 11,25)

Seien Sie auch Ihren eigenen Fehlern und Schwächen gegenüber nachsichtig, und bringen Sie Ihr Denken in Einklang mit der göttlichen Ordnung. Man kann sich selbst nicht verzeihen, wenn man nicht zuerst dem anderen verziehen hat. Wer sich selbst nicht vergeben will, beweist damit nur seine Überheblichkeit oder Unwissenheit.

Der psychosomatische Zweig der modernen Medizin demonstriert immer wieder mit allem Nachdruck, daß eine ganze Reihe von Krankheiten – von Gicht bis zu verschiedenen Herzleiden – durch Selbstvorwürfe, Gewissensbisse und Feindseligkeit verursacht wird. Die Vertreter dieser neuen Erkenntnisse erklären, daß die betreffenden Patienten regelmäßig daran krankten, daß sie voll Bitterkeit und Haß derer gedachten, die sie verletzt, mißhandelt, betrogen oder sonstwie geschädigt hatten. Dagegen gibt es nur ein einziges Mittel: Aller Haß und alle Bitterkeit müssen durch aufrichtiges Verzeihen mit Stumpf und Stiel ausgerottet werden.

Verzeihen ist tätige Liebe

Um verzeihen zu können, ist guter Wille notwendig. Wer aufrichtig wünscht, dem anderen zu vergeben, ist schon halbwegs am Ziel. Sicherlich brauche ich nicht besonders zu betonen, daß Verzeihen nicht unbedingt Sympathie oder etwa gar freundschaftliche Anteilnahme voraussetzt. Man kann niemand zwingen, einem anderen Menschen sein Herz zu schenken – genausowenig, wie irgendeine Regierung die Liebe, die Verständnisbereitschaft oder die Toleranz gesetzlich erzwingen könnte. Andererseits aber können wir sehr wohl auch jenen Menschen Liebe erweisen, die uns nicht sympathisch sind.

Die Bibel sagt: *»Liebet einander.«* Dessen ist jeder fähig, der den ehrlichen Willen dazu hat. Liebe bedeutet ja nichts anderes als dem anderen Gesundheit, Glück, Frieden, Freude und alle Segnungen des Lebens zu wünschen. Nur etwas gehört unbedingt dazu: Aufrichtigkeit. Wer anderen vergibt, beweist eigentlich nicht seine Großmut, sondern handelt letztlich im eigenen Interesse, denn was man dem anderen wünscht, wünscht man ja in der Tat sich selbst. Sie selbst sind es ja, der denkt und fühlt. Wie wir aber denken und fühlen, so sind wir auch. Was könnte einleuchtender sein?

Die Technik des Verzeihens

Wer die folgende einfache Technik anwendet, wird bald das
Wunder in sein Leben treten sehen. Lassen Sie Ihre Gedanken
zur Ruhe kommen und entspannen Sie Körper und Geist. Denken Sie an Gott und seine Liebe zu allen Menschen. Sagen Sie
dann aufrichtigen Herzens: »Ich schenke – nennen Sie hier den
Namen des Betreffenden – voll und ganz Verzeihung. Mein
Geist und meine Seele sind frei von aller Bitterkeit. Ich verzeihe ohne jede Einschränkung alles, was mir in jenem Zusammenhang geschehen ist. Ich bin befreit, und er (oder sie)
ist befreit. Es ist ein herrliches Gefühl! Heute ist der Tag einer
›Generalamnestie‹. Ich wünsche ihnen und allen Mitmenschen
Gesundheit, Glück, Frieden und alle Segnungen des Lebens.
Ich tue dies aus eigenem, freiem Entschluß, voll Freude und
Liebe, und sobald mir von nun an der Name eines Menschen in
den Sinn kommt, der mich geschädigt hat, sage ich: ›Du bist frei
von aller Schuld, und alle Segnungen des Lebens seien dein!‹
Ich bin frei, und du bist frei. Mögen wir alle in Glück und
Freude leben!«

Das große Geheiminis wahrer Vergebung liegt darin, daß ein
einmaliger Akt der Verzeihung genügt. Sobald der Betreffende
oder das von ihm verschuldete Unrecht wieder in der Erinnerung auftaucht, genügt es zu sagen: »Friede sei mit dir!« Tun Sie
dies jedesmal, wenn die Erinnerung Sie wieder überkommt.
Nach einigen Tagen werden Sie feststellen, daß Ihre Gedanken
immer seltener um Person oder Anlaß kreisen, bis beide
schließlich völlig vergessen sind.

Der Prüfstein wahrer Vergebung

Nicht nur für die Echtheit des Goldes, sondern auch für die Aufrichtigkeit der Vergebung gibt es einen unfehlbaren Prüfstein.
Angenommnen, ich erzählte Ihnen von einem außerordentlichen Glück, das einem Menschen zuteil geworden ist, der Ihnen weh getan oder einen Schaden zugefügt hat. Würde nun
diese Nachricht in Ihnen Zorn und Abneigung erwecken, so

wäre dies der unwiderlegbare Beweis dafür, daß der Haß nach wie vor in Ihrem Unterbewußtsein schwelt und Unheil stiftet. Nehmen wir andererseits an, Sie hätten vor einem Jahr einen schmerzhaften Abszeß gehabt und ich fragte Sie heute ganz nebenbei, ob Sie noch Schmerzen haben, so würden Sie automatisch antworten: »Natürlich nicht. Ich erinnere mich zwar an den Abszeß, aber er ist längst abgeheilt und tut nicht mehr weh.«

Das ist der Kernpunkt des Ganzen: Möglicherweise haben Sie sich die Erinnerung an das Ihnen zugefügte Leid bewahrt, es tut aber nicht mehr weh. Dies ist Ihr Prüfstein – wenden Sie ihn ohne jeden Versuch der Selbsttäuschung an. Geist und Seele müssen in der oben beschriebenen Art reagieren, sonst haben Sie nicht in Wahrheit vergeben.

Alles verstehen heißt alles verzeihen

Wer das dynamisch-schöpferische Gesetz seines Geistes versteht, hört auf, anderen Menschen oder äußeren Umständen einen bestimmenden positiven oder negativen Einfluß auf sein Leben einzuräumen. Er weiß, daß ausschließlich seine eigenen Gedanken und Gefühle sein Schicksal bestimmen. Darüber hinaus ist ihm bewußt, daß Äußerliches niemals die eigentliche Ursache oder Triebkraft seines Lebens und seines Schicksals werden kann. Zu denken, daß andere das eigene Glück beeinträchtigen können, daß man der Spielball eines grausamen Geschicks ist, daß man gegen seine Mitmenschen kämpfen muß, um sich zu behaupten – all dies und andere ähnliche irrige Ansichten erweisen sich in dem Augenblick als unhaltbar, in dem man Gedanken als objektive, dingliche Gegebenheiten erfaßt. Die Bibel sagt dasselbe: *»Denn wie einer in seinem Herzen denkt, so ist er.«* (Sprüche 23,7) und: *»Ein guter Mensch bringt Gutes hervor aus dem guten Schatz seines Herzens; und ein böser bringt Böses hervor aus dem bösen.«* (Lukas 6,45).

ZUSAMMENFASSUNG

1. Gott – oder das Leben – achtet nicht auf die Person. Das Leben kennt keine Günstlinge. Das Leben – oder Gott – fördert Ihre Pläne und Absichten dann, wenn Sie sich mit dem Prinzip der Harmonie, Eintracht, Gesundheit und Freude in Einklang versetzen.

2. Gott – oder das Leben – bringt niemals Krankheit oder Leid über uns. Alles Mißgeschick haben wir uns selbst zuzuschreiben bzw. unserem negativen und destruktiven Denken, getreu dem Gesetz: *»Wer Wind sät, wird Sturm ernten.«* (Hosea 8,7).

3. Ihre Auffassung von Gott ist die entscheidendste Grundlage Ihres Lebens. Wenn Sie an einen Gott der Liebe glauben, wird Ihr Unterbewußtsein entsprechend reagieren und Sie mit tausendfachen Segnungen beglücken. Glauben Sie an einen Gott der Liebe!

4. Das Leben – oder Gott – ist Ihnen nicht gram. Das Leben verurteilt niemanden. Das Leben heilt schwere körperliche Verletzungen. Das Leben weiß zu verzeihen, wenn Sie sich die Hand verbrennen: es schafft neue Zellen, neue Gewebe. Das Leben heilt alles.

5. Schuldkomplexe sind auf eine irrige Auffassung von Gott und vom Leben zurückzuführen. Gott – oder das Leben – verdammt und bestraft keinen Menschen. Schuldgefühle sind allein die Folge falscher Überzeugungen, das heißt negativen Denkens, das zur Selbstzerfleischung führt.

6. Gott – oder das Leben – verdammt oder bestraft den Menschen nicht. Die Kräfte der Natur sind völlig neutral. Ihre – beglückende oder zerstörende – Wirkung hängt einzig und allein davon ab, in welchem Geist Sie sie einsetzen. Mit Feuer kann man ein Haus heizen oder niederbrennen. Mit Wasser kann man den Durst eines Kindes stillen oder es ertränken. Gut und Böse sind unmittelbare Folge menschlicher Gedanken und Zielsetzungen.

7. Gott – oder das Leben – kennt keine Rache. Der Mensch bestraft sich selbst durch seine falschen Auffassungen von Gott, dem Leben und dem Universum. Denkend schafft der Mensch aufgrund der seinem Geist innewohnenden schöpferischen Kraft sein eigenes Glück oder sein Elend.

8. Übt jemand berechtigte Kritik an Ihnen, so danken Sie ihm für seine wertvollen Hinweise, die Ihnen Ihre Selbstvervollkommnung erleichtern.

9. Wer weiß, daß er Herr seines Denkens und Fühlens ist, kann durch ungerechtfertigte Kritik nicht getroffen werden. Am besten ist es, dem Betreffenden alles Gute zu wünschen. Dies wird Ihnen zum Segen gereichen.

10. Wenn Sie sich und Ihr Leben in die Hand Gottes gegeben haben, so nehmen Sie hin, was kommt. Seien Sie überzeugt, es ist letzen Endes zu Ihrem Besten. Wer die Dinge so sieht, wird nie Gefahr laufen, unsachlich zu kritisieren, sich selbst zu bemitleiden und verbittert zu werden.

11. Nichts ist an und für sich gut oder schlecht – erst das Denken macht es dazu. Das geschlechtliche Verlangen ist an sich genausowenig unmoralisch wie der Wunsch nach Nahrung, Reichtum oder wahrer Selbstverwirklichung. Es kommt immer darauf an, was der einzelne aus diesen Bedürfnissen, Wünschen und Bestrebungen macht, die ihm zu großem Glück verhelfen können.

12. Eine große Zahl von Krankheiten wird durch Neid, Haß, bösen Willen, Rachsucht und Abneigung verursacht. Verzeihen Sie sich selbst und allen anderen, indem Sie derer mit Liebe, Freude und gutem Willen gedenken, die Ihnen Leid zugefügt haben. Wünschen Sie diesen Mitmenschen Frieden, sobald die Erinnerung an erlittenes Unrecht auftaucht, und die bittere Erinnerung wird bald verblassen.

13. Vergeben heißt dem anderen Liebe, Frieden, Freude, Weisheit und alle Segnungen des Lebens wünschen, bis Ihre Erinnerung jeden Stachel verloren hat. Dies ist der Prüfstein wahren Verzeihens.

14. Angenommen, Sie hatten vor einem Jahr am Kinn einen schmerzhaften Abszeß. Haben Sie noch Schmerzen? Nein. Prüfen Sie sich auf dieselbe Weise, ob Sie noch negativ über einen Menschen denken, der Ihnen einmal irgendein Leid zugefügt oder Sie verleumdet hat. Zürnen Sie ihm noch immer? Falls ja, so ist Ihr Haß im Unterbewußtsein noch nicht ausgemerzt und stiftet schweren Schaden. Dagegen gibt es nur ein Mittel: dem Betreffenden so lange alles Gute zu wünschen, bis dieser Segenswunsch völlig aufrichtig ist.

KAPITEL 18

Wie das Unterbewußtsein geistige Hemmungen beseitigt

Jedes Problem birgt seine Lösung in sich. Jede Frage enthält die Antwort. Wer keinen Ausweg aus einer schwierigen Situation sieht, tut am besten daran, alles Weitere der unendlichen Weisheit des Unterbewußtseins zu überlassen. Seien Sie überzeugt, daß es Ihnen den richtigen Weg zur Lösung zeigen kann und wird. Diese positive geistige Einstellung, nämlich daß die schöpferische Intelligenz des Unterbewußtseins Ihr Problem zu lösen weiß, wird Sie die richtige Antwort finden lassen und alle Ihre Unternehmungen sinnvoll und zielführend gestalten.

Wie man eine Gewohnheit ablegt oder annimmt

Der Mensch ist ein »Gewohnheitstier«. Gewohnheitsmäßige Funktionen zu steuern, ist eine der Hauptaufgaben des Unterbewußtseins. Sie haben das Schwimmen, Radfahren, Tanzen und Autofahren gelernt, indem Sie sich in diesen Fertigkeiten so lange übten, bis sie sich dem Unterbewußtsein einprägten. Von da an übernahmen die infolge ständiger Übung herausgebildeten bedingten Reflexe alles Weitere. Bei dieser sogenannten »zweiten Natur« des Menschen handelt es sich also im Grunde genommen um die gewohnheitsmäßige, unterbewußte Steuerung bestimmter Gedanken und Handlungen. Jedem Menschen steht es frei, sich gute oder schlechte Gewohnheiten zuzulegen. Wer sich in negative Denk- oder Handlungsweisen längere Zeit hindurch gleichsam einübt, unterliegt schließlich dem Zwang dieser Gewohnheit. Das Gesetz des Unterbewußtseins wirkt sich in eben diesem Zwang aus.

Wie er eine schlechte Gewohnheit ablegte

Mr. Jones sagte zu mir: »Mich befällt des öfteren ein unwiderstehliches Bedürfnis zu trinken, und dann werde ich zwei Wochen lang nicht mehr nüchtern. Ich bin einfach nicht imstande, mich zu beherrschen.«

Immer wieder hatte der Unglückliche diese bittere Erfahrung machen müssen. Die Alkoholexzesse waren ihm zur Gewohnheit geworden. Er hatte aus eigenem Antrieb zu trinken begonnen und sah nun langsam ein, daß er eine Gewohnheit, die er sich selbst zugelegt hatte, auch selbst wieder ändern und ablegen konnte. Seinen Schilderungen nach genügte zwar seine Willenskraft dazu, der Versuchung eine Weile zu widerstehen, jedoch wurde seine Lage durch das dauernde Bemühen, die wachsende Gier nach Alkohol zu unterdrücken, immer verzweifelter. Wiederholte Fehlschläge hatten ihn schließlich resignieren lassen, so daß er seiner Trunksucht völlig hilflos gegenüberstand. Die ständige Vorstellung seiner Hoffnungslosigkeit und Ohnmacht aber übte eine starke suggestive Wirkung auf sein Unterbewußtsein aus und machte aus einem schwachen Menschen einen Süchtigen, der nur noch Mißerfolge erlitt.

Ich lehrte ihn, die Funktionen des Bewußtseins und des Unterbewußtseins in Einklang zu bringen – als Voraussetzung, um Gedanken und Wünsche in die Tat umsetzen zu können. War er imstande gewesen, eine Gewohnheit anzunehmen, die ihn ins Unglück führte, so besaß er auch die Fähigkeit, eine neue zu schaffen, die ihm den Weg zur Enthaltsamkeit, zur Freiheit und zum Seelenfrieden bahnen würde. Da aber seiner Trunksucht eine negative Gewohnheit und dieser wiederum ursprünglich eine freier Entschluß zugrunde gelegen war, konnte er in gleicher Entscheidungsfreiheit sich auch eine positive Verhaltensweise zur festen Übung machen. Er begann nun, gegen den Gedanken, er sei seiner Sucht hilflos ausgeliefert, anzukämpfen. Mittlerweile war ihm ja völlig klar geworden, daß seiner Heilung kein anderes Hindernis entgegenstand als seine eigene Denkungsweise. Deshalb bestand auch keinerlei Veranlassung, eine geistige Gewaltanstrengung zu unternehmen.

Die Macht der Phantasie

Mein Patient übte nun, sich körperlich und geistig völlig zu entspannen und in einen tranceartigen Zustand zu versetzen. In seiner Phantasie stellte er sich am Ziel seines Wunsches vor und überließ die Wahl der geeigneten Entwöhnungsmittel vertrauensvoll seinem Unterbewußtsein. Im Geiste sah er sich seiner Tochter gegenüber, die ihm zur Selbstbefreiung von seiner Sucht gratulierte: »Wie schön, Vater, daß du wieder zu Hause bist!« Seine Trunksucht hatte nämlich Frau und Tochter veranlaßt, sich von ihm zu trennen. Aufgrund eines Gerichtsbeschlusses war es ihm sogar verboten, seine Familie zu besuchen, und seine Frau war nicht bereit, noch ein einziges Wort mit ihm zu wechseln. Diese geistige Übung führte er systematisch und mit unbeirrbarer Regelmäßigkeit durch. Sobald seine Konzentration nachließ, rief er sich sofort die Erinnerung an die bewegte Stimme und das freudestrahlende Lächeln seiner Tochter ins Gedächtnis zurück. Ganz langsam, Schritt für Schritt, lenkte er so sein Denken in neue Bahnen. Unermüdlich widmete er sich dieser seiner Aufgabe, wohl wissend, daß sich über kurz oder lang seinem Unterbewußtsein ein neues Verhaltensmodell einprägen würde.

Ich sagte ihm, er möge sein Bewußtsein mit einer Kamera vergleichen, und sein Unterbewußtsein mit einem Film, der die belichteten Bilder festhält. Dieser Vergleich machte einen starken Eindruck auf ihn, er bemühte sich von nun an um so mehr um klare Vorstellungsbilder. Filme werden im Dunkeln entwickelt – ganz ähnlich nehmen auch die Bilder der Phantasie in der Dunkelheit des Unterbewußtseins Gestalt an.

Die Bedeutung der Konzentration

Da er die kameraähnliche Funktion des Unterbewußtseins begriffen hatte, bedurfte es keiner geistigen Gewaltanstrengung. Er ordnete in Ruhe seine Gedanken und konzentrierte seine Aufmerksamkeit auf die gewünschte Szene, bis sie in aller Lebendigkeit vor ihm stand und er sich in ihr identifizieren konnte. Diesen geistigen Film ließ er immer wieder ablaufen, bis er im Geist und auch gefühlsmäßig von dem vorgestellten Geschehen völlig durchdrungen war. Er hegte nicht mehr den geringsten Zweifel daran, daß er völlig geheilt werden würde. Sobald er die Versuchung nahen fühlte, wandte er seine Gedanken sofort von den trügerischen Freuden des Alkohols ab und versetzte sich in die glückliche Stimmung, die der Gedanke an die baldige Wiedervereinigung mit seiner Familie in ihm auslöste. Er hoffte unbeirrbar, daß sich seine Vorstellungsbilder verwirklichen würden.

Der Erfolg stellte sich ein. Heute ist er Chef eines großen Unternehmens und einer der glücklichsten Menschen, die ich kenne.

Er nannte sich einen Pechvogel

Mr. Block, ein ehemals tüchtiger Vertreter, erzählte mir, er habe früher einen beträchtlichen Jahresumsatz erzielt, seit drei Monaten aber sei es wie »verhext«. Es gelänge ihm zwar, das Interesse neuer Kunden zu gewinnen, doch in allerletzter Sekunde, ehe sie den Auftrag endgültig erteilten, überlegten sie es sich immer wieder anders. Er hielt sich bereits für einen ausgewachsenen Pechvogel.

Als ich der Sache näher auf den Grund ging, entdeckte ich, daß Mr. Block, gleichfalls vor etwa drei Monaten, von einem Kunden arg enttäuscht worden war, einem Zahnarzt, der in letzter Minute von einem fertig vorliegenden Vertrag zurückgetreten war. Seitdem lebte er in der unbewußten Furcht, andere Geschäftspartner könnten sich ebenso verhalten. Überall erwartete er plötzlich auftauchende Hindernisse und Absagen in letzter Minute. Seine bewußten und unbewußten negativen Vorstellungen drängten ihn in eine völlig pessimistische und ablehnende Haltung. »Was ich am meisten fürchtete«, sagte er, »ist über mich gekommen.«

Mr. Block erkannte, daß die Wurzel allen Übels in seiner Denkweise, die er von Grund auf ändern mußte, begründet war, und er setzte seiner angeblichen Pechsträhne mit folgender regelmäßiger geistiger Betrachtung ein Ende: »Ich erkenne, daß ich eins bin mit der unendlichen Weisheit meines Unterbewußtseins, das keine Hindernisse und keine Schwierigkeiten kennt. Ich lebe in der freudigen Erwartung des Guten. Mein Unterbewußtsein reagiert auf meine Gedanken. Ich weiß, daß nichts der Wirkung seiner unendlichen Macht widerstehen kann. Die unendliche Weisheit führt alles Begonnene zu einem erfolgreichen Ende. Die schöpferische Weisheit wirkt durch mich und führt alle meine Pläne und Absichten zum Erfolg. Was immer ich beginne, schließe ich erfolgreich ab. Mein Lebensziel ist es, allen Menschen zu dienen und insbesondere zum Segen meiner Geschäftspartner zu wirken. Meine Arbeit trägt reiche Frucht nach Gottes Willen.«

Dieses Gebet wiederholte er jeden Morgen, ehe er seine Kunden aufsuchte, und mit ihm beschloß er jeden Tag. Nach kurzer Zeit reihte er Erfolg an Erfolg.

Wie sehr ersehnen Sie sich die Erfüllung Ihres Wunsches?

Sokrates wurde einmal gefragt, wie man Weisheit erwerben könne. Er sagte: »Komm mit!« und führte den jungen Schüler zu einem Fluß, tauchte ihn unter Wasser und gab den verzweifelt nach Atem Ringenden dann frei. Nachdem der junge Mann seine Sinne wieder beisammen hatte, fragte ihn Sokrates: »Wonach hast du dich am meisten gesehnt, als du unter Wasser warst?«

»Nach Luft«, antwortete der Junge.

Darauf erklärte ihm der berühmte Philosoph: »Sobald du Weisheit ebensosehr ersehnst wie – als du zu ersticken glaubtest – die Luft zum Atmen, wirst du sie erlangen.«

Wer etwas von ganzem Herzen will, einen klaren Weg zu seinem Ziel sieht und diesen unbeirrt zu gehen bereit ist, wird mit absoluter Gewißheit seine Absichten verwirklichen.

Wenn Sie aufrichtig Seelenfrieden und innere Ruhe ersehnen, so werden sie Ihnen zuteil werden. Selbst der ungerechteste Chef und der treuloseste Freund werden den nicht aus der Ruhe bringen können, der sich der vollen Macht seiner geistigen und seelischen Kräfte bewußt ist. Sie wissen ja, was Sie wollen, und werden deshalb zu verhindern wissen, daß wie Diebe einschleichenden Gedanken des Hasses, Ärgers und des Übelwollens Sie Ihres Friedens, Ihrer Ausgeglichenheit, Ihrer Gesundheit und Ihres Glücks berauben. Sobald Sie Ihre Gedanken ausschließlich auf Ihr Lebensziel richten, verlieren widrige Menschen, Umstände und Ereignisse alles Gewicht und können Sie nicht mehr treffen oder aufregen. Ihr Hauptziel im Leben ist es aber, Frieden, Gesundheit, göttliche Erleuchtung, innere Ausgeglichenheit und Wohlstand zu erlangen. Wer daran festhält, wird jederzeit von einem unendlichen Gefühl des Friedens durchströmt sein. Ihr Denken stellt eine zwar unstoffliche und unsichtbare, aber gewaltige Macht zum Guten dar.

Warum der Alkohol nicht heilt

Lassen Sie mich den Fall eines Mannes schildern, der verheiratet war, vier Kinder hatte und auf seine Geschäftsreisen heimlich seine Freundin mitnahm. Er war krank, nervös, reizbar, streitsüchtig und konnte ohne Medikamente nicht mehr schlafen. Die vom Arzt verschriebenen Mittel blieben ohne jede Wirkung auf seinen hohen Blutdruck. An verschiedenen Organen traten Schmerzen und Störungen auf, deren Ursache die Ärzte weder erkennen noch abstellen konnten. Überdies trank er unmäßig.

Die Wurzel des Übels war natürlich ein tiefes, unterbewußtes Schuldgefühl, ausgelöst durch seine fortgesetzten Treuebrüche, die gegen seine im Unterbewußtsein verankerte moralische Überzeugung verstießen. Daher versuchte er, sein Gewissen im Alkohol zu ertränken. Wie die Schmerzen mancher Schwerkranker mit Morphium und Kodein gestillt werden, so suchte er eine ähnliche Betäubung durch Alkohol – was doch nur Öl ins Feuer gießen bedeutete.

Die Wendung zum Guten

Aufmerksam folgte er meiner Erklärung der Funktionsweise des menschlichen Geistes. Er sah, wie die Dinge wirklich lagen, zog die Konsequenzen und setzte seinem Doppelleben ein Ende. Er wußte, daß sein unmäßiger Alkoholgenuß nur ein unbewußter Versuch war, seinem Problem zu entfliehen. Zuerst mußte die in seinem Unterbewußtsein schwärende, eigentliche Ursache des Übels ausgerottet werden, dann erst war eine Heilung möglich.

Er begann, sein Unterbewußtsein in der gewünschten Weise zu beeinflussen, indem er dreimal täglich das folgende Gebet wiederholte: »Mein Geist ist voll Friede, Ausgeglichenheit und unerschütterlicher Sicherheit. Ich habe Teil an der Weisheit der Unendlichkeit. Ich fürchte nichts in Vergangenheit, Gegenwart und der Zukunft. Die unendliche Weisheit meines Unterbewußtseins führt und leitet mich sicher aller Wege. Ich begegne von nun an jeder heiklen Lage mit Zuversicht, Ruhe, Unerschütterlichkeit und festem Vertrauen. Ich habe mich von meiner Trunksucht völlig befreit. In mir herrschen Friede, Freiheit und Freude. Ich verzeihe mir selbst – und auch mir wird verziehen. Selbstbeherrschung und feste Zuversicht bestimmen von nun an mein Denken.«

Dieses Gebet wiederholte er häufig in vollem Bewußtsein dessen, was er tat und warum er es tat. Die Klarheit seiner Zielsetzung verlieh ihm auch die nötige Zuversicht und ein unerschütterliches Selbstvertrauen. Er wußte, die langsame, gefühlsinnige und bewußte Wiederholung seines Gebets würde sich allmählich seinem Unterbewußtsein einprägen. Und da er sein Gebet laut von einem Zettel ablas, sah er es, hörte er es, und es prägte sich seinem Unterbewußtsein ein und löschte alles Negative aus, was früher sein Leben so unheilvoll überschattet hatte.

Das Licht vertreibt die Finsternis. Der konstruktive Gedanke zerstört den negativen. Innerhalb eines Monats wurde er ein neuer Mensch.

Die Notwendigkeit der Selbsterkenntnis

Sind Sie dem Alkohol oder Drogen verfallen? Erforschen Sie sich ehrlich und blicken Sie der Wahrheit ins Gesicht! Viele werden nämlich nur deshalb nicht von ihrer Trunksucht geheilt, weil es ihnen an Mut zur Selbsterkenntnis mangelt.

Die Sucht dieser Menschen ist eine von Furcht oder innerer Unsicherheit ausgelöste Krankheit. Sie bringen es nicht fertig, ihr Leben zu gestalten und benützen die Flasche als Mittel, sich ihrer Verantwortung zu entziehen. Jeder Alkoholiker ist willenlos, obwohl gerade der Trunksüchtige sich oft seiner Willenskraft rühmt. Sagt ein Gewohnheitstrinker: »Ich rühre keinen Tropfen mehr an«, so fehlt es ihm regelmäßig an Kraft, diesen richtigen Entschluß in die Tat umzusetzen. Wo sollte er diese Kraft hernehmen?

Er lebt im Gefängnis der von ihm selbst eingekerkerten Seele – ein Sklave seiner Gewohnheit, die ihn in Ketten legte und nun sein trauriges Leben beherrscht.

Wie man sich die Kraft zur Selbstbefreiung aneignet

Sollten Sie selbst Alkoholiker sein, so ist es für Sie lebenswichtig, mit dieser Gewohnheit zu brechen. Die Kraft dazu wird Ihnen die Vorstellung der Freiheit und der inneren Ruhe geben. Diese Vorstellung wird zu einer so festen Denkgewohnheit werden, daß sie sich dem Unterbewußtsein einprägen und Sie dank seiner eigengesetzlichen Dynamik von jedem Wunsch nach Alkohol befreien wird. Aus dem neuen Verständnis Ihrer geistigen Funktionen schöpfen Sie die Zuversicht und Kraft, sich von Ihrer Sucht zu befreien.

Zu 51 Prozent geheilt

Falls Sie aufrichtig wünschen, sich von irgendeiner schädlichen und Sie gefährdenden Gewohnheit zu befreien, sind Sie bereits zu 51 Prozent geheilt. Sobald der Wunsch, eine schlechte Gewohnheit aufzugeben, stärker wird als der, sie beizubehalten, wird es Ihnen nicht mehr sehr schwerfallen, sich völlig davon freizumachen.

Ihr Unterbewußtsein vergrößert die Wirkung jedes Gedankens, den Sie ihm einprägen. Wer seinen Geist mit der Vorstellung der Freiheit (Freiheit von der betreffenden schädlichen Gewohnheit) und des Seelenfriedens erfüllt und sich auf dieses neue Ziel konzentriert, versetzt sich allmählich in den für die Verwirklichung dieser Absicht nötigen, freudigen und hoffnungsvollen Gefühlszustand. Jede gefühlsbetonte Vorstellung wird vom Unterbewußtsein angenommen und verwirklicht.

Das Gesetz der Substitution

Halten Sie sich immer vor Augen: Sie haben nicht umsonst gelitten, Sie werden geheilt. Trotzdem wäre es unklug, irgendwelche Beeinträchtigungen länger als unbedingt nötig auf sich zu nehmen.

Alkoholismus führt auf die Dauer unweigerlich zu geistigem und körperlichem Verfall. Schöpfen Sie Mut aus dem Gedanken, daß die ganze ungeheure Macht Ihres Unterbewußtseins hinter Ihrem Entschluß steht, Ihren Erzfeind, den Alkohol, zu besiegen. Sofern Sie der Gedanke, sich von Ihrem »geliebten« Laster trennen zu müssen, im Augenblick traurig stimmt, so müssen Sie sich statt dessen sofort auf die Freude der Selbstbefreiung – die vor Ihnen liegt – konzentrieren. Dies ist das Gesetz der Substitution. Ihre Phantasie führte Sie der Flasche zu – vertrauen Sie sich auf dem Weg zur Freiheit und Seelenfrieden der Führung der gleichen Kraft an. Die ersten Schritte werden Ihnen sicher etwas schwerfallen, doch es winkt ihnen ein herrlicher Preis. Im Gedanken an die zukünftigen Freunde werden Sie diese Krise gleich einer Mutter, die die Geburtswehen bald vergessen hat, überwinden und die Frucht Ihrer Anstrengungen genießen: Ihre neuentdeckte Freiheit.

Die Ursache des Alkoholismus

Die Ursache der Trunksucht – wie allen Übels – liegt im negativen und destruktiven Denken: *»Denn wie einer in seinem Herzen denkt, so ist er.«* Der Alkoholiker leidet an einem tiefverwurzelten Gefühl der Minderwertigkeit, Hilflosigkeit und Hoffnungslosigkeit, das meist von starker Abneigung gegen alle Welt begleitet ist. Wie viele Entschuldigungen der Trunksüchtige auch für seine Schwäche finden mag – im Grunde genommen ist sie auf eine einzige Ursache zurückzuführen, nämlich seine fehlgeleitete Denkweise.

Die drei magischen Schritte

Der erste Schritt: Entspannen Sie sich geistig und körperlich. Versetzen Sie sich in einen tranceartigen Zustand, der Ihnen innere Ausgeglichenheit schenkt, der Ihre Aufnahmefähigkeit erhöht und Sie bestens für den zweiten Schritt vorbereitet.

Der zweite Schritt: Legen Sie sich einen kurzen, einprägsamen Leitsatz zurecht und wiederholen Sie diesen, bis Sie einschlafen. Geeignet dazu wäre zum Beispiel: »Nüchternheit und Seelenfriede sind nun mein, und ich danke dafür.« Die Einprägsamkeit kann noch gesteigert werden, indem Sie Ihren Leitsatz laut sprechen oder mit den Lippen formen. Wiederholen Sie den oben zitierten Satz fünf Minuten lang oder länger, bis sich eine befreiende emotionelle Reaktion einstellt.

Der dritte Schritt: Folgen Sie unmittelbar vor dem Einschlafen Goethes Beispiel: Stellen Sie sich vor, es sei ein lieber Freund oder Angehöriger bei Ihnen. Ihre Augen sind geschlossen, Sie sind körperlich und seelisch entspannt. Nun malen Sie sich möglichst lebendig aus, daß der besagte Freund oder Verwandte Ihnen glücklich lächelnd die Hand drückt und sagt: »Ich gratuliere dir!« In Ihrer Phantasie sehen Sie sein Lächeln, hören Sie seine Stimme, fühlen sie die Berührung der Hand – alles ist wirklich und lebendig. Der Glückwunsch »Ich gratuliere dir« gilt Ihrer völligen Befreiung vom Hang zum Alkohol. Lassen sie diesen geistigen Film so lange immer wieder ab-

laufen, bis sich die gewünschte unterbewußte Reaktion einstellt.

Verlieren Sie niemals den Mut!

Falls Ihnen Angst und Zweifel aufsteigen, richten Sie Ihre Augen voll Zuversicht auf Ihr Ziel, auf die Vision einer glücklichen, befreiten Zukunft.

Denken Sie an die in Ihrem Unterbewußtsein schlummernde
ungeheure Macht, die Sie durch Ihre Gedanken und Vorstellungen wachrufen können – dies wird Ihnen Mut, Kraft und
Selbstvertrauen schenken. Geben Sie nicht auf, kämpfen Sie
weiter, bis Sie am Ziel sind.

ZUSAMMENFASSUNG

1. Jedes Problem birgt seine Lösung in sich. Jede Frage enthält die Antwort. Die unendliche Weisheit kommt dem zu
   Hilfe, der sie in gläubigem Vertrauen anruft.

2. Die Ausbildung von Gewohnheiten ist eine Hauptfunktion
   Ihres Unterbewußtseins. Es gibt keinen eindrucksvolleren
   Beweis für die Wunderkraft Ihres Unterbewußtseins als die
   ungeheure Bedeutung der das menschliche Leben gestaltenden Gewohnheiten. Der Mensch ist ein Sklave der Gewohnheit.

3. Durch ständige Wiederholung dessen, was man denkt oder
   tut, werden dem Unterbewußtsein automatische Reaktions-
   und Verhaltensmodelle eingeprägt. Auf diese Weise lernten
   wir das Gehen, Schwimmen, Tanzen, Bedienen einer Tasta-
   tur, Autofahren usw.

4. Sie haben die Freiheit der Wahl. Sie können sich für eine
   gute oder für eine schlechte Gewohnheit entscheiden. Beten ist eine gute Gewohnheit.

5. Jedes Vorstellungsbild, das Sie gläubig und beharrlich Ihrem Bewußtsein einprägen, wird vom Unterbewußtsein verwirklicht.

6. Das einzige Hindernis auf dem Weg zu Leistung und Erfolg sind Ihre eigenen negativen Gedanken oder Vorstellungen.

7. Sobald Ihre Konzentrationsfähigkeit nachläßt, müssen Sie sich zur Ordnung rufen und Ihr Denken wiederum ausschließlich auf das erstrebte Ziel richten. Machen Sie sich diese geistige Selbstdisziplin zur festen Gewohnheit.

8. Ihr Bewußtsein kann mit einem Fotoapparat verglichen werden, und Ihr Unterbewußtsein mit einem lichtempfindlichen Film, dem sich die Bilder dauernd einprägen.

9. Es gibt keine Pechsträhne, sondern nur die unheilvolle Auswirkung Ihrer Beängstigungen. Handeln Sie statt dessen in der festen Zuversicht, daß Sie alle Ihre Unternehmungen zum Erfolg führen werden. Stellen sie sich im Geiste am Ziel vor, und halten Sie vertrauensvoll an diesem Bild fest.

10. Wer mit einer alten Gewohnheit brechen will, muß in der festen Überzeugung handeln, die Selbstbefreiung werde ihn zu einem glücklicheren und gesünderen Menschen machen. Sobald der Wunsch, mit einem »geliebten« Laster zu brechen, größer ist als der, es beizubehalten, ist man schon mehr als halbwegs am Ziel.

11. Worte und Handlungen anderer können Sie nur dann treffen, wenn Ihr Denken und Fühlen ihnen diese Macht einräumen. Verlieren Sie nie Ihr Lebensziel aus den Augen: Friede, Harmonie und Freude. Sie sind der Denker Ihrer Welt.

12. Wer übermäßig trinkt, versucht der Wirklichkeit zu entfliehen. Die wahre Ursache der Trunksucht ist negatives und destruktives Denken. Geheilt wird jeder der sein Denken auf ein Leben in Freiheit, Nüchternheit und Vollkommenheit konzentriert und sich in das seine Selbstbefreiung begleitende Glücksgefühl versetzt.

13. Viele Menschen bleiben deshalb der Trunksucht verfallen, weil sie nicht den Mut haben, sich ihr Laster einzugestehen.

14. Eben dasselbe Gesetz Ihres Unterbewußtseins, das Sie bis jetzt versklavt hielt und Ihre Handlungsfreiheit einschränkte, wird Ihnen Glück und Freiheit schenken. Es hängt einzig und allein von Ihnen ab, wie Sie dieses mächtige Prinzip einsetzen wollen.

15. Ihre Phantasie führte Sie der Flasche zu – stellen Sie sich von Ihrem Laster befreit vor, und die Macht Ihrer Phantasie wird Sie befreien.

16. Die eigentlichen Ursache des Alkoholismus ist negatives und destruktives Denken. *»Denn wie einer in seinem Herzen denkt, so ist er auch.«*

17. Angst und Zweifel, die Ihre Seele bedrängen, werden durch Gottvertrauen und Lebenszuversicht schnell vertrieben.

KAPITEL 19

Wie die Kräfte des Unterbewußtseins die Furcht vertreiben

Einer meiner Studenten erzählte mir einmal, er sei zu einem Bankett eingeladen und müsse dort eine Rede halten. Der Gedanke an seine zahlreiche und hochkarätige Zuhörerschaft erfüllte ihn mit Panik. Trotzdem gelang es ihm, seine Furcht zu überwinden. Mehrere Abende hintereinander setzte er sich etwa fünf Minuten lang in einen bequemen Sessel und prägte sich langsam, ruhig und mit Bestimmtheit die folgenden Sätze ein: »Ich werde dieser Furcht Herr werden. Sie wird bereits jetzt schwächer. Ich werde meine Rede unbeirrt und vollkommen sicher halten. Ich bin äußerlich und innerlich völlig entspannt.« Das gezielt angesprochene Unterbewußtsein sorgte für die erwünschte Wirkung.

Unser Unterbewußtsein ist jederzeit der Beeinflussung durch Suggestion zugänglich. Sobald Sie sich körperlich und geistig entspannen, sinken Ihre bewußten Gedanken ins Unterbewußtsein ab (ein der Osmose vergleichbarer Vorgang), und kraft seiner schöpferischen Dynamik erfüllt sich Ihr Wunsch. So erlangen Sie über Nacht Selbstvertrauen und Sicherheit.

Der größte Feind des Menschen

Man hat die Furcht als den größten Feind der Menschheit bezeichnet. Sie ist häufig die Ursache von Mißerfolgen, Krankheit und gespannten menschlichen Beziehungen. Millionen von Menschen fürchten sich vor der Vergangenheit und Zukunft, vor dem Alter, der Geisteskrankheit und dem Tod. Furcht jedoch ist nur Inhalt und Folge Ihrer Gedanken: Sie fürchten sich vor Ihren eigenen Gedanken!

Ein kleiner Junge ist vor Furcht gelähmt, wenn er glaubt, der »Schwarze Mann« liege unter seinem Bett und werde ihn mitnehmen. Sobald aber der Vater das Licht andreht und ihm erklärt, daß die Gefahr nur in seiner Phantasie bestand, verliert er seine Angst. Diese hätte aber auch nicht echter und nicht größer sein können, wenn es den gefürchteten »Schwarzen Mann« wirklich gäbe und dieser ihn heimgesucht hätte. Die Wahrheit aber befreit ihn: Was er fürchtet, existiert gar nicht.

Die meisten menschlichen Beängstigungen entbehren jeder wirklichen Grundlage und sind einfach die Schlagschatten eines kranken Geistes.

Tun Sie das, wovor Sie Angst haben

Emerson sagte zu diesem Thema: »Tun Sie das, wovor Sie sich fürchten, und das Ende Ihrer Furcht ist gekommen.«

Auch ich selbst litt früher an Lampenfieber, das ich aber ganz einfach dadurch überwinden konnte, daß ich mich immer wieder zwang, öffentlich zu sprechen. Ich tat das, wovor ich mich fürchtete – und meine Furcht war bald verschwunden.

Sobald Sie mit innerer Überzeugung feststellen, daß Sie Ihre Angst überwinden werden, und eine entsprechende bewußte Entscheidung treffen, bringen Sie die sich in Übereinstimmung mit Ihrer Denkweise einstellende Heilwirkung Ihres Unterbewußtseins zur Wirkung.

Wie sie ihr Lampenfieber überwand

Eine gute Stimme allein ist nicht alles! Die schon erwähnte, zum Vorsingen aufgeforderte Debütantin fand die ihr gebotene Chance zwar höchst willkommen, doch hatte sie schon bei drei vorhergehenden Gelegenheiten aus Lampenfieber völlig versagt. Sie war daher überzeugt, die Angst würde auch diesmal ihre Stimmbänder lähmen und eine ihrem Können entsprechende Darbietung unmöglich machen. Befürchtungen dieser

Art werden aber vom Unterbewußtsein als Aufforderung miß-
deutet, die es vollstreckt.

Wie Sie nunmehr bereits aus anderem Zusammenhang wissen, handelt es sich hier um eine typische unfreiwillige Autosuggestion. Sie selbst führte infolge ihrer übertriebenen Angst
ihr Versagen herbei.

Dank der uns bekannten Technik gelang es ihr, sich von
ihrem Lampenfieber zu befreien: Dreimal am Tag zog sie sich
in ihr Zimmer zurück. Sie setzte sich in einen bequemen Sessel, schloß die Augen und entspannte sich geistig und körperlich. Physische Ruhe macht den Geist aufnahmebereiter für
Suggestionen. Sie bekämpfte ihre Furcht durch eine geeignete
Gegensuggestion: »Ich singe wunderschön. Ich bin völlig ausgeglichen, ich bin ruhig, zuversichtlich und heiter.« Diese
Worte wiederholte sie dreimal täglich und nochmals vor dem
Einschlafen langsam, ruhig und gefühlsinnig zwischen fünf-
und zehnmal. Schon nach einer Woche hatte sie eine unerschütterliche Ruhe und Zuversicht gewonnen. Als sie diesmal
dann tatsächlich vorsang, wurde sie sofort engagiert.

Wer die gleiche Methode auf seinen besonderen Fall anwendet, wird Angstkomplexe und Beängstigungen jeder Art überwinden.

Die Angst vor dem Mißerfolg

Gelegentlich suchen mich Studenten unserer Universität auf,
die bei Prüfungen an suggestiver Amnesie (Gedächtnis-
schwund durch Prüfungsangst) leiden. Ich höre sie immer wieder klagen (und auch den Lehrern ist das Problem bekannt):
»Sobald das Examen vorbei ist, fallen mir die Antworten ein.
Während der Prüfung selbst aber kann ich mich auf nichts besinnen.«

Bei allen meinen Patienten stellte ich fest, daß sie unverhält-
nismäßig große Angst hatten, zu versagen. Die Furcht ist die eigentliche Ursache eines solchen vorübergehenden Gedächt-
nisschwundes. So kannte ich zum Beispiel einen jungen
Medizinstudenten, der zu den Begabtesten seines Jahrganges

zählte, und doch war er bei mündlichen und schriftlichen Examen unfähig, auch nur die einfachsten Fragen zu beantworten. Ich erklärte ihm, worin der eigentliche Grund seines Versagens läge. Er machte sich schon lange Zeit vor dem Examen Sorgen, und seine furchtbedingte negative Erwartung steigerte sich jeweils zu einem Dauerzustand geradezu unüberwindlicher Beängstigung.

Jeder Gedanke aber, der ein so machtvolles Gefühl auslöst, wird vom Unterbewußtsein in die Tat umgesetzt. Das Unterbewußtsein des jungen Mannes mußte seine panische Examensangst als Aufforderung deuten, einen Mißerfolg herbeiführen – und genau das tat es auch. Am Tag der Prüfung befand sich daher der Kandidat jeweils in einer geistigen Verfassung, die vom Psychologen als suggestive Amnesie bezeichnet wird.

Wie er seine Furcht überwand

Ich erklärte ihm, sein Unterbewußtsein stelle das Schatzhaus seines Gedächtnisses dar, das alles, was er während seines medizinischen Studiums gehört und gelesen habe, sorgfältig bewahre. Als nächstes überzeugte ich ihn davon, daß das Unterbewußtsein reaktionsfähig und reaktionsbereit sei, unterbewußt seinem Funktionieren allerdings Zuversicht sowie geistige und körperliche Entspannung voraussetze.

Darauf begann er, sich jeden Abend und Morgen vorzustellen, seine Mutter beglückwünsche ihn zu seinen hervorragenden Zeugnissen. In der Phantasie hielt er einen Brief von ihr in der Hand. Sobald er sich dieses glückliche Ende lebendig vorstellte, führte er eine entsprechende Reaktion herbei. Die Allweisheit des Unterbewußtseins wurde wachgerufen, sein bewußtes Denken wurde in die gewünschte Bahn gelenkt, und dann fiel ihm der Weg an sein Ziel leicht: Er bestand alle Examen ohne Mühe. Anders ausgedrückt: Sobald sein Unterbewußtsein die Leitung übernommen hatte, zwang es ihn, sich aufs beste zu bewähren.

Furcht vor dem Wasser

Viele Menschen haben Angst davor, einen Aufzug zu betreten, über hohe Brücken zu gehen, bergzusteigen oder zu schwimmen. Häufig geht dies auf ein unangenehmes Jugenderlebnis zurück, sei es, daß der Betreffende ins Wasser geworfen wurde, ohne schwimmen zu können, sei es, daß ein von ihm benutzter Aufzug stecken blieb und so die Furcht vor geschlossenen Räumen entstehen ließ.

Im Alter von etwa 10 Jahren fiel ich in einen Teich. Ich erinnere mich noch deutlich an meinen verzweifelten Kampf, wie ich in Todesangst nach Luft rang und wie sich schließlich das immer dunkler werdende Wasser über meinem Kopf zusammenschloß. Im letzten Augenblick erst wurde ich gerettet. Dieses Erlebnis grub sich tief in mein Unterbewußtsein ein, und noch Jahre danach empfand ich eine unüberwindliche Angst vor dem Wasser.

Ein älterer Psychologe riet mir: »Gehen Sie zu dem Teich, schauen Sie das Wasser an und sagen Sie mit lauter und starker Stimme: ›Ich bin stärker als du, ich kann deiner Herr werden.‹ Lernen Sie dann schwimmen, gehen Sie ins Wasser und besiegen Sie es.«

Genau das tat ich auch. Sobald ich eine neue geistige Einstellung gewonnen hatte, reagierte die Allmacht des Unterbewußtseins und verlieh mir die Kraft, die Zuversicht und das Selbstvertrauen, mittels derer ich meine Furcht überwand. Lassen auch Sie sich niemals einschüchtern – weder vom Wasser noch von irgendeinem anderen Umstand. Denken Sie immer daran: Sie – ob Mann oder Frau – sind der »Herr«!

Die unfehlbare Methode, jede Furcht zu überwinden

Die folgende Methode, mit jeder Angst fertig zu werden, habe ich schon vielen Menschen gelehrt. Sie wirkt wie ein Zauber. Ob Sie sich nun vor dem Wasser, Abhängen in den Bergen, geschlossenen Räumen oder einem Vortrag oder Interview fürchten – die Methode hilft immer. Versuchen Sie es selbst!

Nehmen wir an, Sie haben Angst vor dem Schwimmen. Setzen Sie sich drei- oder viermal täglich je fünf bis zehn Minuten völlig entspannt in einen Sessel und stellen Sie sich vor, Sie seien im Begriff zu schwimmen. In Ihrer Phantasie schwimmen Sie tatsächlich. Es handelt sich hier um ein subjektives Erlebnis: Mit Hilfe Ihrer Vorstellungskraft haben Sie sich in ein Schwimmbad oder einen See versetzt. Sie fühlen die Kühle des Wassers und die rhythmischen Bewegungen Ihrer Arme und Beine. Sie geben sich einer lustbetonten Tätigkeit hin, die Sie mit Freude erfüllt. Es handelt sich hier keineswegs um leere Träumereien, denn Sie wissen ja: Jedes Erlebnis Ihrer Phantasie teilt sich dem Unterbewußtsein mit. Über kurz oder lang werden Sie den inneren Drang empfinden, das Ihrem Unterbewußtsein eingeprägte Bild zu verwirklichen. Dies ist eines der Grundgesetze des Geistes.

Dieselbe Technik können Sie auf jede wie immer motivierte Angst anwenden. Wer leicht vom Schwindel ergriffen wird, braucht sich nur lebhaft vorzustellen, er balanciere sicher über einen schmalen Steg oder er erklimme einen Berg und erfreue sich der wundervollen Landschaft tief unter ihm sowie seiner sicheren Körperbeherrschung. Je wirklichkeitsnäher die Vorstellungsbilder, um so schneller wird sich die gewünschte Reaktion einstellen und jede Furcht genommen.

Er segnete den Aufzug

Ich kannte einen Direktor eines großen Unternehmens, der es nicht über sich brachte, einen Aufzug zu benutzen. Jeden Morgen pflegte er die fünf Stockwerke zu seinem Büro zu Fuß hinaufzusteigen. Eines Tages aber begann er, seine Furcht zu bekämpfen. Er gedachte mehrere Male während des Tages und noch einmal vor dem Schlafengehen der Wohltat dieses Aufzuges, und zwar mit folgender Formulierung: »Der Aufzug in unserem Bürogebäude ist eine fabelhafte Sache. Die Idee dazu entstammt dem Allgeist. Er ist eine Wohltat und ein Segen für alle unsere Angestellen. Er leistet uns hervorragende Dienste. Auch er gehorcht dem göttlichen Gesetz. Wie alle anderen benutze ich ihn, und das macht mir Freude. Ich spüre den Strom des Lebens, der Liebe und des Verständnisses in meiner Seele. Ich sehe mich im Aufzug: mit dem Rücken leicht angelehnt und im Beisein mehrerer unserer Angestellten. Ich spreche mit ihnen, und sie geben mir freundlich und freudig Antwort. Es ist ein wundervolles Erlebnis der Selbstbefreiung, der Zuversicht und des Selbstvertrauens. Ich danke von ganzem Herzen dafür.«

Dieses Gebet wiederholte er etwa zehn Tage lang, um seine als Klaustrophobie bezeichnete Angst vor der Enge des Liftes zu überwinden; am elften betrat er den Aufzug zusammen mit einer Reihe von Mitarbeitern und fühlte sich völlig frei von Furcht.

Normale und abnormale Furcht

Dem Menschen sind nur zwei Ängste angeboren: die Furcht vor dem Fallen und die Furcht vor bedrohlichen Geräuschen. Die Natur hat uns zum Zweck der Selbsterhaltung eine Art von Alarmsystem mitgegeben. Normale Furcht ist etwas Gutes. Sie hören ein Auto auf sich zukommen und springen zur Seite, um Ihr Leben zu retten. Die Furcht, überfahren zu werden, löst spontan die entsprechende Abwehrhandlung aus. Aus diesem Beispiel wird ersichtlich, wie dieses naturgewollte Alarmsystem funktioniert.

Dagegen ist das menschliche Dasein von so vielen Ängsten und unbegründeten Befürchtungen überschattet, die eine reine Folge fehlgeleiteter Erziehung sind und für die – so bedauerlich diese Tatsache ist – Eltern, Verwandte, Lehrer und alle sonst die Psyche eines Kindes beeinflussenden Faktoren verantwortlich gemacht werden müssen.

Abnormale Furcht

Abnormale Furcht ist eine Folge unkontrollierter Phantasie. So begann zum Beispiel eine Dame, die zu einem Flug rund um die Welt eingeladen war, aus den Zeitungen alle Berichte über Flugzeugkatastrophen auszuschneiden. Sie sah sich bereits abstürzen, im Ozean ertrinken, verbrennen. Dies sind selbstverständlich Schreckensbilder einer abnormalen Furcht. Hätte sie aber ihrem Wahn nicht Einhalt geboten, so wäre sicher noch gerade das eingetreten, was sie am meisten fürchtete.

Ein ehemals erfolgreicher und wohlhabender New Yorker Geschäftsmann lieferte uns ein weiteres Beispiel derartiger abnormaler Befürchtungen. Obwohl es ihm in jeder Hinsicht gutging, verfiel er düsterster Schwarzseherei, die er in seiner Phantasie in lebensechten Szenen ausschließlich des Mißerfolges geradezu kultivierte. Er sah sich leeren Geschäftsräumen und Kassen gegenüber, ja sogar im Bankrott enden. Trotz aller Warnungen konnte er sich von diesen morbiden Vorstellungen nicht befreien, und er machte seiner Frau gegenüber immer wieder Bemerkungen wie »So kann es nicht weitergehen«, »Es gibt bestimmt eine Krise«, »Wir machen sicher noch Konkurs«.

Kein Wunder, daß seine Geschäfte immer schlechter gingen und sich schließlich seine schlimmsten Befürchtungen bewahrheiteten. Er ging in der Tat bankrott. Dazu hätte es nach der objektiven Geschäftslage nie kommen müssen – hätte er nicht das Unglück einfach dadurch herbeibeschworen, daß er sich völlig unbelehrbar und ungehemmt im Gefälle seiner Schwarzseherei treiben ließ. Wie Hiob sagte: *»Was ich am meisten fürchtete, ist über mich gekommen.«*

Manche fürchten, ihren Kindern könnte etwas Schreckliches geschehen, und auch sie selbst könnten irgendeiner fürchterlichen Katastrophe anheimfallen. Sobald sie von einer Epidemie oder seltenen Krankheit lesen, leben sie in dauernder Angst vor einer Ansteckung oder glauben sich bereits davon befallen. Und Sie?

Das Mittel gegen abnormale Furcht

Fassen Sie Mut! Wer sich seinen Beängstigungen ergibt, zerstört alles: sein Leben, seine Aussichten, seinen Körper und Geist. Sobald uns Furcht befällt, tritt gleichzeitig ein dringendes Verlangen nach einem unserem Angstbild entgegengesetzten Erlebnis oder Zustand ein. Konzentrieren Sie sich unverzüglich auf dieses Ihr Reaktionswunschbild. Beschäftigen Sie sich ausschließlich mit dieser positiven Vorstellung, denn Sie wissen ja, Ihre subjektive Vorstellung wird sich durchsetzen – dank der unendlichen Macht Ihres Unterbewußtseins. Diese geistige Einstellung wird Ihnen Mut einflößen und Ihre Stimmung heben. Sie werden deshalb in Frieden und Sicherheit leben. Ihnen kann nichts geschehen.

Schauen Sie der Furcht ins Antlitz

Der Generaldirektor eines großen Unternehmens erinnert sich noch heute daran, wie er in seiner ersten Zeit als Vertreter regelmäßig ein halbes dutzendmal um das Haus eines jeden Kunden herumging, ehe er den Mut fand, einzutreten. Als ihn eines Tages der Verkaufsleiter begleitete, sagte dieser: »Sie fürchten sich doch nicht vor dem Schwarzen Mann. Es gibt keinen Schwarzen Mann. Ihre Angst ist völlig grundlos.«

Seither hatte er sich daran gewöhnt, jeder Furcht ins Antlitz zu blicken und soweit ihr nicht eine wirkliche Gefahr zugrunde lag, hatte sie sich noch jedesmal ins Nichts aufgelöst.

Er landete im Dschungel

Ein Feldgeistlicher erzählte mir einmal von seinen Erlebnissen im Zweiten Weltkrieg. Eines Tages mußte er mit dem Fallschirm aus einem brennenden Flugzeug abspringen und landete im Dschungel. Er hatte große Angst, doch wußte er, daß es zwei Arten von Furcht gibt, die normale und die abnormale, deren Wesen wir im vorhergehenden bereits erläutert haben.

Er beschloß, seine Lage ruhig durchzudenken, und sagte sich: »John, du darfst deiner Furcht nicht nachgeben. Deine Angst ist nichts anderes als der Wunsch nach einem Ausweg, nach Rettung und Sicherheit.«

Dann stellte er voll Vertrauen fest: »Die unendliche Weisheit, die die Bahn der Planeten bestimmt, führt und leitet mich nun aus diesem Dschungel heraus.«

Diese Sätze sprach er laut vor sich hin. »Dann«, so fuhr er fort, »begann sich etwas in mir zu regen. Zuversicht überkam mich. Und ich machte mich auf. Nach einigen Tagen war ich den Gefahren des Dschungels wie durch ein Wunder entronnen und wurde von einem Rettungsflugzeug in Sicherheit gebracht.«

Seine geistige Einstellung hatte ihn gerettet. Vertrauen und unerschütterlicher Glaube an die ihm innewohnende Macht der subjektiven Weisheit hatten ihm aus einer scheinbar ausweglosen Situation herausgeholfen.

Er schloß: »Hätte ich einmal damit angefangen, mein Schicksal zu beklagen und meiner Furcht nachzugeben, so wäre ich sicher ein Opfer der Angst geworden und wahrscheinlich vor Elend und Hunger gestorben.«

Er entließ sich selbst

Ein Bekannter, Prokurist eines großen Unternehmens, erzählte mir, daß er seinerzeit etwa drei Jahre lang in der dauernden Furcht gelebt habe, entlassen zu werden. Er habe bei allem nur an mögliche Mißerfolge gedacht. Seine Befürchtungen hatten keinerlei wirkliche Grundlage und waren nur der Ausfluß morbider Gedanken. Seine äußerst lebendige Phantasie aber dramatisierte die Situation so lange, bis er vor Angst, seine Stellung zu verlieren, nervös und unsicher wurde. Schließlich wurde er tatsächlich gebeten, seinen Posten zur Verfügung zu stellen.

Genaugenommen aber hatte er sich selbst entlassen. Seine dauernden negativen Vorstellungen und Selbstsuggestionen hatten eine entsprechende Reaktion des Unterbewußtseins herbeigeführt. Einzig aus diesem Grunde machte er nun auf einmal wirklich Fehler und traf Fehlentscheidungen, die ihn als Prokuristen schließlich untragbar erscheinen ließen. Er hätte niemals seine Stellung eingebüßt, wenn er seine Gedanken sofort auf seinen Angstvorstellungen entgegengesetzte Wunschbilder konzentriert hätte.

Sie hatten sich gegen ihn verschworen

Während einer Vortragsreise rund um die Welt führte ich ein zweistündiges Gespräch mit einem hohen Regierungsbeamten. Er strahlte unerschütterliche Ruhe und Heiterkeit aus. Er erklärte mir, alle Angriffe der Zeitungen und Anwürfe seiner politischen Gegner hätten ihn niemals aus der Ruhe gebracht. Er pflegte sich jeden Morgen eine Viertelstunde lang geistiger Betrachtung zu widmen, insbesondere der Vorstellung, daß sein Herz einen ganzen Ozean stillen Friedens in sich berge. Aus diesem Gedanken ziehe er die unerschöpfliche Kraft, alle Schwierigkeiten und Befürchtungen zu überwinden.

Vor nicht allzu langer Zeit nun hatte ihn mitten in der Nacht ein Kollege angerufen, um ihn vor einer gegen ihn gerichteten Verschwörung zu warnen. Er antwortete darauf: »Ich werde jetzt in Ruhe und Frieden schlafen. Sie können die Angelegenheit morgen vormittag um zehn Uhr mit mir besprechen.«

Er fuhr fort: »Ich weiß eben, daß sich kein negativer Gedanke je verwirklichen kann – außer ich lasse mich zu starken Gefühlsreaktionen hinreißen und nehme ihn geistig als Tatsache hin. Ich weigere mich strikt, mir irgendwelche Befürchtungen suggerieren zu lassen. Deshalb kann mir auch nichts Böses geschehen.«

Wie unerschütterlich, ruhig, zuversichtlich und friedvoll war doch dieser Mann! Es wäre ihm nie eingefallen, sich aufregen zu lassen, sich die Haare zu raufen oder verzweifelt die Hände zu ringen. Im innersten Mittelpunkt seines Wesens befand sich ein ozeantiefes stilles Kraftreservoir, aus dem er seine unerschütterliche Ruhe schöpfte.

Befreien Sie sich von aller Furcht

Wenden Sie folgende, unbedingt zuverlässig wirkende Formel an, um sich von aller Furcht zu befreien: *»Als ich den Herrn suchte, da erhörte er mich und machte mich frei von allen meinen Ängsten.«* (Psalm 34,5) Das Wort »Herr« ist auszulegen als die Allmacht und die unendlichen Kräfte Ihres Unterbewußtseins.

Vertiefen Sie sich in die wundervollen Geheimnisse Ihres Unterbewußtseins, in seine Arbeits- und Wirkungsweise. Lernen Sie, die in diesem Kapitel beschriebenen Techniken zu beherrschen. Wenden Sie sie noch heute an!

Ihr Unterbewußtsein wird reagieren und Sie von aller Furcht befreien. *»Als ich den Herrn suchte, da erhörte er mich und machte mich frei von allen meinen Ängsten.«*

ZUSAMMENFASSUNG

1. Tun Sie das, wovor Sie Angst haben, und alle Furcht wird vergehen. Sagen sie sich aus voller Überzeugung: »Ich werde diese Furcht überwinden«, und es wird Ihnen gelingen.

2. Angst ist ein negativer Gedankeninhalt. Ersetzen Sie ihn durch konstruktive Vorstellungen. Die Furcht hat schon Millionen von Menschen getötet. Hoffnung und Selbstvertrauen sind stärker als die Furcht. Nichts ist mächtiger als der Glaube an Gott und das Gute.

3. Die Furcht ist die größte Feindin der Menschheit. Sie ist die eigentliche Ursache vieler Fehlschläge, Krankheiten und gespannter menschlicher Beziehungen. Die Liebe vertreibt alle Furcht. Liebe bedeutet emotionale Bindung an die guten Dinge des Lebens. Lernen Sie, Ehrlichkeit, Offenheit, Gerechtigkeit, Gutwilligkeit, Glück, Freude und Erfolg zu lieben. Leben Sie in der freudigen Erwartung des Besten, und das Beste wird Ihnen unweigerlich zuteil werden.

4. Wirken Sie jeder suggestiven Kraft irgendwelcher Angstvorstellungen mit positiven Feststellungen entgegen, wie
   zum Beispiel: »Ich bin völlig ruhig, gefaßt und sicher.« Diese
   Methode wird Ihnen reichen Gewinn bringen.

5. Angst ist die eigentliche Ursache des Gedächtnisschwunds
   während mündlicher/schriftlicher Examen. Sie können diesen Zustand überwinden, indem Sie sich wiederholt und überzeugt sagen: »Ich besitze ein vollkommenes Gedächtnis, das alles Wichtige festhält und mir bei Bedarf sofort zur Verfügung stellt.« Stellen Sie sich einen
   Freund vor, der Ihnen zum hervorragend bestandenen
   Examen gratuliert. Lassen Sie sich durch nichts von diesem
   positiven Wunschbild abbringen, und Sie werden Erfolg
   haben.

6. Falls Sie sich vor dem Wasser fürchten, gehen Sie schwimmen. Versetzen Sie sich im Geist an den Strand oder in ein
   Schwimmbad. Fühlen Sie, wie das kühle Wasser Ihre Glieder umspült und Ihren Körper trägt. Spüren Sie Ihre rhythmischen Bewegungen. Ihre kraftvoll ausholenden Züge.
   Wer sich im Geiste lange genug in diese Tätigkeit hinein-
   steigert, wird bald den Drang zur Verwirklichung verspüren. Er wird furchtlos ins Wasser gehen und schwimmen können. Dies ist das Gesetz des Geistes.

7. Wer sich vor geschlossenen Räumen, wie zum Beispiel Auf-
   zügen, fürchtet, tut am besten daran, sich geistig in einen
   Lift zu versetzen, mit ihm zu fahren und sich dabei die
   Wohltat dieser Einrichtung und ihre Funktionen zu vergegenwärtigen. Mit Überraschung wird man feststellen, wie
   schnell diese Methode alle Furcht zerstreut.

8. Dem Menschen sind nur zwei Ängste angeboren: die Furcht
   vor dem Fallen und die Furcht vor bedrohlichen Geräuschen. Alle anderen Beängstigungen sind das Ergebnis
   ungünstiger Einflüsse. Werfen Sie solche Befürchtungen
   über Bord.

9. Normale Furcht ist etwas Gutes. Die abnormale Furcht jedoch stellt eine ernste Bedrohung dar. Wer sich ständig ir-

gendwelchen Angstvorstellungen hingibt, wird zum Schluß das Opfer abnormaler Furcht, von fixen Ideen und Komplexen. In dauernder Furcht vor einer imaginären Gefahr zu leben führt zur Panik und lähmendem Entsetzen.

10. Sie können jede abnormale Furcht überwinden, indem Sie sich ins Gedächtnis rufen, daß Ihr Unterbewußtsein alle Umstände zu ihren Gunsten wandeln und Ihre Herzenswünsche erfüllen kann. Wenn Sie irgendeine Angstvorstellung heimsucht, konzentrieren Sie sich sofort auf ein derselben entgegengesetztes Wunschbild. Generell ist es die Liebe, die die Furcht vertreibt.

11. Wer sich vor Mißerfolg fürchtet, muß sein Denken auf Erfolg konzentrieren. Wer sich vor Krankheit fürchtet, muß sein Denken auf völlige Gesundheit richten. Wer in Angst vor einem Unfall lebt, soll seine Gedanken auf die Güte und die schützende Hand Gottes lenken. Wen der Tod in Schrecken versetzt, soll des ewigen Lebens gedenken. Gott ist Leben – und Sie leben in Gott.

12. Das große Gesetz der Substitution ist ein wirksames Heilmittel gegen jede Furcht. Jeder Befürchtung steht eine bestimmte Hoffnung gegenüber. Wenn Sie krank sind, hoffen Sie auf Gesundheit; wenn Sie in den Sklavenketten der Angst leben, ersehnen Sie sich Befreiung – Erwarten Sie stets das Beste. Konzentrieren Sie sich geistig unausgesetzt auf das Gute, und Ihr Unterbewußtsein wird entsprechend reagieren. Es läßt Sie nie im Stich.

13. Furcht ist letzten Endes nichts anderes als ein Gedankeninhalt. Gedanken besitzen aber schöpferische Kraft. Dies ist der Grund, warum Hiob sagte: *»Was ich am meisten fürchtete, ist über mich gekommen.«* Denken Sie das Gute, und das Gute wird eintreten.

14. Schauen Sie Ihrer Furcht ins Antlitz. Untersuchen Sie Ihre Ängste im Licht der Vernunft. Lernen Sie über Ihre Befürchtungen zu lachen, das ist die beste Medizin.

15. Nichts kann Ihnen irgend etwas anhaben mit Ausnahme Ihrer eigenen Gedanken. Von anderen ausgehende Suggestionen, Feststellungen oder Drohungen haben keinerlei Macht über Sie. Diese Macht ruht nur in Ihnen selbst – und wer seine Gedanken auf das Gute richtet, wird von der Hand Gottes geschützt. Es gibt nur eine einzige schöpferische Kraft, die sich in Harmonie entfaltet und durch Harmonie wirkt. Zwist und Streit sind ihr fremd, ihre einzige Quelle ist die Liebe. Deshalb auch schützt Gottes Allmacht den, der seinen Geist auf das Gute richtet.

KAPITEL 20

Wie man für immer im Geiste jung bleibt

Ihr Unterbewußtsein wird niemals alt. Es ist weder der Zeit und Alterserscheinungen noch irgendwelchen anderen Begrenzungen unterworfen. Es ist ein Teil des universellen Geistes Gottes, der ohne Anfang und Ende ist und weder Geburt noch Tod kennt.

Ermüdungs- und Alterserscheinungen können unmöglich irgendwelche geistigen oder seelischen Ursachen haben. Geduld, Güte, Wahrheitsliebe, Demut, Hilfsbereitschaft, Friede, Harmonie und Nächstenliebe sind Eigenschaften und Wesenszüge, die niemals alt werden. Wer diese Charakterzüge in sich lebendig erhält, wird für immer im Geiste jung bleiben.

Ich erinnere mich, vor einigen Jahren den Bericht einer Gruppe von Ärzten an der De-Courcy-Klinik in Cincinnati (Ohio) gelesen zu haben, demzufolge die fortschreitenden Jahre des Lebensalters keineswegs für die Alters- und Abnützungserscheinungen verantwortlich sind. Dieselbe Studiengruppe stellte fest, es sei nicht die Zeit, sondern die Furcht vor ihrem unwiederbringlichen Verstreichen, die sich schädlich auf den menschlichen Geist und Körper auswirke. Die eigentliche Ursache verfrühten Alterns müsse man wohl in der neurotischen Angst vor den negativen Auswirkungen des zunehmenden Lebensalters sehen.

Während der vielen Jahre meines Lebens, die ich der Öffentlichkeitsarbeit widmete, hatte ich Gelegenheit, die Lebensgeschichte berühmter Männer und Frauen zu studieren, die weit über die normale Lebensspanne hinaus ihren schöpferischen Aufgaben nachgingen. Manche von ihnen erreichten die Spitze ihrer Leistungskraft erst im hohen Alter. Es war mir aber auch vergönnt, zahllose Menschen kennenzulernen, die fern allen Ruhmes im Stillen lebten und deren bescheidenes Leben den unwiderleglichen Beweis lieferte, daß

das Alter allein die produktiven Kräfte von Körper und Geist
nicht zerstört.

Er war in seinem Denken alt geworden

Vor mehreren Jahren besuchte ich einen alten Freund in London. Er war über 80, sehr krank und ganz offensichtlich von
der Last seiner Jahre gebeugt. Jedes seiner Worte verriet körperliche Schwäche, ein Gefühl der Hoffnungslosigkeit und einen allgemeinen Verfall – fast als wäre er schon nicht mehr am
Leben. Verzweifelt beklagte er sich, sein Leben sei inhaltslos
geworden und kein Mensch brauche ihn mehr. Mit einem hoffnungslosen Kopfschütteln faßte er seine irrige Philosophie zusammen: »Wir werden geboren, wachsen auf, altern, werden
eine Last für uns und andere, und das ist dann das Ende.«

Die tief eingewurzelte Überzeugung, unbrauchbar geworden
zu sein, war der Hauptgrund seines Kräfteverfalls. Die Zukunft
hatte ihm nur noch fortschreitende Vergreisung zu bieten, mit
dem Tod war für ihn alles zu Ende. Sein Unterbewußtsein
sorgte dafür, daß seine negativen Vorstellungen sichtbare Gestalt annahmen.

Das Alter ist die Morgendämmerung der Weisheit

Bedauerlicherweise teilen viele Menschen die Einstellung dieses unglücklichen Mannes. Sie fürchten sich vor dem sogenannten »Alter«, vor dem Ende, dem Ausgelöschtwerden. Im
Grunde genommen fürchten sie sich vor dem Tod, weil sie das
Leben nicht kennen. Das Leben nämlich kennt kein Ende. Das
hohe Alter ist nicht der Abend des Lebens, sondern die Morgendämmerung der Weisheit.

Weisheit bedeutet aber nichts anderes als die Erkenntnis der
ungeheuren Kräfte des Unterbewußtseins und wie sie für ein
erfülltes, sinnvolles und glückliches Leben genutzt werden
können. Schlagen Sie sich ein für allemal den Gedanken aus
dem Kopf, das Alter von 65, 75 oder 85 Jahren sei gleichbedeu-

tend mit Ihrem Ende oder dem irgendeines anderen Menschen. Jedes noch so hohe Alter kann der Beginn eines herrlichen, fruchtbaren, aktiven und äußerst schöpferischen Lebensabschnittes sein, der alle vorhergehenden weit in den Schatten stellt. Glauben Sie daran, stellen Sie sich darauf ein, und Sie werden ein solch gesegnetes Alter erleben.

Heißen Sie jede Veränderung willkommen

Altern ist kein tragischer Vorgang. Was wir den Alterungsprozeß nennen, ist im Grunde genommen nur eine Veränderung. Jeder Wandel aber verdient es, freudig und dankbar begrüßt zu werden, denn jede Phase des menschlichen Lebens ist nur ein weiterer Schritt vorwärts auf einem Weg ohne Ende. Der Mensch verfügt über Kräfte, die seinem körperlichen Vermögen weit überlegen sind. Er besitzt Sinne, deren Schärfe jene der ihm angeborenen fünf Sinne weit übertrifft.

Die heutige Wissenschaft, insbesondere die Parapsychologie, hat unwiderlegbare Beweise dafür gefunden, daß mit Bewußtsein ausgestattete geistige Substanz den Körper des lebendigen Menschen verlassen, Tausende von Kilometern zurücklegen und am Zielort sehen, hören, andere berühren und ansprechen kann, obwohl sich der Betreffende physisch nicht einen Millimeter von seinem Standort fortbewegt.

Das menschliche Leben ist geistiger Natur und von ewiger Dauer. Der Mensch braucht nicht alt zu werden, denn Gott oder das Leben können nicht altern. Die Bibel sagt schon: *»Gott ist das Leben.«* Das Leben aber erneuert sich selbst, ist ewig, unzerstörbar und stellt die größte, tiefste Wirklichkeit unserer Erfahrung dar.

Das Weiterleben nach dem Tode ist erwiesen

Nicht nur die Gesellschaften für psychische Forschung in Großbritannien und Amerika haben eine überwältigende Summe wissenschaftlicher Beweise für das Weiterleben nach dem Tode gesammelt. Jede öffentliche Bibliothek, der auch nur die geringste Bedeutung zukommt, enthält eine ganze Reihe von Werken, in denen führende Wissenschaftler die Ergebnisse ihrer parapsychologischen Forschungen niedergelegt haben. Eine Reihe kontrollierter Experimente hat die überraschendsten Aufschlüsse geliefert und bewiesen, daß der Tod nicht das Ende, sondern das Tor zu einer neuen Lebensform darstellt.

Das Leben »ist«

Eine Dame fragte einmal Thomas Alva Edison, den Magier der Elektrizität: »Mr. Edison, was ist Elektrizität?«

Er antwortete: »Gnädige Frau, Elektrizität *ist*, nutzen Sie sie.«

Elektrizität ist unsere Bezeichnung für eine unsichtbare Kraft, deren eigentliches Wesen wir bis jetzt noch nicht ergründen konnten. Durch unermüdliche Forschung erweitern wir aber unsere Kenntnisse und finden immer neue Anwendungsmöglichkeiten dieses geheimnisvollen Prinzips. Der Wissenschaftler kann das Elektron nicht mit bloßem Auge sehen, doch nimmt er seine Existenz als wissenschaftlich erwiesen hin, da sie sich als unausweichliche, logische Schlußfolgerung aus den Ergebnissen zahlloser Experimente ergibt. Auch das Leben können wir nicht sehen, doch wissen wir, daß wir am Leben sind. Das Leben *ist* – wir sind geboren, um all seiner Schönheit und Herrlichkeit Ausdruck zu verleihen.

Geist und Seele altern nicht

»Das aber ist das ewige Leben, daß sie dich erkennen, den allein wahren Gott.« (Johannes 17,3)

Wer denkt oder glaubt, der irdische Kreislauf von Geburt, Heranwachsen, Reife und Alter sei das ganze Leben, ist wahrhaft zu bemitleiden. Ein so denkender Mensch hat keinen Anker, keine Hoffnung, keine umfassende Schau – das Leben ist für ihn bar jeden Sinns. Eine solche Fehlüberzeugung kann

nur Enttäuschung, Verhärtung, Zynismus und Hoffnungslosigkeit nach sich ziehen, die meistens zu schweren seelischen,
geistigen und körperlichen Störungen führen. Falls Sie ein ra-
santes Tennismatch nicht mehr durchhalten oder nicht mehr
so schnell schwimmen können wie Ihr Sohn, wenn Ihre physischen Reaktionen und Ihr Schritt langsamer geworden sind, ist
all dies nur ein Anlaß, sich ins Gedächtnis zu rufen, daß sich
das Leben wandelt und stets in neuen Formen äußert. Was die
Menschen Tod nennen, ist nur ein Aufbruch zu einem neuen
Aufenthaltsort in einer anderen Dimension des Lebens.

Die Männer und Frauen, die meine Vorträge besuchen, er-
mahne ich immer wieder, dem sogenannten Altern gegenüber
Haltung zu bewahren. Das Alter hat seine eigenen Vorzüge,
seine eigene Schönheit und Weisheit. Friede, Liebe, Freude,
Schönheit, Glück, Weisheit, Hilfsbereitschaft und Verständnisfähigkeit sind Eigenschaften, die niemals altern und sterben.
Ihr Charakter, Ihre geistigen Qualitäten, Ihr Glaube und Ihre
Überzeugungen sind keinerlei Verfall ausgesetzt. Emerson
sagte zu diesem Thema treffend: »Die Jahre eines Menschen
beginnt man erst zu zählen, wenn in seinem Leben sonst nichts
mehr zählt.«

Jeder Mensch ist so jung wie seine Denkweise

In der Caxton Hall, London, wo ich im Abstand von einigen
Jahren öffentliche Vorträge halte, kam einmal ein Chirurg zu
mir und sagte: »Ich bin jetzt 84. Ich operiere jeden Morgen, mache nachmittags Visite und schreibe am Abend Artikel für medizinische und andere wissenschaftliche Fachzeitschriften. Jeder Mensch ist so jung und so nützlich, wie er denkt und sich
fühlt.« Und er pflichtete der von mir geäußerten Ansicht lebhaft
bei: »Wir sind tatsächlich so stark und so wertvoll, wie wir uns
selbst einschätzen.«

Dieser Chirurg läßt sich von seinem hohen Alter nichts anhaben. Er weiß, daß er unsterblich ist. Seine Worte beim Abschied
waren: »Wenn ich morgen sterben sollte, dann nur, um meine
Operationen in der nächsten Dimension fortzusetzen – aller-

dings nicht mehr mit dem Skalpell, sondern auf der Ebene rein geistiger und seelischer Chirurgie.«

Ihre grauen Haare sind ein Gewinn

Ziehen Sie sich niemals von Ihrer Tätigkeit zurück mit der Begründung: »Ich bin zu alt, mit mir ist Schluß.« Vergreisung und Tod würden unter solchen Umständen wahrscheinlich nicht mehr lange auf sich warten lassen. Manche sind schon mit 30 alt, während andere wiederum mit 80 noch jung sind. Der Geist bestimmt den Zustand des Körpers, ganz wie die Phantasie des Architekten, des Formgestalters und des Bildhauers die Materie formt. George Bernhard Shaw war mit 90 Jahren noch unermüdlich tätig, sein schöpferisches Genie war unverwüstlich.

Immer wieder hört man, daß Stellungssuchende von manchen Arbeitgebern abgewiesen, ja geradezu vor die Tür gesetzt werden, sobald diese hören, daß die Bewerber das Alter von 40 Jahren überschritten haben. Diese Einstellung muß nicht als gefühllos, verabscheuungswürdig, mitleid- und verständnislos gebrandmarkt werden; sie ist schlichtweg dumm. Eine solche, offensichtlich nur auf die Generation unter 35 setzende Denkweise erweist sich als äußerst oberflächlich. Wollte sich ein solcher Arbeitgeber nur einen Augenblick besinnen, so müßte er einsehen, daß ja die Stellungsuchenden nicht etwa ihr Alter oder graues Haar anzubieten haben, sondern bereit sind, die Fertigkeiten, Erfahrungen und Einsichten zur Verfügung zu stellen, die sie durch viele Jahre hindurch im Lebenskampf und in ihrer Berufslaufbahn gesammelt haben.

Alter ist ein Gewinn

Falls Sie bereits zu den älteren Angestellten zählen, so ist gerade Ihr Alter ein beträchtlicher Gewinn für jedes Unternehmen, weil Sie bereits viele Jahre hindurch nach der »Goldenen Regel« gelebt und das Gesetz der Liebe und Hilfsbereitschaft angewandt haben. Graue Haare würden besser als Symptom für überlegene Weisheit, Geschicklichkeit, Erfahrung und Verständnis gewertet. Emotionale und geistige Reife muß sich zum Segen eines jeden Arbeitgebers auswirken.

Niemand sollte in Pension gehen müssen, nur weil er 65 Jahre alt ist. Gerade in diesem Alter bietet man die idealen Voraussetzungen zum Beispiel für einen Personalchef oder überhaupt, um Dispositionen und Entscheidungen zu treffen, kurz gesagt, um jüngere Mitarbeiter an den Früchten langjähriger Erfahrungen teilhaben zu lassen und sie in den Bereich schöpferischen Denkens einzuführen.

Seien Sie so alt, wie Sie wirklich sind

Ein in der Film- und Fernsehindustrie tätiger Schriftsteller in Hollywood erzählte mir, er müsse Drehbücher schreiben, die dem Denkvermögen eines Zwölfjährigen angepaßt seien. Es ist wahrhaftig tragisch zu nennen, wenn gerade die Massenmedien mit der geistigen und emotionalen Unreife des Publikums rechnen müssen und durch entsprechende Darbietungen den so nötigen Reifeprozeß aufs schwerste behindern. Wer Jugend so versteht und gerade die jugendliche Unreife herausstellt, der unterstreicht damit deren Mangel an Erfahrung und Urteilsvermögen sowie die Neigung zu vorschnellem Urteil.

»Ich halte noch mit den Besten Schritt.«

Dabei fällt mir ein 65jähriger Mann ein, der verzweifelte Anstrengungen unternimmt, jung zu erscheinen. Jeden Sonntag geht er zusammen mit jungen Männern schwimmen, unternimmt lange Fußwanderungen, spielt Tennis und rühmt sich seiner ungebrochenen Kräfte mit den Worten: »Schauen Sie mich an, ich halte noch mit den Besten Schritt!«

Ihm und seinen Gesinnungsgenossen wäre besonders die große Wahrheit ans Herz zu legen: *»Denn wie einer in seinem Herzen denkt, so ist er.«* (Sprüche 23,7).

Keine Diät, kein Training und kein Sport werden diesen

Mann jung erhalten. Er muß zur Einsicht gelangen, daß Jugend und Alter relative Begriffe sind und sich nicht an körperlichen Tüchtigkeiten, sondern an der Denkungsart erweisen. Wer in Gedanken stets beim Schönen, Edlen und Guten verweilt, wird immer jung bleiben, gleichgültig, wie viele Jahre er zählen mag.

Die Furcht vor dem Alter

Hiob sagt: *»Was ich am meisten fürchtete, ist über mich gekommen.«*

Viele leben in Furcht vor dem Alter und ihrem zukünftigen Schicksal, weil sie glauben, mit ihrem Altern müsse ein zunehmender körperlicher und geistiger Verfall einhergehen. Was sie aber ständig denken und fühlen, verwirklicht sich auch.

Man wird alt, sobald man das Interesse am Leben verliert und aufhört zu träumen und nach Erkenntnis und neuen Welten zu suchen. Wessen Geist aber offensteht für neue Ideen, neue Interessen, wer Tor um Tor öffnet, um den Glanz und die Erleuchtung neuer Erkenntnisse über das Leben und die Welt in sich dringen zu lassen, wird immer jung und lebenskräftig bleiben.

Sie haben viel zu geben

Ob Sie nun 65 oder 95 Jahre alt sind – denken Sie immer daran, wieviel Sie noch zu geben haben. Sie können dazu beitragen, die jüngere Generation zu stützen, zu beraten und zu leiten. Sie können andere teilhaben lassen an Ihrem Wissen, Ihrer Erfahrung und Weisheit. Sie dürfen Ihren Blick immer getrost nach vorne richten, denn das Leben des Menschen kennt kein Ende. Sie werden die Erfahrung machen, daß es immer neue Schönheiten und Wunder des Lebens zu enthüllen gibt,. Versuchen Sie mit jedem neuen Tag, mit jedem Augenblick hinzuzulernen, und ihr Geist wird sich ewig jung erhalten.

110 Jahre alt

Als ich vor einigen Jahren in Bombay Vorträge hielt, wurde ich einem Mann vorgestellt, der angab, 110 Jahre alt zu sein. Er hatte das schönste Antlitz, das ich je gesehen habe. Er schien von den Strahlen eines inneren Lichts verwandelt. In seinen Augen wohnte eine beispiellose Schönheit, die mir bewies, daß er frohen Herzens alt geworden war, ohne daß sein Geist auch nur im geringsten an Schärfe und Helligkeit eingebüßt hätte.

Die Pension – ein neues Abenteuer

Lassen Sie niemals zu, daß sich Ihr Geist »in den Ruhestand begibt«. Bleiben Sie immer empfänglich für neue Ideen. Ich habe Männer mit 65 und 70 in Pension gehen sehen – es war, als würden sie von einem inneren Leiden ausgezehrt, und die meisten von ihnen verschieden bereits nach wenigen Monaten oder Jahren. Offensichtlich hatten sie die Überzeugung, daß sich ihr Leben erfüllt hatte.

Gerade das Rentenalter aber kann zu einem neuen Abenteuer, einer neuen Phase mit neuen Aufgaben werden, zu einer Gelegenheit, langgehegte Träume endlich zu verwirklichen. Es gibt kaum etwas Deprimierenderes als die Worte: »Was soll ich nur als Rentner oder Pensionär mit mir anfangen?« Ein solcher Ausspruch bedeutet im Grunde genommen eine geistige Bankrotterklärung: »Ich bin geistig und physisch tot. Mein Geist ist keiner neuen Idee mehr fähig.«

All dies sind jedoch völlig falsche Vorstellungen. In Wahrheit kann man mit 90 mehr leisten als mit 60, weil Ihr Verständnisvermögen und Ihre Weisheit mit jedem Tag zunehmen und sich Ihnen der Sinn des Lebens durch neue Studien und Interessen immer mehr erschließt.

Er stieg eine weitere Stufe empor

Ein Nachbar, der eine leitende Stelle im Geschäftsleben einge-
nommen hatte, mußte vor einigen Monaten wegen Erreichung
der Altersgrenze in Pension gehen. Er sagte mir: »Ich betrachte
meine Pensionierung als Aufstieg zur nächsthöheren Stufe.«

In seiner philosophischen Sicht hatte sich sein ganzes Leben
jeweils von der niedrigeren hinauf zur höheren Stufe »empor-
gespielt«: ...von der höheren Schule zur Universität – ein Fortschritt in seiner Erziehung und Lebenserfahrung –, von der
Universität in die Berufstätigkeit und vom Berufsleben in den
Ruhestand. So bot ihm jetzt seine Pension Gelegenheit, all das
zu tun, was er sich immer gewünscht hatte. Deshalb betrachtete er sie als eine weitere Stufe auf der Leiter des Lebens und
der Weisheit.

Er gelangte zu der weisen Einsicht, daß er es nun nicht mehr
nötig habe, sich auf die Berufsarbeit zu konzentrieren und seinen Lebensunterhalt zu verdienen. Von nun an würde er seine
ganze Aufmerksamkeit der Aufgabe widmen, sein Leben voll
auszuschöpfen. Er war ein begeisterter Amateurfotograf und
fand nun endlich Gelegenheit, sich auf dem Gebiet der Foto-
grafie und des Filmens zu vervollkommnen. Er unternahm
eine Weltreise und filmte dabei die schönsten und interessan-
testen Gegenden der Welt. Heute reicht seine Zeit fast nicht
mehr aus, allen Einladungen der verschiedenen Clubs, Gesellschaften und Vereine Folge zu leisten und die erbetenen Film-
vorträge zu halten. Dem geistig regen Menschen bieten sich
heute unzählige Beschäftigungsmöglichkeiten und Interessen-
gebiete. Begeistern Sie sich für neue, schöpferische Ideen,
bemühen Sie sich, Geist und Verstand höher zu bilden, werden
Sie nie müde, zu lernen und an Alter und Weisheit zuzuneh-
men. Auf diese Weise wird Ihr Herz immer jung bleiben, denn
Sie hungern und dürsten nach neuen Erkenntnissen, und Ihr
Körper ist der Spiegel Ihrer Denkweise.

Seien Sie kein Gefangener, sondern ein Gestalter der menschlichen Gesellschaft

Die Presse hat in letzter Zeit stark herausgestellt, daß nicht nur die Gesamtbevölkerung im Durchschnitt immer älter wird, sondern daß die Zahl der Altwähler sprunghaft ansteigt. Dies bedeutet, daß sich die älteren Jahrgänge in wachsendem Maß bei den Regierenden Gehör verschaffen. Meiner Überzeugung nach sollte daher ein neues Gesetz nicht mehr lange auf sich warten lassen, das den Arbeitgebern verbieten wird, Arbeitnehmer nur aufgrund fortgeschrittenen Alters zu benachteiligen.

Ein Mann von 65 Jahren kann geistig, seelisch und physisch jünger sein als viele andere mit 30. Es ist ebenso dumm wie lächerlich, einen Stellungssuchenden abzuweisen, nur weil er über 40 ist. Man könnte ihm genausogut sagen, er sei reif für den Schrotthaufen.

Was soll man aber tun, wenn man 40 und darüber ist? Muß man sich verbergen und seine Talente unter den Scheffel stellen? Wer aus Altersgründen des Rechtes auf Arbeit beraubt wird, fällt der Gemeinde-, Landes- oder Bundeskasse zur Last. Dieselben Unternehmen, die sich weigern, ältere Stellungssuchende zu berücksichtigen, müssen diese in Form höherer Steuern dennoch aus eigener Tasche miternähren, ohne auch nur den geringsten Nutzen aus dem Erfahrungsschatz der von ihnen Abgewiesenen ziehen zu können. Dies läuft auf eine Art finanziellen Selbstmord hinaus. Angesichts allgemein hoher Arbeitslosenquoten kann man nur ein baldiges Erwachen der Regierenden herbeibeten.

Der Mensch hat ein Recht darauf, die Früchte seiner Arbeit zu genießen, und einen unveräußerlichen Anspruch, nicht ein Gefangener, sondern ein Gestalter der menschlichen Gesellschaft zu sein, die ihn zur Untätigkeit verurteilen will.

Die körperlichen Funktionen und Reaktionen werden durch die zunehmende Last der Jahre allmählich verlangsamt. Die geistigen Fähigkeiten jedoch können mit Hilfe des Unterbewußtseins immer mehr geschärft und gesteigert werden. Der menschliche Geist wird in Wahrheit niemals alt. *»Ach, wäre ich*

wie in längst vergangenen Monden, wie in den Tagen, da Gott
mich behütete, als über meinem Haupt seine Leuchte schien, bei
seinem Licht ich durchs Dunkel ging! Wie war ich in der Blüte
meines Lebens, als Gottes Freundschaft über meiner Hütte war.«
(Hiob 29,2–4).

Das Geheimnis der Jugend

Falls Sie sich in die Tage Ihrer Jugend zurückversetzen wollen,
brauchen Sie nur zu fühlen, wie die wunderwirkende, heilende, erneuernde Kraft des Unterbewußtseins Ihr ganzes Wesen durchströmt. Freuen Sie sich in dem Wissen, daß Sie geistig
erleuchtet, verjüngt und von neuer Kraft erfüllt werden. Wie in
den Tagen Ihrer Jugend können Sie vor Begeisterung und
Freude überströmen, ganz einfach, weil Sie sich jederzeit geistig und emotionell in jenen Zustand zurückzuversetzen vermögen. Das Licht, das Sie erleuchtet, entstammt der göttlichen
Weisheit und enthüllt Ihnen alles, was zu wissen nötig ist. Ohne
Rücksicht auf den äußeren Anschein setzt diese Kraft Sie in-
stand, die Wirklichkeit und Gegenwart des Guten zu behaupten. Voll Zuversicht vertrauen Sie sich der Führung Ihres Unterbewußtseins an, weil Sie wissen, daß der anbrechende
Morgen alle Schatten bannen wird.

Bemühen Sie sich um eine umfassende Schau

Anstatt zu sagen: »Ich bin alt«, sollten Sie voll Freude verkünden: »In mir wächst die Weisheit des göttlichen Lebens.« Lassen Sie sich nicht durch verständnislose Arbeitgeber, Zeitungsartikel oder Statistiken einreden, Altern sei gleichbedeutend
mit geistigem und körperlichem Verfall, Gebrechlichkeit und
Nutzlosigkeit. Weisen Sie eine solche Darstellung von sich,
denn sie ist unwahr. Lassen Sie sich nicht durch solche Verfäl-
schungen der Wahrheit beirren. Konzentrieren Sie sich auf das
Leben – nicht auf den Tod. Bemühen Sie sich um wahre Selbsterkenntnis und eine umfassende Schau, in der Sie so erschei-

nen, wie Sie sein sollen: glücklich, strahlend, erfolgreich, voll
Heiterkeit und Kraft.

Ihr Geist altert nicht

Herbert Hoover, der frühere Präsident der Vereinigten Staaten,
bewältigte bis in das höchste Alter mit ungebrochener Energie
eine unglaubliche Arbeitslast. Vor Jahren interviewte ich ihn
im Waldorf-Astoria-Hotel, New York. Ich fand in ihm einen gesunden, glücklichen, kraftvollen, lebendigen und begeiste-
rungsfähigen Menschen. Mehrere Sekretärinnen waren voll
davon in Anspruch genommen, seine umfangreiche Korre-
spondenz zu erledigen, während er nebenbei noch die Zeit
fand, politische und historische Werke zu verfassen. Wie alle
anderen bedeutenden Männer, deren Bekanntschaft mir vergönnt war, erwies auch er sich als zugänglich, freundlich, lie-
benswürdig und äußerst verständnisvoll.

Die Schärfe seines Geistes und die Weisheit seines Urteils
waren für mich ein unvergeßliches Erlebnis, das mich ihn als
tief religiösen Menschen, voll Gottvertrauen und dem unerschütterlichen Glauben an den Sieg der ewigen Wahrheiten
des Lebens kennenlernen ließ. Obgleich er in den Jahren der
großen Wirtschaftskrise scharfer Kritik und üblen Verleum-
dungen ausgesetzt gewesen war, hatte er doch den Sturm ohne
Haß, ohne Abneigung, Enttäuschung oder Bitterkeit überstan-
den und den Frieden seiner Seele gefunden, den allein die Allmacht und die Liebe Gottes spenden kann.

Geistig rege mit 95 Jahren

Mein Vater begann mit 65 Jahren Französisch zu lernen und
beherrschte mit 70 diese Sprache nahezu perfekt. Als er die 70
schon überschritten hatte, begann er Gälisch zu studieren und
brachte es noch zu einem anerkannten und berühmten Lehrer
dieser Sprache. Er half meiner Schwester bei ihrem Studium
und ihrer Lehrtätigkeit, bis er im Alter von 99 Jahren ver-

schied. Am Tage seines Todes war sein Geist noch so klar wie
mit 20 Jahren. Mit fortschreitendem Alter waren seine Hand-
schrift immer schöner und sein Geist stetig klarer geworden.
An meinem Vater habe ich es selbst erlebt: Der Mensch ist so
alt, wie er denkt und fühlt.

Wir brauchen unsere älteren Mitbürger

Marcus Procius Cato (der Ältere), der römische Staatsmann,
lernte Griechisch mit 80. Ernestine Schumann-Heink, die berühmte deutsch-amerikanische Sängerin, erreichte den Höhepunkt ihrer künstlerischen Laufbahn, als sie bereits Großmut-
ter geworden war. Es ist eine wahre Freude, die Leistungen der
»Alten« zu betrachten.

Sokrates lernte noch im Alter von 70 Jahren mehrere Musik-
instrumente spielen und bis zur Meisterschaft beherrschen.
Michelangelo schuf seine größten Gemälde im Alter von 80
Jahren. Im gleichen Alter wurde Simonides von Keos mit dem
Lyrikerpreis ausgezeichnet, beendete Goethe seinen Faust und
begann Ranke seine »Weltgeschichte«, die er mit 91 beendete.

Alfred Lord Tennyson schrieb mit 83 Jahren sein berühmtes,
schönes Gedicht *»Crossing the Bar«*. Newton war noch mit 85
Jahren rastlos tätig. Mit 88 stand John Wesley noch an der
Spitze der Methodisten. Auch in meinem Bekanntenkreis befinden sich mehrere Männer von 95 Jahren, die mir überein-
stimmend versichern, daß sie sich jetzt gesünder fühlen als im
Alter von 20.

Diese Beispiele erhellen, welcher Platz den »Alten« zukommt. Sollten aber Sie selbst schon pensioniert sein, so ist immer noch Zeit, Ihr Interesse für die Gesetze des Lebens und für
die Wunder des Unterbewußtseins zu wecken. Unternehmen
Sie nun alles, was Sie schon immer tun wollten. Widmen Sie
sich neuen Themen, machen Sie sich mit neuen Gedanken vertraut.

Sprechen Sie das folgende Gebet: *»Wie ein Hirsch lechzt nach
frischem Wasser, so verlangt meine Seele nach dir, o Gott.«*
(Psalm 42,1)

Die Früchte unseres hohen Alters

»So blüht sein Fleisch wieder auf wie in der Jugend; er kehrt zu den Tagen seines Jünglingsalters zurück.« (Hiob 33,25)

Im hohen Alter zu stehen bedeutet im Grunde genommen nichts anderes als berufen zu sein, die Wahrheiten Gottes von höchster Warte aus zu sehen. Denken Sie immer daran: Sie befinden sich auf einer niemals endenden Reise, unermüdlich dringen Sie weiter vor, und unabsehbar bietet sich Ihnen der unendliche Ozean des Lebens. Hören Sie auf die Stimme des Psalmisten: *»Noch im Alter blühen sie auf, bleiben üppig und frisch.«* (Psalm 92,15)

»Die Frucht des Geistes aber ist Liebe, Freude, Friede, Geduld, Freundlichkeit, Güte, Treue, Milde, Enthaltsamkeit; dagegen richtet sich kein Gesetz.« (Galater 5,22.23)

Sie sind ein Geschöpf des unermeßlichen Lebens und ein Kind der Ewigkeit!

ZUSAMMENFASSUNG

1. Geduld, Güte, Liebe, Hilfsbereitschaft, Freude, Glück, Weisheit und Verständnis sind Eigenschaften, die niemals alt werden. Wer sie immer höher ausbildet und in seinem Leben verwirklicht, wird an Körper und Geist jung bleiben.

2. Manche Forscher und Ärzte stellen fest, die neurotische Furcht vor den negativen Auswirkungen der Zeit sei vermutlich die eigentliche Ursache vorzeitigen Alterns.

3. Das Alter ist nicht der Abend des Lebens, sondern die Morgendämmerung der Weisheit.

4. Die fruchtbarsten Jahre des Lebens können zwischen einem Alter von 65 und 95 liegen.

5. Begrüßen Sie Ihre Jahre. Sie lassen Sie immer höher streben auf der unendlichen Bahn des Lebens.

6. Gott ist das Leben, und Sie leben in Gott. Das Leben erneuert sich stets von selbst, ist ewig, unzerstörbar und die Wirk-

lichkeit unserer Welt. Sie leben für immer und ewig, denn Ihr Leben hat Anteil am Leben Gottes.

7. Zahllose wissenschaftliche Beweise bestätigen, daß es ein Leben nach dem Tode gibt. Lesen Sie selbst, was anerkannte Wissenschaftler zu diesem Thema zu sagen haben.

8. Sie können Ihren Verstand nicht sehen, und doch wissen Sie, daß Sie Verstand besitzen. Sie können den Geist nicht sehen, doch Sie wissen, daß der Geist des Künstlers, des Musikers, des Redners, des Philosophen unbestreitbare Wirklichkeit ist. Der Geist der Güte, der Wahrheit und Schönheit, die Ihren Sinn und Ihr Herz bewegen, besitzt die gleiche unwiderlegbare Wirklichkeit. Sie können das Leben nicht sehen, doch Sie wissen, daß Sie lebendig sind.

9. Hohes Alter kann man definieren als die Berufung, die göttlichen Wahrheiten von der höchsten Warte aus zu betrachten. Die Freuden des Alters sind größer als jene der Jugend. Auch im geistigen Sport kann man sich bewähren, auch in geistigen Disziplinen gibt es Wettbewerbe und Sieger. Die Natur läßt das Körperliche zurücktreten zugunsten des Geistes: ihm kommt die Freiheit zu, sich mit dem Göttlichen auseinanderzusetzen.

10. Wir zählen die Jahre eines Menschen so lange nicht, wie in seinem Leben noch andere Dinge zählen. Glaube und Überzeugungen sind keinem Verfall ausgesetzt.

11. Sie sind so jung, wie Sie denken und sich fühlen. Sie sind so stark, wie Sie sich selbst einschätzen. Sie sind ebenso nützlich, wie Sie von Ihrer Nützlichkeit durchdrungen sind. Sie sind so jung wie Ihre Denkweise.

12. Ihre grauen Haare sind ein Gewinn. Sie bieten ja nicht Ihre grauen Haare an. Was Sie zu bieten haben, sind die Fähigkeiten, die Erfahrungen und die Weisheit, die Sie im Laufe der Jahre gesammelt haben.

13. Diät und Sport halten niemanden für immer jung. *»Denn wie einer in seinem Herzen denkt, so ist er.«*

14. Die Furcht vor dem Altern kann zu körperlichem und geistigem Verfall führen. *»Was ich am meisten fürchtete, ist über mich gekommen.«*

15. Sie werden alt, sobald Sie zu träumen aufhören und das Interesse am Leben verlieren. Sie werden alt, sobald Sie reizbar, eigenbrötlerisch, zänkisch und streitsüchtig werden. Erfüllen Sie Ihren Geist mit den Wahrheiten Gottes, und strahlen Sie im Glanz seiner Liebe – das ist wahre Jugend.

16. Richten Sie Ihren Blick immer nach vorne, immer in die Zukunft, denn das Leben ist unendlich.

17. Pensionierung ist der Beginn eines neuen Abenteuers. Wenden Sie sich neuen Wissensgebieten zu, erweitern Sie Ihren Horizont. Nun haben Sie Gelegenheit, all das zu tun, wonach Sie sich sehnten, solange Ihnen die Berufsarbeit keine Zeit ließ. Richten Sie Ihre ganze Aufmerksamkeit darauf, Ihr Leben tief zu leben und voll auszuschöpfen.

18. Seien Sie kein Gefangener, sondern werden Sie ein Gestalter der Gesellschaft. Lassen Sie das Licht Ihrer Talente und Fähigkeiten leuchten.

19. Das Geheimnis der Jugend ist Liebe, Freude, innerer Friede und frohes Lachen. *»In ihm ist die Fülle der Freude, in ihm gibt es keine Dunkelheit.«*

20. Sie werden gebraucht. Manche Philosophen, Dichter, Künstler, Wissenschaftler oder andere hervorragende Persönlichkeiten vollbrachten ihre größten Leistungen erst im Alter über 80.

21. Die Früchte des Alters sind Liebe, Freude, Frieden, Geduld, Sanftmut, Güte, Glaube, Milde und Enthaltsamkeit.

22. Sie sind ein Geschöpf des unermeßlichen Lebens, das kein Ende kennt. Sie sind ein Kind der Ewigkeit. Sie selbst sind ein Wunder der Schöpfung.

Über Dr. Joseph Murphy

(20. Mai 1898, Derrynard, Südirland –
15. Dezember 1981, Laguna Hills, Kalifornien)

Im Gegensatz zu anderen großen Lehrern und Schriftstellern ging Dr. Joseph Murphy mit biographischen Informationen über sich selbst äußerst zurückhaltend um. Auch seine Witwe, Jean L. Murphy, fühlt sich an das Versprechen gebunden, das ihr Joseph Murphy abgenommen hatte: keine biographischen Details über ihn zu verbreiten, die den Blick auf sein eigentliches Anliegen verstellen könnten. Nicht der Lehrer sei wichtig, so begründete er dies, sondern die Lehre.

So sind wir auf die wenigen einigermaßen gesicherten Fakten seiner Vita angewiesen, die wir seinen Büchern entnehmen und zu einem kleinen Mosaik zusammensetzen können.

Murphy ist, wie Irlandkenner wissen, dort ein verbreiteter Name. Joseph Murphy wurde in eine religiöse, kinderreiche katholische Familie geboren. Der Vater, der 99 Jahre alt wurde und im hohen Alter noch Französisch und Gälisch lernte (wie wir in dem vorliegenden Buch auf Seite 275 erfahren), war Schuldirektor in dem kleinen Ort Derrynard im Süden Irlands, wo Joseph Murphy aufwuchs.

Mehrere Geschwister fanden den Weg in kirchliche Berufe; die Schwester Mary Agnes verbrachte mehr als fünfzig Jahre im Marienkloster von Lovestoft, Suffolk, England, und unterrichtete Französisch, Latein und Mathematik; sie und der Bruder Thaddäus verstarben vor Joseph Murphy. Die Schwester Katherina kam weiter in Europa herum; sie sei, heißt es, in Paris und Brüssel gewesen. Von ihr hören wir auch auf Seite 106 dieses Buches.

Joseph Murphy besuchte ein irisches Priesterseminar, um katholische Theologie zu studieren, verließ es jedoch kurz vor dem Abschluß, weil der enge und strenge Dogmatismus der katholischen Kirche ihn in Gewissenskonflikte mit seinen eigenen Vorstellungen von Gott und Glauben brachten, die zu jener Zeit natürlich revolutionär waren. »Schon als Junge fand ich die orthodoxen Lehren, die man mir eingetrichtert hatte, völlig unbefriedigend. Ich warf alle diese Lehren meiner frühen Kindheit über Bord und fand Befriedigung in den Gesetzen des Geistes und der Wirkungsweise des Unendlichen. Ich fühlte mich von den falschen Doktrinen, den völlig unlogischen, unvernünftigen und unwissenschaftlichen Dogmen meiner Kirche ganz und gar verunsichert.« Was – um ein anderes Beispiel zu nehmen – für Martin Luther das Turmerlebnis (Römerbrief!) war, bedeutete für Joseph Murphy die aufkeimende Erkenntnis, was es mit dem Glauben, der Berge versetzt (Markus 11, 23–24; Matthäus 17, 20 u. a.), auf sich hat.

Um 1920 wurde bei Joseph Murphy eine bösartige Hauterkrankung festgestellt, der die Ärzte machtlos gegenüberstanden. Einzig durch die Kraft des Gebetes und die Macht seines Unterbewußtseins vermochte er sich dennoch selbst zu heilen, wie er es im vorliegenden Buch beschreibt. 1922 wanderte er nach den USA aus, wo er Religionswissenschaften, Philosophie und Jura studierte und in allen drei Fächern promovierte. Seine späteren, fast weltumspannenden Lehr- und Vortragsaktivitäten brachten ihm auch Universitätsgrade indischer Universitäten ein.

Nach dem Studium folgten Lehrtätigkeiten in unterschiedlichen Bereichen; so erfahren wir auch in Kapitel 1 von *Die Macht des Unterbewußtseins*, daß er als Chemiker gearbeitet oder vielmehr Chemie unterrichtet hat. Seit den vierziger Jahren war Joseph Murphy zunehmend publizistisch tätig, er verfaßte zahllose Zeitschriftenartikel und Bücher (insgesamt 36), wandte sich in regelmäßigen Rundfunksendungen (darunter eine tägliche Radiosendung; später auch Fernsehsendungen) an ein noch größeres Publikum und erreichte wiederum im persönlichen Kontakt große Zuhörerschaften bei seinen Vorträgen und Vorlesungsreihen. Zugleich ließen sich immer mehr Lebenshilfe suchende Menschen von ihm in seinen Sprechstunden beraten, was auch die vielen Fallbeispiele in seinen Büchern belegen und illustrieren.

Ebenso berichtet er – nicht zuletzt in *Die Macht Ihres Unterbe-wußtseins* – immer wieder von seinen zahlreichen Reisen in alle Kontinente zu Vorträgen oder Gastvorlesungen, die ihn übrigens auch durch Deutschland, Österreich und die Schweiz führten. Insbesondere aus Asien nahm er wichtige Eindrücke und Bereicherungen durch die Begegnung mit fernöstlicher Religion und Philosophie mit. Immer wieder besuchte er seine irische Heimat (auch davon hören wir in diesem Buch, wenn er beispielsweise von dem glücklichen irischen Bauern in Conne-mara erzählt) und vor allem London, wo er ein Institut grün-dete und regelmäßig Vorträge in der Caxton Hall hielt.

In den USA rief er eine als Kirche anerkannte Glaubens- und Studiengemeinschaft mit dem Namen *Divine Science* ins Leben. Ob Schriften oder Radiosendungen, Vorträge oder individuelle Beratungen – immer war für Dr. Murphy zentrales Anliegen und wichtigstes Heilinstrument seine grundlegende Erkennt-nis: der Glaube, der Berge versetzt, oder – wissenschaftlich for-muliert – die Macht, die Wirkungsmöglichkeit unseres Unter-bewußtseins. So erschien dann auch 1962/63 Dr. Joseph Murphys Hauptwerk unter dem Titel THE POWER OF YOUR SUBCONSCIOUS MIND (*Die Macht Ihres Unterbewußtseins*), ein Jahrhundertwerk, das das Denken unserer Zeit entschei-dend beeinflußt hat, Millionenauflagen erreichte und in fast alle wichtigen Sprachen der Welt übersetzt wurde.

Jean L. und Joseph Murphy heirateten nach 40 Jahren einer beständigen, erfüllten Zusammenarbeit. Seit den vierziger Jah-ren lebte Murphy in Los Angeles (Orlando Avenue), wo er je-den Sonntagvormittag im Wilshire Ebell Theatre Vorträge hielt, während der letzten Jahre seines Lebens in der Nähe, in La-guna Hills in Kalifornien, wo er im Dezember 1981, noch nicht 84 Jahre alt, starb.

Sein Werk wirkt weiter und eröffnet zweifellos auch im kom-menden Jahrtausend zahllosen Menschen Erkenntnisse, mit denen sie ihr Leben von Grund auf zum Besseren verändern können. Eine nicht nachlassende Flut von Leserzuschriften mit unterschiedlichsten Fragen und Bitten um Auskunft, Rat und Hilfe erreicht nicht nur Jean L. Murphy in Kalifornien, die nach Kräften bemüht ist, aus ihrer Vertrautheit mit dem Werk Mur-phys heraus Antworten zu geben, sondern aus dem deutsch-

sprachigen Raum auch bei Ariston: Beweise zeitloser Aktualität
und Gültigkeit dieses Buches.

F. A.

Dr. Joseph Murphys Werke bei Ariston

o Die Macht Ihres Unterbewußtseins
o Das Wunder Ihres Geistes
o Die kosmische Dimension Ihrer Kraft
o Die unendliche Quelle Ihrer Kraft
o Die Gesetze des Denkens und Glaubens
o Energie aus dem Kosmos
o Das I-Ging-Orakel Ihres Unterbewußtseins
o Denken Sie sich reich
o Wahrheiten, die Ihr Leben verändern:
   Dr. Joseph Murphys Vermächtnis

Audiokassetten zum Buch Die Macht Ihres Unterbewußtseins

o Hörbuch: der vollständige Buchtext auf sechs
   Audiokassetten in Box, Spieldauer $9^1/_2$ Stunden
o Praxis-Programm: vier Suggestionskassetten in
   Box, Spieldauer $3^1/_2$ Stunden

Literaturhinweise

ANTHONY, Dr. Robert: *Startbuch für Lebensveränderer.* Fischer Verlag, Münsingen/Bern 1993.

BIRKENBIHL, Vera F.: *Erfolgstraining.* Schaffen Sie sich Ihre Wirklichkeit selbst! mvg-Taschenbuch, 9. Auflage,verlag moderne industrie, München/Landsberg 1997.

DOSSEY, Larry: *Heilende Worte.* Die Kraft der Gebete und die Macht der Medizin. Verlag Bruno Martin, Südergellersen 1995.

DETHLEFSEN, Thorwald: *Ödipus, der Rätsellöser.* Goldmann-Taschenbuch. Wilhelm Goldmann Verlag, München 1992.

DYER, Wayne W.: *Der wunde Punkt.* Die Kunst, nicht unglücklich zu sein. Rowohlt Taschenbuch Verlag, Reinbek 1990.

EGLI, René: *Das LOLA-Prinzip* – oder: Die Vollkommenheit der Welt. 7. Auflage, Éditions d'Olt, Oetwil a.d.L. 1997.

HASTINGS, JULIA: *Sie können haben, was Sie wollen.* Das Beste ist gerade gut genug. 3. Auflage, Ariston Verlag, Kreuzlingen/München 1997.

HILL, Napoleon: *Denke nach und werde reich!* Die 13 Gesetze des Erfolgs. Vollständig überarbeitete Neuausgabe. 30. Auflage, Ariston Verlag, Kreuzlingen/München 1997.

HILL, Napoleon / STONE, W. Clement: *Erfolg durch positives Denken.* 18. Auflage, Ariston Verlag, Kreuzlingen/München 1995.

JAMPOLSKY, Gerald G.: *Die Kunst, zu vergeben.* Der Schlüssel zum Frieden mit uns selbst und anderen. Goldmann-Taschenbuch. Wilhelm Goldmann Verlag, München 1991.

MURPHY, Dr. Joseph: *Die Hauptwerke bei Ariston: siehe Seite 284!*

PEALE, Norman Vincent: *Die Kraft positiven Denkens.* Oesch Verlag, Zürich 1994.

PEALE, Norman Vincent: *Du kannst, wenn du glaubst, du kannst.* Ariston Verlag, Kreuzlingen/München 1989.

ROMAN, Sanaya: *Sich den höheren Energien öffnen.* Die unsichtbaren Kräfte des Universums nutzen. Ansata Verlag, Interlaken 1991.

SMOTHERMON, Ron: *Drehbuch für Meisterschaft im Leben.* 4. Auflage, Context Verlag, Bielefeld 1989.

SCHEICH, Günter, mit Waller, Klaus: *»Positives Denken« macht krank.* Eichborn Verlag, Frankfurt/Main 1997.

WILDE, Stuart: Affirmationen. *Gedanken haben Schöpferkraft.* 2. Auflage, Sphinx Verlag, Basel 1994.

Register

Die Grundbegriffe des Werkes und die in den Überschriften der 20 Kapitel genannten Hauptthemen finden Sie im Inhaltsverzeichnis auf den Seiten 5 und 6, nicht nochmals im Register.

Absolute Methode   108f.
affirmative Methode   105ff.
Alkoholismus   240f., 244
Alter   264ff., 272
Alter (Furcht vor)   270
Alter und Veränderung   265
Alter und Weisheit   264f., 272
Ändern des Ehepartners   195
Angst   248f.
Angst vor Mißerfolg   250f.
Arbeitskolleginnen   212f.
Archäologen   168f.
Arm (Verlust)   45
Armut   141
Autosuggestion   46f.
Auto-Wunsch   159

Baudouin-Technik   102f.
Beeinflussung des
    Unterbewußtseins   20, 96
Beförderung, verhinderte   214f.
Benzolformel   163
Bernheim, Hippolyte   79f.
Beschluß-Methode   111
Beweis-Methode   107f.
Bewußtsein und Unterbewußt-
    sein   30ff., 34ff., 39f.

Caruso, Enrico   33f.

Dank-Technik   104f.
Denken (altern)   264

Denken (jung bleiben)   267f.
Drogerie   155
Dschungel (Landung)   256f.

Einfühlungsvermögen   218f.
Einkommensquellen   130
Entspannung   125f.

Fernbehandlung   90f.
Film-Methode   100f.
Filmschauspieler   153f.
Forscher   164ff.
Furcht   248, 252ff.
Furcht vor Wasser   252

Gebet = Wunsch   22
Gebet, wissenschaftliches   19ff.,
    98f., 125
Gebetstherapie   85ff.
Gedächtnis   47
Gehaltsaufbesserung   144
Geld   138ff.
Geld (nicht ausreichend)   134
Geldquelle   146
Genesung durch Vergebung
    228f.
Geschäftsleben   155f.
Gesundbeten   87f.
Gesundheit = naturgewollt
    118f.
Gewohnheiten ablegen   235ff.
Glaube = Gedanke   22
Glaube, der Berge versetzt   29
Glaube, Gesetz   85
Goldene Regel   209ff.
Grollen (Ehemann)   193f.

Harmonieprinzip   117f.
Hauterkrankung   19, 45, 62f.

Heilkraft   19, 27, 62f., 65ff., 75ff., 77ff., 120
Heilprinzip   84ff.
Heilungen Jesu   71ff.
Hypnose   40f., 58, 77f.

Intelligenz, besondere   116
irischer Bauer in Connemara (Glück)   201

Jugend (Geheimnis)   274f.

Kaufen und Verkaufen   156ff.
kinetische Kraft des Unterbewußtseins   91f.
Konzentration   237f.
Konzentrationslager (Flucht)   166ff.
Kritik (Kollegin)   227

Lampenfieber   249f.
Logik   51ff.

Mesmer, Franz Anton   77f.
Mitbürger, ältere   276
Mörder (Verzeihung)   226
Murphy, Dr. Joseph   281ff.
Murphy, Jean L.   9f., 283

Nachgiebigkeit   219f.
Narkose unter Hypnose   58

Paracelsus   78f.
Partnersuche   35f., 187ff.
Pechvogel   238f.
Phantasie   237
Phantasie, gesteuerte   124ff.
positive Behauptung, Technik   105ff.
Prokurist (Glück und innere Ruhe)   203ff.
Prüfungsangst   250f.

Reaktionen, körperliche   114f.
Reichtum   129ff.
Reife, emotionale   215
Rheumatismus   201
Rückenmarksschwindsucht (Heilung)   119f.

Ruhe, innere   203ff.

Sänger(in)   33f., 249f.
Schauspieler   153f., 217
Scheidung   191ff.
Schicksal   48f.
Schlaf   135f., 175ff., 181ff.
Schlaf (Problemlösung)   181ff.
Schlafentzug   177f.
Schlaf-Technik   103
Schlagzeilen   211f.
Schritte zum Erfolg   149ff.
Schuldgefühl   224ff.
schwierige Menschen   217f.
seelische Eindrücke   60f.
Sehkraft, neue   65f.
Selbstentlassung   257f.
Selbsterkenntnis   242
Stevenson, Robert Louis   182f.
Substitution (Gesetz)   243
Suggestion   43ff., 48
Suggestionen, negative   49ff.

Taschendieb   152
Testament (Fundort)   171f.
Therapie, geistige   95ff.
Traumbotschaft (Krieg)   179f.

Unbeherrschtheit   47
universelles Prinzip   29
Unzufriedenheit (Ehefrau)   193

Verkaufen und Kaufen   156ff.
verkrüppelte Frau   109ff.
Vermögen   145
Verzeihen   229ff.
Visualisierung   99f.

Wallfahrtsorte   74f.
Weltgeist   23
wissenschaftliche Methode   20
wissenschaftliches Gebet   19ff., 98f., 125
Wunscherfüllung   239f.

Zukunft   180f.

Dr. Joseph Murphy

Denken Sie sich reich

203 Seiten, gebunden mit Schutzumschlag
ISBN 3-7205-1253-5

Warum ist ein Mensch reich und ein anderer arm?
Warum ist mein Kollege beruflich erfolgreich, und ich plage mich,
ohne meine Ziele zu erreichen?

Dr. Joseph Murphy, Bestsellerautor und Wegbereiter des positiven
Denkens, hat die Antworten auf diese Fragen gefunden,
und er liefert Ihnen den Schlüssel zu den grenzenlosen Reichtümern
unseres Universums und zur Fülle unserer Welt.
Dr. Joseph Murphy zeigt, wie Sie die Kraft Ihres Unterbewusstseins
einsetzen können, um glücklich und erfolgreich zu sein.
Einfache und genaue Anweisungen helfen Ihnen,
Zugang zur Schatzkammer des Unterbewusstseins zu erlangen,
denn Ihr Denken, Glauben und Fühlen
beherrschen Ihr Schicksal!

ARISTON